综研基金·热点问题探讨论丛2017
深圳市综研软科学发展基金会资助出版

新经济与旧体制

NEW ECONOMY AND OLD SYSTEM

樊 纲 许永发◎主编

中国经济出版社
CHINA ECONOMIC PUBLISHING HOUSE
北 京

图书在版编目（CIP）数据

新经济与旧体制／樊纲，许永发主编．
北京：中国经济出版社，2018.7
ISBN 978-7-5136-5182-0
Ⅰ．①新… Ⅱ．①樊…②许… Ⅲ．①中国经济—经济改革—研究 Ⅳ．①F12
中国版本图书馆 CIP 数据核字（2018）第 088750 号

责任编辑　赵静宜
责任印制　巢新强
封面设计　久品轩

出版发行　中国经济出版社
印 刷 者　北京力信诚印刷有限公司
经 销 者　各地新华书店
开　　本　710mm×1000mm　1/16
印　　张　19.5
字　　数　300 千字
版　　次　2018 年 7 月第 1 版
印　　次　2018 年 7 月第 1 次
定　　价　68.00 元
广告经营许可证　京西工商广字第 8179 号

中国经济出版社 **网址** www.economyph.com **社址** 北京市西城区百万庄北街 3 号 **邮编** 100037

本版图书如存在印装质量问题，请与本社发行中心联系调换（联系电话：010-68330607）

编 委 会

前 言

新经济是以科技创新为核心的全面创新为引领和支撑，以体制机制改革和制度创新为根本保障，以新技术、新产品、新模式、新业态、新产业等为主要内容，代表时代先进生产力的一种新的经济结构和经济形态。中央政府充分认识到发展新经济的重要意义和巨大潜力，2016 年 3 月“新经济”首次写入政府工作报告，我国通过大力发展新经济，完全有能力、有机遇实现弯道超车。

不容忽视的是，在新经济的导入期，新、旧经济形态摩擦加剧，传统的体制机制已经明显滞后于培育新动能的需要，存在着既得利益集团借体制“篱笆墙”展开利益博弈、制度缺失和监管手段新人穿旧衣、部门管理碎片化、有限资源分散化等问题，不利于要素的自由流动和高效配置，不利于新经济的发育与成长。2017 年初，国务院办公厅发布了《关于创新管理优化服务培育壮大经济发展新动能加快新旧动能接续转换的意见》明确指出，要探索包容创新的审慎监管制度，对新产业新业态采取既具弹性又有规范的管理措施，促进新经济的健康成长。

深圳市综研软科学发展基金会自成立以来，就始终关注中国经济长期发展问题，并资助了一系列相关公共政策研究项目。2017 年 5 月 20 日，基金会和中国（深圳）综合开发研究院在北京发起主办“2017 综研基金 · 中国智库论坛”，并以“新经济与旧体制”为主题，就是要探讨如何突破传统监管制度的制约，建立包容创新的审慎监管制度和治理模式，实现管和放的有机结合，为新经济发展创造良好的环境。讨论在生命健康、分享经济、互联网金融、跨境电商、新能源等新经济领域如何开放优化产业准入，规范行业标准，建立建全信用体系，推动新旧动能的转换。

本次论坛邀请了国务院发展研究中心创新发展研究部、国家行政学院经济学部、北京大学国家发展研究院、中银国际研究公司、清华大学社科学院战略新兴产业研究中心等多家研究机构的专家学者，以及滴滴集团、个体化细胞治疗技术国家地方联合工程实验室、华为技术有限公司、深圳前海产业互联网股份有限公司等新经济领域的企业家，共同研讨新经济行业发展、新型监管理念、新旧动能转换、包容性制度创新等议题。8 月 9 日，深圳市综研软科学发展基金会又在深圳举办了“新经济与旧体制：包容与创新”研讨会，邀请了商务部研究院、中国社会科学院数量经济与技术经济研究所、中国科学院深圳先进技术研究院、深圳市市委党校、深圳市南山科技事务所、阿里研究院、华大基因、研祥集团等国内专家学者及新经济领域的企业家探讨如何通过制度创新，促进新经济的健康成长。

本书就是以上学术活动成果的汇编，全书共四篇，分别为“转型篇”“政策篇”“产业篇”“观点综述”，希望能推动决策层、研究机构和社会各界共同关注新经济的创新与发展等问题。

目 录

第一篇

转 型 篇

转换增长动力是实现转型发展的最大短板

张燕生①

目前，转换增长动力仍是我国各地区、各领域、各行业实现转型发展的最大短板。一是自“十一五”规划期以来，全社会研究与试验经费支出占GDP的比例（以下简称研发强度）始终未能完成预期目标。二是即便是我国研发强度高、研发活力强或研发效率好的领域，也面临着基础研究和应用研究支撑不够、关键共性技术和公共技术服务支撑不够、直接融资和创新软环境支撑不够的三大发展瓶颈制约。三是我国中西部和东北部地区仍处于投资驱动或要素驱动发展阶段，南北方之间科技创新、制度创新和文化创新差距仍然很大，转换增长动力的能力和条件需要进一步改善和提升。四是激励创新的市场竞争机制的作用、政府公共服务的责任和公共治理的能力、社会价值的取向和偏好仍不能适应创新转型发展的要求。五是开放创新、加强全方位国际合作和构建跨境创新网络，补关键共性技术和基础研究短板，尚处于探索阶段仍举步维艰。六是弘扬科学家精神、创新家价值和企业家才干的社会氛围还需要进一步培育和营造。

因此，“补短板”的首要任务是加快增长动能转换。这就需要充分发挥市场“无形的手”、政府“有形的手”和社会“和谐的手”之间相互补位、形成合力的作用；需要有效发挥开放“万能的手”的作用，甚至包括“引狼入室、与狼共舞、向狼学习”；需要积极营造鼓励创新，激励技术进步，提升生产率增长贡献的制度生态环境。转换增长动能无疑是社会生产关系和生产力的一场根本变革。

---

① 张燕生：国家发展改革委学术委研究员。

一、全球劳动生产率增长减速之谜

2017年，“国内外形势正在发生深刻复杂变化”。一方面，全球经济、贸易和投资增长态势明显企稳向好，人们对未来经济增长前景的预期开始转向乐观[①]。另一方面，全球经济增长的基础仍很脆弱，全球不确定性随时可能逆转经济增长态势，逆全球化有可能是今后一个较长期的现象。在这种形势下，可以观察一个令人困惑的矛盾现象：全球新工业革命如火如荼地蓬勃发展[②]，同时却出现了全球劳动生产率增长减速的趋势。全球劳动生产率增速不但低于历史均值，而且持续时间较长。国际清算银行（BIS）的数据显示，若以2000—2005年的年均全球劳动生产率为基准，2015年全球劳动生产率约为基准的七成。其中，发达经济体降至基准的33%，新兴经济体情况较好一些，但也仅是基准的84%[③]。

一些西方研究学者认为，短期看生产率减速拖累了全球GDP增速，是金融危机后经济复苏艰难的原因之一。但更重要的是全球生产率减速有可能是一种长期趋势，将大大降低全球经济中长期的增长水平。美国西北大学教授罗伯特·戈登指出，过去120年，美国人均产出每年增长约2%。今后120年的增长率可能变成1%，甚至更低。关于全球劳动生产率增长停滞的原因，学者们提出了技术创新被忽视、全球投资放缓、大量廉价劳动力的使用、全球资本过剩、全球人口结构恶化等，认为这些因素导致投入产出效率降低和资本效率降低。目前，以“互联网+”为代表的新工业革命尚未有效提升全要素生产率的增长。

近来，陈长缨副研究员的研究发现[④]，发达经济体劳动生产率年均增速都

---

① 2017年IMF连续三次上调全球经济增长率预期，连续四次上调中国经济增长率预期，WTO、联合国贸易和发展组织也上调全球贸易和投资增长率预期，世界银行、OECD等机构也发表较乐观的全球经济预测报告。

② 以蒸汽机为代表的第一次工业革命、以电力为代表的第二次工业革命，对全球生产率的稳定提升作用长达数十年甚至超过百年。第三次工业革命肇始于20世纪50年代，包括核能、航天、电子计算机、遗传生物学等，尤其是20世纪90年代计算机、互联网发明和应用。第四次工业革命始于2015年，以工业互联网、智能制造为代表的新一轮技术创新浪潮。新工业革命沿着机械化、电气化、自动化、智能化逐步向前发展。

③ 陈嘉慧．“三期叠加”还有加强版世界经济面临“三元风险”［EB/OL］．财新网，2016-06-30.

④ 陈长缨．全球生产率“减速”与新一轮科技产业革命［R］．中国国际经济交流中心内部报告，2017-10.

低于2%，其中，美国从2006年起跌入2%以下的低增长区间（见图1-1），与20世纪六七十年代的4%甚至更高的增速形成了鲜明的对比。发展中国家劳动生产率增长趋势出现明显分化，巴西、南非、俄罗斯等国劳动生产率负增长不但时间较长，而且程度较深；中国劳动生产率增速虽有所放缓，但仍保持在6%以上（见图1-2）。全球全要素生产率增速下滑是引发劳动生产率下降的主要原因。他的研究发现，影响劳动生产率的人均资本存量、受教育水平等因素仍稳步增长，对劳动生产率增长有较大的正向贡献，而TFP生产率、也就是广义的技术进步成为影响劳动生产率的重要因素。从表1-1中的数据可以看出，2008—2016年，欧美发达经济体的全要素生产率的增长率都是负值。但同期，中国、印度和印度尼西亚的全要素生产率增长率仍保持在4%、1.4%和0.6%。2012—2016年大部分国家经济增长都是依赖要素投入增加实现的，包括发达经济体和发展中经济体，中国是其中少有的例外，在2012—2016年中国年均7.5%的增长中，TFP的贡献率高达3.4%，对增长的贡献率超过45%，是大国中唯一以增长质量为主的国家。

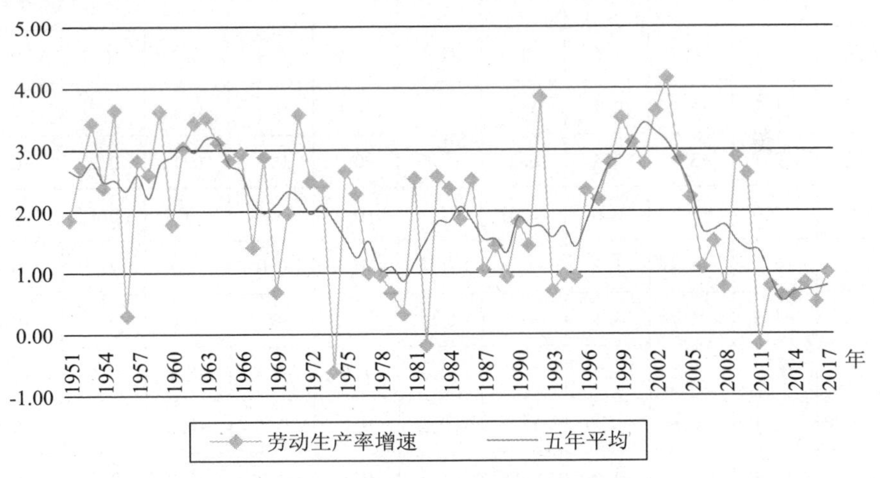

图1-1 美国劳动生产率变化和趋势

资料来源：陈长缨．全球生产率“减速”与新一轮科技产业革命［R］．中国国际经济交流中心内部报告，2017-9.

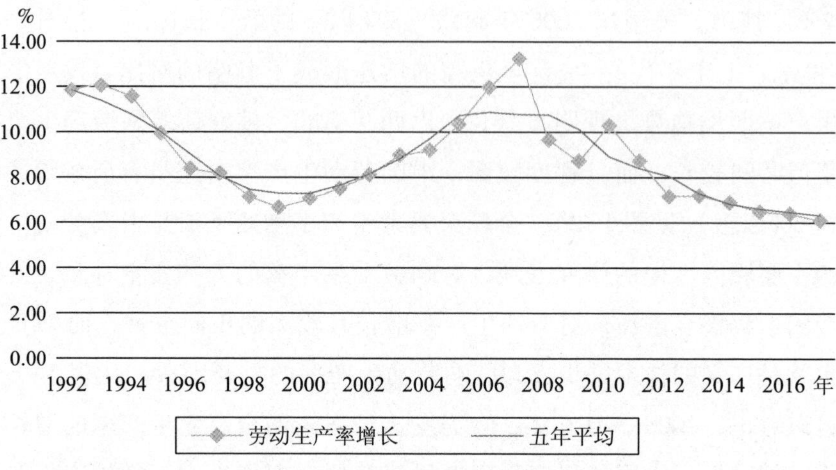

图 1-2 中国劳动生产率变化和趋势

资料来源：陈长缨．全球生产率“减速”与新一轮科技产业革命［R］．中国国际经济交流中心内部报告，2017-9.

表 1-1 自 2008 年以来主要发达国家 TFP 增长 %

	2008	2009	2010	2011	2012	2013	2014	2015	2016	2008-16 平均
美国	-1.2	-0.3	1.6	-0.4	0.1	-0.2	0.1	0.2	-0.3	-0.1
德国	-1.2	-5.0	2.2	1.3	-0.3	0.0	0.2	0.4	0.7	-0.1
英国	-2.1	-3.6	0.4	0.3	-1.0	-0.2	0.3	0.1	0.2	-0.5
法国	-2.0	-2.8	0.6	0.3	-1.1	-0.2	-0.4	-0.3	0.1	-0.6
意大利	-2.1	-4.4	1.2	-0.1	-1.8	-0.5	0.0	0.0	-0.3	-0.9
日本	-1.5	-3.7	3.1	-0.9	0.9	1.5	-0.7	0.1	-0.2	0.0
韩国	0.7	-1.5	3.3	2.4	-3.2	1.6	-1.6	-0.2	0.6	0.4
澳大利亚	-2.1	-0.6	-1.0	-1.1	-0.2	0.2	0.1	-0.5	0.7	-0.5
加拿大	-1.8	-2.1	0.2	0.5	-1.2	0.3	0.9	-0.9	0.0	-0.6

资料来源：美国大企业联合会。

表 1-2 自 2008 年以来主要发展中国家 TFP 增长 %

	2008	2009	2010	2011	2012	2013	2014	2015	2016	2008-16 平均
中国	4. 1	4. 3	5. 6	4. 6	3. 4	3. 5	3. 5	3. 3	3. 4	4. 0
印度	1. 1	0. 9	2. 7	0. 9	-0. 7	1. 1	1. 7	2. 2	2. 4	1. 4
巴西	1. 4	-3. 1	2. 2	-0. 7	-1. 8	-1. 5	-2. 6	-5. 4	-3. 6	-1. 7
南非	-2. 8	-2. 9	2. 3	-2. 1	-0. 1	-1. 6	-0. 9	-2. 2	-1. 0	-1. 3
俄罗斯	3. 0	-7. 4	3. 0	2. 3	1. 7	0. 0	-0. 6	-4. 0	-0. 6	-0. 3
越南	-4. 3	-4. 0	0. 9	-0. 9	0. 2	0. 7	2. 9	1. 2	1. 0	-0. 3
印尼	1. 7	0. 0	0. 4	1. 6	0. 6	0. 2	0. 7	0. 9	-0. 3	0. 6
墨西哥	-2. 8	-6. 3	-0. 7	0. 9	0. 2	-1. 5	0. 5	-0. 7	-0. 8	-1. 2

资料来源：美国大企业联合会。

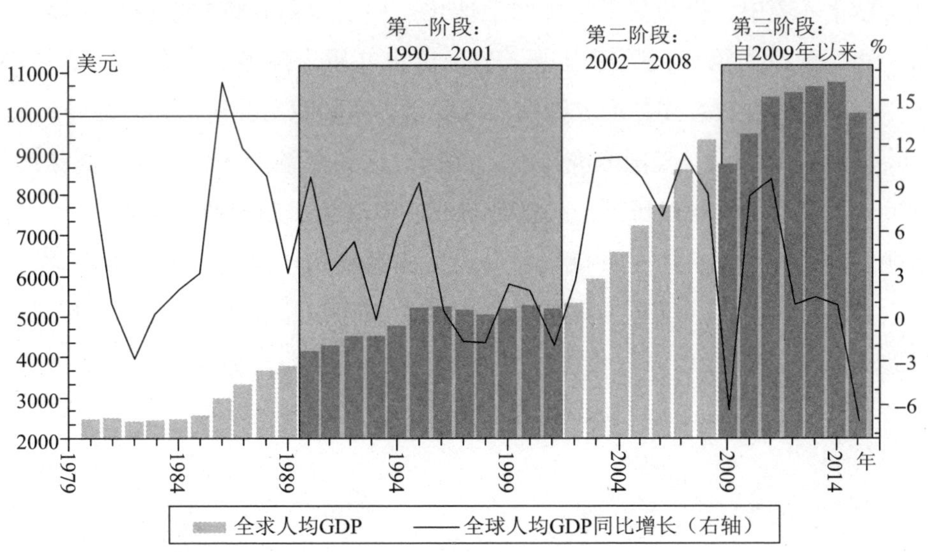

图 1-3 1990 年以来全球人均 GDP 增长率

资料来源：Wind 资信，世界银行。

探讨世界主要经济体全要素生产率增长减速的原因，必须进一步分析当时的国际经济背景。自1990年以来，经历了经济全球化的兴起、繁荣和衰落，大致可以分为三个阶段：第一阶段，1990—2001年是全球化的上升期。经历了信息技术革命从兴起到科技泡沫破灭的全过程，全球人均GDP的年均增速为2.7%。第二阶段，2002—2008年是全球化的非理性繁荣期。经历了金融泡沫和房地产泡沫从兴起到泡沫破灭的全过程，全球人均GDP增速8.8%。第三阶段，自2009年以来是全球化的间歇期，全球人均GDP增速下降到1.1%。

习近平总书记对全球化有几个基本判断：一是“历史上的兴盛期和开放期往往是重合的”。在世界历史上，开放期往往是经济增长的黄金期①。二是“经济全球化是双刃剑”。全球化是发展的重要战略机遇期，搭上这个开放期就能够获得进入兴盛期快车道的机遇；同时全球化也是发展的矛盾凸显期，开放风险应对不当，就可能陷入中等收入陷阱或货币危机、金融危机和经济危机。三是党的十九大报告再次提出“我国发展仍处于重要战略机遇期”。在逆全球化环境中，推动基于包容的全球化，形成全面开放的新格局，以“一带一路”建设为重点，坚持引进来和走出去并重，遵循共商共建共享原则，加强创新能力开放合作，形成陆海内外联动、东西双向互济的开放格局。

1990—2007年，美国经济经历了科技泡沫和金融泡沫、房地产泡沫的连续冲击，产业结构也经历了高技术制造业、中高技术制造业的比重持续下降，金融、房地产、建筑的比重持续上升，美国经济和产业结构日益空心化的冲击。2001—2006年，美国主要技术领域的专利申请增长率大幅度下滑，这是导致美国自2008年以来全要素生产率年均负增长的主要原因。

---

① 在世界历史上，曾经历过三次开放期。一是1870—1913年，这个时期创立了国际金本位制和自由贸易体系，带来了人类社会第一次真正意义的基于规则的开放期。二是1950—1973年，这个时期创立了布雷顿森林体系、GATT/ WTO和联合国体系，是人类社会第二次基于规则的开放期。三是自1990年以来。这三次都是世界经济增长的黄金期。

二、我国增长动能转变的现状和未来前景

当前，我国初步确立了适应经济发展新常态的经济政策框架①。

一是做出了经济发展进入新常态的重大判断。我国的经济发展模式将从速度和规模转变到质量和效益，产业结构将从低端提升到中高端，增长动能将从汗水驱动转变到创新驱动。这些变化可能需要今后一个相当长的时期完成。

二是形成了以新发展理念为指导、以“供给侧结构性改革是主线”的政策体系。明确结构性改革的最终目的是满足需求，主攻方向是提高供给质量，根本途径是深化改革。这个变化可能需要“十三五”甚至“十四五”规划期内完成。

三是确定了“稳中求进工作总基调是治国理政的重要原则”。强调稳是大局，稳定企业家预期和信心，“健全金融监管体系，守住不发生系统性金融风险的底线”。同样，“中国梦离不开和平的国际环境和稳定的国际秩序。”

（一）我国提出了“三步走”的创新驱动战略

党的十八大提出了实施创新驱动发展战略，强调科技创新是提高社会生产力和综合国力的战略支撑，必须摆在国家发展全局的核心位置。2017 年发布的《国家创新驱动发展战略纲要》提出②，创新成为引领发展的第一动力，科技创新与制度创新、管理创新、商业模式创新、业态创新和文化创新相结合，推动发展方式向依靠持续的知识积累、技术进步和劳动力素质提升转变。

中国创新驱动战略计划分三步走：

第一步，到 2020 年进入创新型国家行列，基本建成中国特色国家创新体系。科技进步贡献率提高到 60%以上，知识密集型服务业增加值占国内生产

---

① 国家发展改革委主任何立峰在党的十九大新闻中心举行第四场记者招待会上发言说，“这套经济政策框架是中国特色社会主义政治经济学的最新发展成果，为马克思主义政治经济学的创新发展贡献了中国智慧；成为习近平新时代中国特色社会主义思想的重要组成部分，是我们做好新时代经济工作的根本遵循，2017 年 10 月 21 日。”

② 《国家创新驱动发展战略纲要》，2017 年 1 月 17 日。

总值的20%。研究与试验发展经费支出占国内生产总值比重达2.5%。

第二步，到2030年跻身创新型国家前列，发展驱动力实现根本转换，经济社会发展水平和国际竞争力大幅提升，为建成经济强国和共同富裕社会奠定坚实基础。研究与试验发展经费支出占国内生产总值比重达2.8%。

第三步，到2050年建成世界科技创新强国，成为世界主要科学中心和创新高地，为我国建成富强民主文明和谐的社会主义现代化国家、实现中华民族伟大复兴的中国梦提供强大支撑。

表1-3　创新驱动战略与现代化强国战略的比较

	现代化新征程①	中国制造2025	创新驱动发展战略
2020年	全面建成小康	基本实现工业化	创新型国家
2035年	基本实现现代化	制造强国中等	创新型国家前列
2050年	成为现代化强国	制造强国前列	科技创新强国

党的十九大报告明确提出，"中国共产党人的初心和使命，就是为中国人民谋幸福，为中华民族谋复兴"；"在全面建成小康社会的基础上，分两步走，在21世纪中叶建成富强民主文明和谐美丽的社会主义现代化强国。"这是在1987年党的"十三大"提出三步走战略，2012年党的"十八大"提出两个一百年奋斗目标的基础上，进一步明确2050年建成社会主义现代化强国的宏伟目标（见表1-3）。

第一个时间节点是2020年决胜全面建成小康社会。在统筹推进"五位一体"总体布局、协调推进"四个全面"战略布局的基础上，决胜三年，打好防范化解重大风险、精准脱贫、污染防治三大攻坚战。第一个一百年奋斗目标有望如期实现。然而，要进入创新型国家行列，实现科技进步贡献率提高到60%以上，知识密集型服务业增加值占国内生产总值的20%，研究与试验发展经费支出占国内生产总值比重达2.5%的目标，还需要做出艰苦不懈的努力和创新进取的措施才可能实现。

---

①　党的十九大报告提出，明确坚持和发展中国特色社会主义，总任务是实现社会主义现代化和中华民族伟大复兴，在全面建成小康社会的基础上，分两步走在本世纪中叶建成富强民主文明和谐美丽的社会主义现代化强国。

第二个时间节点是 2035 年基本实现社会主义现代化。到那时，我国将跻身创新型国家前列；国家治理体系和治理能力现代化基本实现；国家文化软实力显著增强；全体人民共同富裕迈出坚实步伐；现代社会治理格局基本形成；生态环境根本好转，美丽中国目标基本实现。然而，提前 15 年基本实现社会主义现代化，还要做出艰苦卓越的奋斗。

第三个时间节点是 2050 年把我国建成富强民主文明和谐美丽的社会主义现代化强国。到那时，我国物质文明、政治文明、精神文明、社会文明、生态文明将全面提升，实现国家治理体系和治理能力现代化，成为综合国力和国际影响力领先的国家，全体人民共同富裕基本实现，我国人民将享有更加幸福安康的生活，中华民族将以更加昂扬的姿态屹立于世界民族之林。

应当承认，实现党的十九大报告提出来的社会主义现代化目标，我们还要做出相当大的努力。2016 年，我国东部地区的研发经费投入为 10689.4 亿元，占全社会研究与试验经费支出的比重为 68.2%。已基本具备向创新驱动过渡的实力和能力。然而，中部、西部和东北地区的研发经费支出分别为 2378.1 亿元、1944.3 亿元和 664.9 亿元，所占比重分别为 15.2%、12.4%和 4.2%，尚处于投资驱动或资源驱动阶段。首先，如何缩小区域创新投入能力的巨大差距，完善国家创新体系是一个严峻挑战。其次，践行“法无授权不可为”“法定责任必须为”“法无禁止皆可为”，各地区各部门目前的先行先试尚处于探索初期。再次，显著增强国家文化软实力，形成与世界各国文化开放包容、互学互鉴的氛围，推动中华文明现代化的进程，仍在探索中前行阶段。最后，自 2012 年以来，我国城乡差距、区域差距和居民贫富差距都呈现下降趋势。但近年来，城镇居民可支配收入年均增速低于 GDP 年均增速，更低于农村人均纯收入年均增速；农村劳动生产率和农业国际竞争力提高的难度显著增大；基尼系数在 2016 年出现微小反弹，都说明全体人民共富指向的改革需要加大力度。下大气力解决好不平衡、不充分的矛盾，既要公平分好蛋糕，又要高效做大蛋糕，是新时代提出的更高要求。其中，就要解决好美丽中国的生态文明建设，从高速增长转变为高质量绿色发展。

（二）我国全社会研究与试验经费支出的基本状况

习近平总书记在全国科技创新大会上指出，“综合判断，我国已经成为具有重要影响力的科技大国，科技创新对经济社会发展的支撑和引领作用日益增强。同时，必须认识到，同建设世界科技强国的目标相比，我国发展还面临重大科技“瓶颈”，关键领域核心技术受制于人的格局没有从根本上改变，科技基础仍然薄弱，科技创新能力特别是原创能力还有很大差距”①。当前，无论是研发强度还是发明专利申请量，我国已经赶上甚至在某些方面超过世界上的发达经济体。但综合实力、知识积累和领军人才等方面与发达国家还有不小差距。

旧金山联储的弗纳尔德和美国斯坦福大学的查尔斯·琼斯的研究表明，提高或维持生产率水平需要提高对研发的投入②。然而，自“十一五”以来，我国全社会研究与试验经费支出占 GDP 的比重（以下简称研发强度），很难实现预期指标。如按照“十一五”规划的预期指标，2010 年研发强度应达 2.0%，实际只达 1.75%。按照“十二五”规划的预期指标，2015 年研发强度应达 2.2%，实际只完成了 2.06%③。按照“十三五”规划的预期指标，2020 年研发强度应达 2.5%，2016 年只达 2.11%。这个问题应引起国家有关部门的高度重视。

究其原因，一方面，由于企业研究与试验经费支出占全社会研究与试验经费支出的比重往往高达 75%~80%，企业增加研发创新投入力度是一个重要因素④。但由于企业传统增长方式长期以来都是依靠增加要素投入来支撑产出增长，依靠低成本竞争优势在市场中取胜，依靠制造业代工嵌入跨国公司工序分工生产体系参与全球竞争。因此，企业研发创新投入能力不足和意愿不足成为增长动能转换的主要瓶颈之一。另一方面，在经历 2003—2012 年高速增长期以后，企业需要推动供给侧结构性改革，剥离非核心业

---

① 习近平总书记在全国科技创新大会上的讲话，2016 年 5 月 30 日。

② 《生产率增长之谜》，FT 中文网，2014 年 7 月 7 日。

③ 根据国家统计局 2015 年国内生产总值最终核实结果，2015 年研究与试验发展（R&D）经费投入强度调整为 2.06%。参阅 2016 年《全国科技经费投入统计公报》，中国国家统计局、科学技术部、财政部，2017 年 11 月 10 日。

④ 2016 年，我国企业、政府属研究机构、高等学校经费支出所占比重分别为 77.5%、14.4%和 6.8%。

务，调整传统产品结构，化解过剩产能，提高科技创新的投入和贡献率，这是一个中长期才能见效的调整过程。在没有强有力的结构调整资金、直接融资资金和其他长期投资人的资金支持，企业加大研发创新投入力度的能力受限制①。

自2012年以来，尤其2016年开始，研究与试验经费投入的总体形势开始发生新变化。一方面，我国GDP增长率分别在2012年“破八”，2015年“破七”，尤其是2016年前三个季度经济增长率跌到一个相对底部，使越来越多的中国企业意识到，等待只会走向死亡，早转型早主动早见效，开始加快进入转型发展的轨道。另一方面，一些优秀企业开始探索增加研发试验经费投入，提高全要素生产率增长的贡献，提升全球价值链的分工位置，提高自主知识产权、自主品牌和自主营销渠道的比重，实现增长动能的转变。2015年，我国全社会研究与试验经费支出的1.41万亿元中，企业科技经费投入规模超过了1.1万亿元。2016年，全社会研究与试验经费支出增加到1.57万亿元，其中企业科技经费投入的规模达到12144亿元，比上年增长11.6%。

（三）我国区域研发创新强度和增长动力类型

当前，我国区域研发创新强度和增长动力可以分为三种类型：

一是资源驱动型经济。按研发强度衡量，1.0%以下的省份有11个，其研发经费总支出仅888亿元，占全国研究与试验经费支出的比重为5.7%（见表4）。其中包括黑龙江，研发强度为0.99%，2016年研发经费支出152.5亿元；吉林0.94%，139.7亿元；内蒙古0.79%，147.5亿元；广西0.65%，117.7亿元；海南0.54%，21.7亿元；贵州0.63%，73.4亿元；云南0.89%，132.8亿元；西藏0.19%，2.2亿元；青海0.54%，14亿元；宁夏0.95%，29.9亿元；新疆0.59%，56.6亿元。其中，黑龙江和吉林2016年的研发强度比上年有所下降，因此，跌入了这个组。研发强度比上年下跌的还有北京、天津、湖北、山西等省市。

---

① 近年来，国家明显增大了基础研究、应用研究和试验发展经费投入，但如何提高公共研发试验经费投入的合理分配、高效使用、透明监督、效益显著的体制机制效率，仍是需要迫切解决好的大问题。

二是投资驱动型经济。按研发强度衡量，1.0%~2.2%的省市有13个，其研发经费总支出为4958.6亿元，占全国研究与试验经费支出的比重为31.63%。其中，可以按研发强度分成投资驱动的不同阶段。研发强度在1.85%以上，已具备从投资驱动向创新驱动型经济过渡能力的省市包括陕西（2.19%，419.6亿元）；湖北（1.86%，600亿元）；安徽（1.97%，475.1亿元）。研发强度在1.5%以上，尚处于投资驱动中期的省市包括四川（1.72%，561.4亿元）；重庆（1.72%，302.2亿元）；辽宁（1.69%，372.7亿元）；福建（1.59%，454.3亿元）；湖南（1.5%，468.8亿元）。研发强度在1.25%以下，仍处于投资驱动前期的省市包括江西（1.13%，207.3亿元）；山西（1.03%，132.6亿元）；河南（1.23%，494.2亿元）；河北（1.2%，383.4亿元）；甘肃（1.22%，87亿元）。

三是创新驱动型经济。包括广东、上海、浙江、江苏、北京、山东、天津在内的7省市中，研发强度最低的是山东省，为2.34%，略低于OECD国家平均为2.40%，但已经超过欧盟15国2.08%的平均水平。下一步是逐步积累知识存量，量变到质变，发展越来越多知识型经济和产业。这个板块研发经费总支出已经达9829.9亿元，占全国研究与试验经费支出的比重为62.70%。2016年，广东省研发强度为2.56%，研发经费支出为2035.1亿元，其中，深圳4.1%，投入超过800亿元；香港0.73%，155.49亿元①；上海3.82%，1049.3亿元；浙江2.43%，1130.6亿元；江苏2.66%，2026.9亿元；2016年山东2.34%，1566.1亿元；北京5.96%，1484.6亿元；天津3.0%，537.3亿元。研究与试验发展经费投入占比：广东（占13%）、江苏（占12.9%）、山东（占10%）、北京（占9.5%）、浙江（占7.2%）、上海（占6.7%）。

① 2016年粤港澳大湾区研发投入预计为2190.59亿元。香港特区政府宣布，2022年研发强度将达1.5%，研发支出将增至450亿港元。2016年长江三角洲地区（上海、江苏和浙江）研发经费投入4206.8亿元。2016年京津冀地区研发经费投入2441.3亿元。

表 1-4　2015 年和 2016 年中国各地区研发与试验发展经费支出情况

	2015 年		2016 年		
	研发支出（亿元人民币）	研发强度（%）	研发支出（亿元人民币）	研发强度（%）	研发强度（%）
北京	1384	6.01	1484.6	5.96	-0.05
上海	936.1	3.73	1049.3	3.82	0.09
天津	510.2	3.08	537.3	3.00	-0.08
江苏	1801.2	2.57	2026.9	2.66	0.09
广东	1798.2	2.47	2035.1	2.56	0.09
浙江	1011.2	2.36	1130.6	2.43	0.07
山东	1427.2	2.27	1566.1	2.34	0.07
陕西	393.2	2.18	419.6	2.19	0.01
安徽	431.8	1.96	475.1	1.97	0.01
湖北	561.7	1.90	600.0	1.86	-0.04
四川	502.9	1.67	561.4	1.72	0.05
重庆	247	1.57	302.2	1.72	0.15
福建	392.9	1.51	454.3	1.59	0.08
湖南	412.7	1.43	468.8	1.50	0.07
辽宁	363.4	1.27	372.7	1.69	0.42
甘肃	82.7	1.22	87.0	1.22	—
河北	350.9	1.18	383.4	1.20	0.02
河南	435	1.18	494.2	1.23	0.05
黑龙江	157.7	1.05	152.5	0.99	-0.06
山西	132.5	1.04	132.6	1.03	-0.01
江西	173.2	1.04	207.3	1.13	0.09
吉林	141.4	1.01	139.7	0.94	-0.07
宁夏	25.5	0.88	29.9	0.95	0.07
云南	109.4	0.8	132.8	0.89	0.09
内蒙古	136.1	0.76	147.5	0.79	0.03
广西	105.9	0.63	117.7	0.65	0.02
贵州	62.3	0.59	73.4	0.63	0.04

续表

	2015 年		2016 年		
	研发支出（亿元人民币）	研发强度（%）	研发支出（亿元人民币）	研发强度（%）	研发强度（%）
新疆	52	0.56	56.6	0.59	0.03
青海	11.6	0.48	14.0	0.54	0.06
海南	17	0.46	21.7	0.54	0.08
西藏	3.1	0.30	2.2	0.19	-0.11
总计	14169.9	2.06	15676.7	2.11	0.05

资料来源：2015 和 2016 年的《全国科技经费投入统计公报》。

（四）人民日益增长的美好生活需要是创新驱动发展的重要引擎

习近平总书记在党的十九大报告中提出，“中国特色社会主义进入新时代，我国社会主要矛盾已经转化为人民日益增长的美好生活需要和不平衡不充分的发展之间的矛盾。我国稳定解决了十几亿人的温饱问题，总体上实现小康，不久将全面建成小康社会，人民美好生活需要日益广泛，不仅对物质文化生活提出了更高要求，而且在民主、法治、公平、正义、安全、环境等方面的要求日益增长。同时，我国社会生产力水平总体上显著提高，社会生产能力在很多方面进入世界前列，更加突出的问题是发展不平衡不充分，这已经成为满足人民日益增长的美好生活需要的主要制约因素。”由此可见，解决我国社会当前主要矛盾的关键环节，是如何适应人民日益增长的美好生活需要，加快推进增长动能转换，实现创新驱动，建设现代化经济体系。

我国中等收入人群的规模快速扩大是推动创新驱动转型发展的重要引擎。按照世界银行标准测算，每天消费在 10～100 美元的群体为中等收入群体，2015 年中国有 44%的人达这个标准，约有 5 亿多人。如果按照中国国家统计局的标准，家庭年可支配收入在 9 万～45 万元被认为是中等收入家庭，按此测算中国中等收入群体占总人口 24.3%，大概 3 亿人[①]。随着中国富裕起来的中高收入消费群体的规模继续扩大（见表 1-5），并呈现高质量、多样性、个

① 《2017 年社会蓝皮书》，2016 年 12 月。

性化的消费特征，尤其是“80后”“90后”“00后”新生代的消费观念正在发生质的变化，进而带动我国供给质量和结构变化。

表 1-5　2016 年中国部分省市人均可支配收入

省市	人均可支配收入（元）		GDP（亿元人民币）
上海	57692	广东	19438
北京	57275	江苏	18822.6
浙江	47273	山东	16653.3
江苏	40152	浙江	10552
广东	37684	河南	9392.22
福建	36014	四川	7552
山东	34012	湖北	7256
辽宁	32860	湖南	7051.1
湖南	31284	上海	6922.84
湖北	29386	福建	6535.19
安徽	29156	北京	6040.5
江西	28670	安徽	5826.8
陕西	28440	辽宁	4574.7
四川	28335	江西	4318.6
河南	27233	陕西	4147.22

资料来源：中国统计局。

人民日益增长的美好生活需要已呈现高端化、多样化和个性化趋势。一方面，新生代的新需求正引领新经济、新产业和新业态飞速发展。另一方面，老龄化正创造大量新需求，正成为经济、社会、文化、生态、精神需求日益增长的新需要，如 2017 年 3 月，财经杂志对博鳌论坛与会者进行的一项调查结果显示，受访者对最有成长前景的行业前七位的选择分别是养老健康、医药行业、旅游休闲、人工智能、新能源、教育培训和文化产业（见表 1-6），这反映新需求诱导新供给变化的行业排序。如排第一位的养老健康产业，2016 年我国 60 岁以上人口达 2.3 亿人，占总人口的比重为 16.7%，65 岁以上人口达1.5亿人，占总人口的比重为10.8%。我国目前居家养老的比重达93%，机构养老和社区养老的比重共为7%。可以预见，我国未来的养老服务管理、养老护理器具、养老人才开发，将成为提高养老服务质量的三大要素。其中衍生扩展出来的知识、技术和人才密集型行业将成为我国具有广阔发展前景的新兴产业，包括预防失能和痴呆的预防训练课程、运动和辅助活动等。

表1-6　2017年最有成长性行业

最有成长性产业	养老健康、医药、旅游休闲、人工智能、新能源、教育培训、文化产业、节能环保、新能源汽车、IT、生物技术、金融服务、新材料 、高端装备、军工、数字创意、现代物流、生物识别、农业、能源、汽车

资料来源：《亚洲前瞻指数》。

表1-7　培育的新产业增长点　　单位：万亿元

行业	2014年产值	预计2020年产值
新一代IT行业	5	11-14
健康行业	6.6	14-16
高端装备制造业	2.6	8-10
新能源	1.2	3.8
节能环保	3.8	8.5-10
新兴海洋行业	1.23	4.6
生物行业	3.8	10
文化产业	2.4	5.5
旅游业	3.25	7-8

资料来源：姜江，洪群联，等．十三五产业新增长点（打造经济发展新引擎）[M]．北京：中国市场出版社，2016.

党的十九大报告提出了建设现代化经济体系的战略目标。其中，要着力加快建设实体经济、科技创新、现代金融、人力资源协同发展的产业体系。2020年，既是中国全面建成小康社会的重要时点，也是基本实现工业化，进入创新型国家行业的关键时点。研究人员对2020年我国产业新增长点进行了实证研究（见表1-7）。他们的研究结果发现，2020年，健康行业的产值规模预期将达14万~16万亿元；新一代信息技术行业的产值规模将达11万~14万亿元；高端装备制造业的产值规模将达8万~10万亿元；环保行业的产值规模将达8.5万~10万亿元；生物行业的产值规模将达10万亿元，分别是2014年产值规模的2~3倍。上述目标实现与否，很大程度上取决国家创新体系建设和创新软环境的营造，提升供给质量和满足人民日益增长的美好生活需要的能力。

创新驱动需要“培养造就一大批具有国际水平的战略科技人才、科技领军人才、青年科技人才和高水平创新团队”。而人才的特点是集聚在国际化、高端化、智慧化的城市。我国新型城镇化的主体形态是城市群的快速发展。其中，粤港澳大湾区城市群（见表1-8）、长江三角洲城市群、京津冀城市群处于现代化、国际化和信息化发展的第一阵营；长江中游城市群、中原城市群、成渝城市群、东北城市群处于发展的第二阵营；其他城市群处于发展的第三阵营。城市群之间的竞争与合作正成为驱动科技创新的强大推动力。尤其是一线城市群之间的竞争，谁能够率先成为世界级城市群、世界城市、世界级经济和产业新增长极。城市群之间的较量，一是贯彻新发展理念的质量和效益；二是知识、技术和人才密集型现代服务业的集聚和发展；三是经济国际化的格局和影响；四是投资环境的公平透明、营商环境的效率便利化、市场环境的规范监管；五是治理体系和治理能力现代化。

表1-8　2015年湾区经济比较

	东京湾区	旧金山湾区	纽约湾区	粤港澳大湾区	珠三角9市	香港	澳门
人口（万）	4347	715	2340	6671	5874	732	65
GDP（万亿美元）	1.8	0.8	1.4	1.36	0.99	0.32	0.05
面积（万平方公里）	3.68	1.79	2.15	5.6	5.47	0.11	0.003
集装（万标箱）	766	227	465	6520	4494	2011	15
机场旅客（亿人次）	1.12	0.71	1.3	1.75	1	0.69	0.06
第三产业（%）	82.3	82.8	89.4	62.2	54.6	90	89.5
世界100所大学（个）	2	3	2	4	0	4	0
世界500强（个）	60	28	22	16	9	7	0

资料来源：CCIEE，《粤港澳大湾区规划研究报告》，2017年。

三、加快推动增长动能转换无疑是一场管理革命

（一）加快推进国家创新体系建设

党的十九大报告指出，“创新既是引领发展的第一动力，也是建设现代化经济体系的战略支撑。要瞄准世界科技前沿，强化基础研究，实现前瞻性基础研究、引领性原创成果重大突破。加强应用基础研究，拓展实施国家重大科技项目，突出关键共性技术、前沿引领技术、现代工程技术、颠覆性技术创新，为建设科技强国、质量强国、航天强国、网络强国、交通强国、数字中国、智慧社会提供有力的支撑”。

解决我国科技基础薄弱，科技创新能力特别是原创能力还有很大差距的“瓶颈”，必须加快推进国家创新体系建设。目前，无论是中央、地方，还是企业，加大对科技创新经费的投入力度，加快提升发明专利等重大科技成果的产出效率，加速助推增长动能转换的生产率增长，正成为近年来供给侧改革出现的一个重大变化。2016 年，国家财政科技支出金额达 7761 亿元（见表 1-9），相当于全社会研究与试验经费支出的 49.5%。其中，中央科技支出的比重为 42.1%，地方为 57.9%。在我国科技创新链上的四支重要的方面军，大学、研究院所、企业、共性技术和公共技术开发转让机构，财政科技支出不仅占全社会研发与试验经费支出的一半，而且科技经费支出的增长率达 10.8%，充分表明国家创新体系的重要性日益突现，对经济增长动能转变的促进作用在逐年增大。

在我国科技创新链上，基础研究正在引起广泛重视。2016 年，我国基础研究经费投入达 822.9 亿元，比上年增长 14.9%，所占比重达 5.2%。而美国基础研究经费投入比重达 17.4%，中美基础研究经费投入比重相差 12 个百分点。因此，我国基础研究投入严重不足，与美国基础研究的差距仍很大。一方面，在我国目前最有创新活力的城市和省份，未来 5~8 年会越来越多地受到基础研究经费投入不足而产生的创新发展瓶颈。另一方面，2016 年我国基础研究经费投入的增长率达 14.9%。这种经费投入的趋势继续保持下去，我

国基础研究的薄弱环节将得以改观。

2016 年，我国应用研究经费投入达 1610. 5 亿元，增长 5. 4%，在我国科技经费投入中的比重为 10. 3%。美国应用研究经费投入比重为 19. 3%，中美之间相差 9 个百分点。与基础研究不同，应用研究具有特定的实际目的或应用目标，重点是探索实现新方法、新知识、新原理、新应用、新途径。加强应用研究是现阶段推动我国科技创新的重大关键环节。研究型大学、科研院所、大企业科技创新平台和机构、关键共性技术开发公共技术和转让机构，应与各种类型的融资机构、国际科技合作机构、产业链、供应链合作，提升我国应用研究领域的协同创新能力和重大科技项目攻关能力。

2016 年，我国试验发展研究经费投入达 13243. 4 亿元，增长 11. 1%，经费投入所占比重为 84. 5%，美国试验发展经费所占比重为 63. 3%[①]。试验发展研究重点是研究试验开发新技术、新方法、新产品，最终转化为新产业、新市场、新商机。这种科技创新和转化功能主要依托于企业家的才干。我国创新驱动战略加大科技经费投入的趋势继续保持下去，势必将逐步从流量增长引发存量积累，量变到质变，将在基础研究、应用研究的经费投入比重趋近美国，从而为试验发展研究带来源源不断的科学技术来源。

表 1-9　2016 年财政科学技术支出情况

	财政科学技术支出（亿元）	比上年增长（%）	占财政科学技术支出的比重（%）
合计	7760. 7	10. 8	—
其中：科学技术	6564. 0	12. 0	84. 6
其他功能支出中用于科学技术的支出	1196. 7	4. 7	15. 4
其中：中央	3269. 3	8. 5	42. 1
地方	4491. 4	12. 5	57. 9

注：本表中财政科学技术支出的统计范围为公共财政支出安排的科技项目。
资料来源：《2016 年全国科技经费投入统计公报》。

① 《2016 年全国科技经费投入统计公报》。

（二）我国制造业企业增长动能转型出现新变化

党的十九大报告指出，“加强国家创新体系建设，强化战略科技力量。深化科技体制改革，建立以企业为主体、市场为导向、产学研深度融合的技术创新体系，加强对中小企业创新的支持，促进科技成果转化。倡导创新文化，强化知识产权创造、保护、运用”。

2016 年，我国制造业的研发经费投入达 10580.3 亿元，研发投入强度为 1.01%。其中，高技术制造业研究与试验发展经费 2915.7 亿元，投入强度为 1.9%；装备制造业研究与试验发展经费 6176.6 亿元，投入强度为 1.51%。规模以上的企业中，研究与试验发展经费投入超过 500 亿元的行业大类有 7 个，这 7 个行业的经费占全部规模以上工业企业研究与试验发展经费的比重为 60.2%；研究与试验发展（R 和 D）经费投入在 100 亿元以上且投入强度超过规模以上工业企业平均水平的行业大类有 9 个。

我国改革开放的重点领域之一是制造业。2016 年，我国制造业中民营企业的产值比重为 61.2%、国有企业 27.8%、外资企业 11%。其中，民营企业涌现一大批创新型领军企业，如 2016 年民营企业的营业收入，华为投资控股有限公司达 5215.74 亿元，苏宁控股集团 4129.51 亿元，山东魏桥创业集团 3731.83 亿元。进入民营企业 500 强的上榜门槛为 120.52 亿元，其中有 16 家入围世界 500 强。民营企业 500 强的海外投资额达 515 亿美元，进行海外投资的民营企业数量达 314 家，出口总额为 1495.4 亿美元，占我国出口总额的比重达 7.17%。有 285 家制造业企业入围民营企业 500 强，占比 57%，进入民营制造业 500 强的上榜门槛为 53.55 亿元①。排名前 20 强的民营大企业的来源地分别为广东（7 家）、江苏（4 家）、北京（2 家）、浙江（2 家）、上海（1 家）山东（1 家）、辽宁（1 家）、新疆（1 家）、海南（1 家）。

目前，我国制造业正处于大调整大分化大转型阶段。传统制造业的研发强度大多在 1.0%以下（见表 1-10），如农副食品加工业的研发投入强

① 2017 中国民营企业 500 强榜单揭晓，2017 年 8 月 24 日。

度仅0.36%，纺织服装业0.45%，家具制造业0.49%，食品加工业0.64%，全行业一年投入的研发经费大多是几十亿元到一两百亿元。这些传统制造业的中小企业都是在市场经济条件下按照比较优势原则逐步发展起来的，它们是充满创新和发展活力的经济主体。但在增长动能从汗水驱动转向智慧或创新驱动，从高速增长转向高质量发展，从制造代工转向自主创新的过程中，这些企业面对缺技术、缺人才、缺资金、缺品牌、缺渠道、缺转型经验和能力等因素制约。他们需要以英雄断腕的勇气告别传统结构，转向创新结构。一些地方，如广东佛山的传统制造企业开始对标德国和欧洲，探索像德国企业当年那样，通过促进工业服务和生产性服务业的发展，提升传统制造业的竞争力。一些企业中，如美的开始寻求通过跨国并购（德国机器人公司库卡）的方式，建立全球价值链更高位置的技术和结构①。

表1-10　制造业规模以上企业研发经费投入情况

行业	研发经费亿元	研发强度%	行业	研发经费亿元	研发强度%
农副加工业	249.7	0.36	医药制造业	488.5	1.73
食品制造业	152.8	0.64	专用设备制造业	577.1	1.54
纺织服装业	107.0	0.45	通用设备制造业	665.7	1.38
纺织业	219.9	0.54	汽车制造业	1048.7	1.29
家具制造业	42.9	0.49	运输设备制造业	459.6	2.38
化学制造业	840.7	0.96	计算机、通信设备	1811.0	1.82
造纸及制品	122.8	0.84	仪器仪表制造业	185.7	1.96
制造业总计	10580.3	1.01	电气机械器材制造	1102.4	1.50

资料来源：《2016年全国科技经费投入统计公报》。

（三）发挥双引擎作用助力增长动能转型

党的十九大报告提出："必须坚持质量第一、效益优先，以供给侧结构性

① 2017年前7个月，我国生产的机器人数量同比增长了50%以上。在对工业机器人需求拉动下，跨国并购以解决企业技术来源的案例明显增加，如2016年美的公司收购了德国的库卡公司（Kuka）。据预测，交易完成后，库卡公司有可能在2020年之前，超额完成其设定的实现40亿~45亿欧元收入的宏伟目标，而其中有10亿欧元的收入将来自中国市场。然而，在欧美贸易保护主义日益抬头的形势下，美的并购库卡的案例有可能成为最后一个机会窗口。

改革为主线，推动经济发展质量变革、效率变革、动力变革，提高全要素生产率，着力加快建设实体经济、科技创新、现代金融、人力资源协同发展的产业体系，着力构建市场机制有效、微观主体有活力、宏观调控有度的经济体制”。[①] 这意味我国加快建设实体经济、科技创新、现代金融、人力资源协同发展的产业体系，是构建现代化经济体系的产业基础。构建市场机制有效、微观主体有活力、宏观调控有度的经济体制，是现代化经济体系的体制保证。由此可见，建设现代化经济体系，无疑是经济领域的一场革命。

我国科技创新已经进入发展的快车道。2017 年全球创新指数显示，我国成为中等收入经济体创新的领头羊，在全球 130 个经济体中排名 22 位。比上年提高了 3 位，比前年提高了 6 位。我国在商业成熟度、知识与技术产出方面获得高分，在研发公司全球分布、商业企业的研发人才、专利申请量和其他知识产权相关变量等表现优异。但比发达经济体还有不小的差距。李克强总理曾提出“双引擎”的观点。一个引擎是“双创”，即激发大众创业和万众创新；另一个引擎是“双公”，即增加政府的公共产品和公共服务。激励创新和创业，需要营造一个有效的投资环境、营商环境和市场环境，提高创新环境的效率和便利化。增加公共产品和服务，需要加快推进政府职能改革，践行治理体系和治理能力现代化。现阶段，解决中小企业缺技术、品牌、人才、渠道、资金和转型能力困境，增加“双公”似乎具有更大的必要性和紧迫性，如在国家创新链上，关键共性技术和公共技术开发转让项目、机构和机制建设[②]，为中小企业解决工艺、材料、关键零部件等技术瓶颈提供公共服务。又如，为企业培养更多合格高素质员工需要大力发展多层次职业教育和技术培训体系，为社会引进、培育和吸引更多创新性人才和团队需要营造更宽松便利的国际化、知识化、生态化的创新环境等。

打造全球化开放的创新链需要构建跨境创新网络。习近平同志提出，要“围绕产业链部署创新链，围绕创新链完善资金链，强化科技同经济对接、创新成果同产业对接、创新项目同现实生产力对接”。一方面，由于当今世界的

① 习近平总书记在党的十九大上所做的报告，2017 年 10 月 18 日。

② 被称为大学、科研院所、企业以外的第四只科研创新力量。

科技、研究和创新活动越来越多呈现跨地域、跨学科、跨领域合作的特征，需要开放创新，营造跨境创新网络；另一方面，由于当前世界的科技、研究和创新活动具有高度竞争、高度动态变化和高度复杂性系统网络特征，即使是我国创新强度最高、创新活力最好、创新投入最大的企业和地方，也不具备独立完成重大创新活动的能力，也需要构建跨境创新网络。因此，创新链与人才链在全球范围内对接，构建全球共商共建共享的创新网络体系，是我国增长动能转换具有鲜明时代特征的体制创新。

论经济发展的本真复兴[①]

金　碚[②]

人类社会发展到今天，正在遭遇新的挑战，走在需要理性抉择的路口上。为了应对人类发展所导致的环境和气候问题，世界各国越来越多的人认识到必须走低碳发展的道路，但也有人认为这个问题并不重要，或者不愿意为此付出代价。比如，美国总统特朗普上任伊始就宣布美国要退出《巴黎气候变化协定》。尽管他有自己的理由，认为美国签署《巴黎气候变化协定》，意味着限制传统产业，特别是石油、煤炭等化石能源产业的发展，将会减少600多万人的就业。但是，人类必须理性反思：经济社会发展到今天，要以怎样的新理念进行怎样的行为调整？这涉及人类发展的核心议题：第一，经济发展的本原性质，即为什么要发展经济？第二，怎样实现经济发展？以往的发展道路和模式可否持续？第三，人类发展到今天应该以怎样的新理念来应对当前和未来的严峻挑战？

一、经济发展的本真性质

人类经济活动数万年，文明史数千年，而真正实现高速经济增长和发展是工业革命之后的现象，迄今为止仅仅300年左右。也就是说，在人类漫长的演化和发展史上，快速经济增长是个相对很短暂的时期。据估算，工业革命之前，经济增长率非常低，全世界的人均GDP几乎没有增长，有学者估

---

① 本文为作者在中国社会科学论坛（2017年，经济）——低碳发展与生态康养旅游名城（广元）国际论坛（2017年6月13日）上的演讲（内容有扩充）。本文在《城市与环境研究》2017年第3期刊发。

② 金　碚：中国社会科学院学部委员，工业经济研究所研究员，中国区域经济学会会长。

算，从公元元年到18世纪初，全世界人均产出增长率只有0.02%，统计上几乎可以忽略不计。而发生工业革命的国家，经济增长显著加速。从全球范围来看，工业革命及工业化现象从西欧国家及其移民地，扩散到东亚国家，乃至世界各国各地，人类中越来越多的人群进入“工业社会”，世界面貌因此而巨变。所以，从一定意义上可以说，迄今为止，经济增长或经济发展就是工业化现象。那么，为什么会这样呢？

当我们说“经济增长”或“经济发展”时，通常是要表示实现了以货币单位计算的人均产出量（人均GDP）的增长，并将人均产出量所达到的水平视为经济发达程度的标志。而其所要表达的真实意思究竟是什么呢？其潜含的意思实际上是：人是可以改造自然，使自然物为己所用的，这种被人改造了的物质在经济学上就是人类劳动的产品（产出）。在人类发展的漫长年代中，人类生存于地球，但地球上的大多数物质对人类是没有用处的，准确地说，人类没有能力使这些物质产生（对人类的）用途；同样，地球上的大多数地方也是不适合人类居住的，甚至是人类无法到达的。那时，人类的主要生存方式是，在非常有限的地理区域（一定纬度、一定海拔高度的有水源之地），采集、猎取或捕捞可以直接供人消费的有用物，通常称为采集狩猎社会。后来，人类开始将原先的采集、猎取之物进行培植、饲养，成为种植物和家禽牲畜，即以人类活动（劳动）促进植物和动物生长，使自然（生命）过程按人的需要产生更多对人有用之动植物，这称为农业社会（以及与之并行的游牧社会）。再进一步来说，人类力图用自己的劳动，并使用越来越复杂的工具，直接参与以至控制自然物质的形态变化过程，将越来越多原先无用的物质改造成对人直接有用的物品，这就是工业制造，当以手工工具为主的工业制造转变为以机器为主的工业制造，发生“工业革命”，人类就进入工业社会。为了获取更多的工业原材料，就需要大规模获取地球物质，即进行矿物采掘，在此过程中，还需要使用更多物质，如木材、煤炭、石油等，作为工业生产活动（机器生产）的能源。当前，全人类发展在总体上正处于这样的工业社会时期，有的国家已进入工业社会，其他国家正在向工业社会迈进。所以，所谓经济发展，其实质就是人类通过自己的行动（生产劳动），把地球上原来对人类没有用的东西转化成对人类有用的东西，把原来不适合人类居住，甚至无法到达的地方变成人类可以到达和居住。这就是经济发展的本真性。也就是说，人类就是为了将地球物质从无用变有用，才进行经济活动，被改造的物质越多，改造自然物质的过程效率越高，我们就说经济越发达。简言之，所谓发达社会（工业化社会或工业化国家）就是能够将自然物大规模地、深度地转变为可为人类所用的物品社会。所以，经济发展本质上首先而且永远是人与自然界之间的关系。其实，更彻底地说，人类本身归根结底也是自然世界的一部分。

就其同人类的关系而言，自然界的物质可以分为以下几类，并相应地形成几个基本概念：第一，自然物质。离开同人类的关系，自然物质无所谓有用或无用，因而也谈不上是资源还是废物。那不过就是地球上的自在之物。但是，如果从其同人的关系来看，自然物就可以区分为有用物和无用物了，前者称为自然资源，相对而言，后者就只是非资源之物。当自然资源相对于人类使用的需要具有稀缺性时，就会对其进行估价，就可以称为自然财富，如，水源、矿藏、森林、草原等。而存在量极大（几乎相当于“无限”）的物质，如阳光、空气、海水等，由于稀缺性不显著，无法估值，一般不计为自然财富（当然，随着科学技术和工业能力的提高，过去的非稀缺物也可能会变为具有稀缺性，如太阳能产业的发展使阳光具有稀缺性，风电的发展使风力具有稀缺性，海水利用的发展使海水具有稀缺性，那样，阳光、空气、海水等，以及“空域”“空间”等，都可以进行估价，成为自然财富）。

自然资源或自然财富是具有潜在有用性的自然物质。当人类将具有潜在有用性的物质，通过人的行为（生产劳动，加工制造）将其转变为现实有用的物品，可以视作在自然物质中加入了人的因素，就可以称为“人化财富”，一般称为物质财富。

以上关于物质的分类有一个关键，即什么物质是自然物，什么是自然资源、自然财富？什么是物质财富？都取决于科学技术水平特别是工业技术的水平的高低，即人类转变物质形态的能力。也就是说，人类具有多大的工业能力，可以把自然界的物质转化为对人类有用之物，决定了物质分类的概念内涵及外延。一般来说，或者原则而言，科技水平和工业技术水平越高，物质中的“资源”和“财富”部分就越大。在这一意义上，“资源”实际上也是由人类活动（工业技术）所创造的，人类生产活动（主要是工业），首先创造“资源”，其次消耗资源。从极端意义上甚至可以说，如果科技水平和工业技术水平充分高，地球上以及人类可达至的宇宙太空中的所有物质，都可以是自然资源和成为人化财富，并没有绝对的“废物”。当然，这只是极而言之的可能性，而现实中，科技水平和工业技术能力总是有限的。所以，在一定时间内，自然物质经人类施加作用而转变为物质财富的量也是有限的。那么，人类尽最大努力以追求物质财富的行为是否应予肯定，即是否正当呢?

在很长一段历史时期，人们追求物质财富往往被认为是不正当或不道德的。许多宗教教义都反对信众收敛财富。例如，基督教的传统教义说，富人进天堂就像骆驼要钻进针眼那么困难，意思大致是，富人收敛财富，为富不仁，死后必受惩罚而不得进入天堂。按照德国著名学者马克斯·韦伯的说法，直到发生宗教革命，才转而认可追求财富的正当性，即认为人们追求财富而致富也是遵循上帝的旨意（Calling）。并主张富人拥有财富后不应挥霍浪费，而是要“节欲”，或者“延迟消费”，不断将当期未消费掉的财富投入能够创造更多财富的生产活动。十七八世纪，西欧的宗教革命与思想启蒙运动相互影响，解放了财富观念。所谓启蒙运动，对于经济领域而言，实际上就是主张人类应拥有追求财富的自由（权利）。此前，神权、王权、特权压抑了人权，而启蒙运动以后，大力主张人权，而且是人人应有平等人权，因为，人权是“天赋”的权利，与生俱来，人人有份。所谓天赋的平等人权，除了有政治、法律、伦理的含义之外，就经济权利而言，实质上就是追求财富的自由选择和平等权利。在人类发展历史上，最能确保追求财富的自由选择和平等权利的制度和社会机制就是市场经济。在市场经济中，神权、王权、特权都不能压抑自由追求财富的平等人权。从这一意义上可以说，所谓启蒙，就是市场经济自由竞争、等价交换和积累财富的观念觉醒，是人人有权发财致富的思想解放。

回顾中国近40年来的改革开放经历，也有十分相似的过程。20世纪70

年代（实行改革开放）以前，在中国的官方主流意识形态中，追求和占有财富也是不正当的，甚至是违法的，财富“私有”是罪恶，被视为资产阶级行为，是革命所要消灭的对象。那时，工厂生产不是为了追求利润（因而作为生产单位的组织，只能称为“工厂”，不能是“企业”，因为在语义上，“企业”被认为是追求利润的经营单位）；工人劳动也不能是为了赚取工资。如果工人为了赚取工资（奖金）而劳动，企业为追求利润而生产，就会被批判为资产阶级“经济主义”，是同社会主义计划经济格格不入的资本主义行为。甚至“按劳分配”的社会主义原则也被认为是体现了“资产阶级法权”。在社会主义计划经济条件下这些都是不正当的，至少是属于道德低下的“低级趣味”，而丧失了无产阶级的革命精神和劳动行为的崇高性。直到70年代末80年代初，中国改革开放以后，被长期压抑的财富观念才开始觉醒。经历激烈的思想斗争和观念博弈，社会才终于承认了在社会主义制度下追求财富也是正当的，承认和主张生产必须追求利润，因而生产组织才可以从“工厂”变为“企业”以及“公司”；同时，工人干得好就是应该涨工资，可以并且应该获得奖金，以体现多劳多得的个人利益原则；更重要的是，民众拥有由法律保护的权利组织营利性生产组织——企业，形成民营经济，追求和积累财富。这样的社会制度当然就叫市场经济：人人有生产和拥有财富的平等权利，并据此而进行等价交换。因此，中国经济体制改革的实质就是从计划经济转向市场经济。众所周知，这样的观念解放和制度变革，为整个社会经济发展注入了巨大的动力，极大地解放了生产力，进而产生了翻天覆地的社会后果。那么，市场经济何以会有如此巨大的魔力呢？

二、市场经济的理性机制

在人类发展中，市场经济发挥了极为重要的作用，市场经济持续推动了经济增长和进步，没有任何一种其他的经济机制能够像市场经济那样，产生了如此广泛、持续而深远的影响，极大地改变了人类社会的整个面貌。那么，市场经济是一种什么样的经济机制呢？它为什么能够强有力地推动各国的经济发展，特别是，市场经济为什么能够适应工业革命和世界工业化的要求呢？众所周知，西欧17世纪的启蒙运动有两个相互关联并具有决定性的因素，一个是科学精神，另一个是崇尚理性。这种科学精神和理性主义，在经济领域里体现为张扬一种工具主义理性。所谓工具主义理性就是，以高效率为中轴原理，追求“最优化”和“最大化”等工具性目标。其具体表现为：追求收入最大化、利润最大化、财富最大化。而且，这种“最大化”目标都是可以用货币单位来计量的。因为，如果不以货币为单位，就无法对成本、产出、收益、财富等进行经济计算和比较。所以，追求以货币计算或估值的收入和财富的最大化，就成为市场经济的最基本特征。例如，当人们问为什么要工作？在市场经济制度下，一般就说是为了“赚钱”；如果要问办企业的经营目标是什么？一般就说追求“利润最大化”或者“为出资人创造最大利润”。每一家股票上市公司的CEO都会宣称，公司经营目标是为股东创造最大利润，或使股份价值最大化。这些基本理念和通行说法在市场经济制度下都是“天经地义”的常识。

问题是，收入、利润、财富等，是人类生存发展的必需之物吗？显然不是。它们不过是一些工具性手段，而不是人类所需的目的性需要。收入、利润、财富都没有供人享用的性质，而“企业”根本没有衣食住行的需要，既不会痛苦，也不会快乐，为什么要那些“最大化”？众所周知，根据马克思的定义，作为市场经济“细胞”的商品，有两个属性，一个是使用价值，另一个是交换价值。使用价值是商品的有用性，即商品能够满足人的实际需要的“效用”。交换价值则是商品中所包含的人的抽象劳动量，可以据此而同其他生产者或所有者按“等价交换”原则进行交易，以获得对自己有用的商品。尤其重要的是，在以货币为媒介的商品交换中，货币成为交换价值的代表，发挥着对各种有用商品的“索取权”的功能。

那么，对于自然人来说，在商品的使用价值和交换价值这两重属性中，哪一个是“目的”，哪一个是“工具”呢？很显然，在其朴素的原本性质上，使用价值是人类生产活动之目的，而交换价值则是能够据之而可以获得具有人们所需要的使用价值的商品工具（凭据）。但是，如前所述，在市场经济制度中，起支配作用的是工具理性。由此可见，在发达的市场经济条件下，上述目的和工具之间的关系是颠倒的。如美国经济学家大卫·哈维所说，在市场经济中，“无论在哪里，交换价值都是主人，使用价值都是奴隶。”① 即使用价值实际上是为交换价值服务的。尤其是当人类所追求的财富形态不断演变，货币形态的财富欲望越来越强烈，直到发展为信用货币成为货币形态的主要成分时，货币（信用货币）本身完全没有使用价值却成为经济活动的目标，而有用商品反倒成为实现货币囤积目标的手段。人类社会似乎变得很荒唐，但正如黑格尔所说的，凡是现实的都是合理的，凡是合理的都是现实的。

市场经济的现实性和合理性就表现为：其推动经济发展的动力机制是最强劲的。不难设想，如果以追求商品的使用价值为目标，那么，其需要量总是有限的。你吃饱了就不能在再吃，一个人在同一时间只能穿一套衣服，睡一张床。使用价值超过一定量，其对人的效用越来越小，直至过剩而无用。所以，如果整个经济社会仅仅是将直接追求使用价值作为动力机制，那么，生产规模就会受限，经济发展就必然很缓慢。反之，如果以追求交换价值为目的，发展生产和创造积累财富就具有了无限性，即交换价值量尤其是其纯粹形态货币量的最大化可以成为无止境的追求目标。可见，市场经济的长足发展与工业革命具有密切相关性。工业革命所形成的巨大生产力，只有在市场经济中才能获得施展空间。也就是说，正因为市场经济使社会生产的目的与工具（实现目的的手段）相颠倒，工业革命所喷发出来的生产力，成为无止境地追求交换价值，追求金钱的力量，因而使物质财富大量创造和堆积，人们相信这一过程可以永无止境：资本家追求剩余价值没有止境，商人（企业）追求利润没有止境，人们追求货币似乎也会没有止境。正是这种没有止境的疯狂追求才成为市场经济增长的强大动力和无限性。这就是市场经济具有强大生产力的奥秘所在。

但是，在人类发展取得辉煌成就的同时，也伴随着严重问题的出现并有可能日趋恶化。一是无节制的消费主义。只有消费更多的东西，才能生产更

① ［美］大卫·哈维．资本社会的17个矛盾［M］．许瑞宋，译．北京：中信出版集团，2016：58.

多东西。消费更多东西的人，据此而感觉更快乐。因为市场经济有能力创造各种各样的物质产品来供人享用，所以从更多的产品消费中获得快感就成为市场经济的基本信条或社会心理偏向。二是财富的欲望不可遏制，而且财富欲望越来越同物质（商品）的有用性（使用价值）相脱离。当无止境地积累和占有（实体的和虚拟的财富）成为满足财富欲望的方式，而实际上财富欲望又因财富（尤其是虚拟的财富）的无限性而永远不得满足，所以，财富就蜕变为无用（或不使用）的东西（冗余物），直至成为纯粹的符号性财富。所谓符号性财富及其欲望，就是从“赚钱”目的蜕变为追求财富符号即货币数量的“增殖”。以往的货币是黄金、白银，今天的货币已成为银行账户上的数字。追求货币数字的无度增长成为财富贪欲的极端形式，人类经济活动走向虚拟化，越来越偏离实际使用价值。

可见，虽然在人类发展史上，市场经济是功不可没的，历史和现实都证明，市场经济是人类所创造的一种非常可行有效的经济制度。但是，非常可行有效的制度也未必是十全十美而没有缺陷的制度，更不是无须治理就能合意运行的体制机制。无度扩张并缺乏有效治理的市场经济，不仅会产生一系列难以容忍的社会问题，如收入分配和财富占有两极分化、弱势群体缺乏安全保障等，而且很可能破坏人类生存的根本条件——生态环境。在市场经济中，无数自利的个人为了追求财富和无度消费，以致为了满足财富欲望，欲壑难填，无节制地掠夺自然，导致对自然生态环境的严重破坏。结果走向了人类发展目标的反面。如前所述，经济发展原本的目的是把原先无用的物质转变为有用的物质（产品），但现实中反而变成了将大量原本无害的物质变成了有毒有害的污染物。同理，经济发展原本的目的是把一些过去人类不能居住甚至难以到达的地方改变（建设）成人类可以到达并适宜居住的地方，但现在反倒因破坏了自然环境而使许多地方变成不宜居住的地方，生活环境恶化。这样一来，人类发展中就出现了所谓的“非理性的理性”现象：每个人所做的事情似乎都是理性的，大家都是为了追求财富，似乎都是理所应当。但是，所有人共同的行为所导致的结果却可能是很不理性的。一个人为了盖房子砍一棵树没有什么大影响，一些人为了烧饭上山砍一些柴火也影响不太大，但是，成千上万的人砍树、砍柴，那就会超过环境承载容量，严重破坏生态平衡。无数个体的理性行为的总和，导致了人类行为的整体非理性（所谓的“合成谬误”）。这表明，在缺乏有效治理的市场经济条件下，出现了人类发展的本真迷失，即人类活动离开了发展的本意，走向了事与愿违的方向。

三、人类经济发展的本真复兴

正是在市场经济制度下人类发展所取得巨大成就的时代，经济发展背离其本真性质的问题也越来越凸显。所以，人类发展需要进行第二次启蒙以实现其本真复兴。如前所述，人类的第一次启蒙，以两大思想因素（科学和理性）为实质特征，使人类从宗教和王权压抑的精神蒙昧中解放出来。而在经济领域，第一次思想启蒙所树立的理性，是工具主义的理性，即以最高效率无节制（最大化）地追求财富，追求无节制的物质主义消费，而不是本真意义上的人类理性。人类发展本真意义的理性是为实现人类价值目标的理性，而人类发展的本真价值是人类的生存、繁衍和幸福，是人的能力的充分实现。而经济价值，收入、利润和财富等，归根结底只是实现人类本真价值目标的工具和手段。所以，人类发展的本真复兴，实质上就是要在生产力高度发达的基础上实现工具理性与人类价值目标的契合。也就是说，要不失经济发展的本质目的，并以工具理性的可行性和有效性，来达成人类发展的本真价值目标，才能使人类发展回归其本真理性的轨道。从这一意义上说，今天人类发展仍然处于“蒙昧”时代，尚未实现本真理性的主导，因而必须进行第二次启蒙，以实现其本真复兴。

人类发展的本真复兴，并不仅仅是对过去错误的幡然醒悟，因为，市场经济制度下的人类发展本真迷失，即目的与手段（工具）的颠倒，并非一个纯然的主观误断，甚至算不上“错误”，而是具有现实合理性的历史必然。也就是说，并不是人类过去愚蠢地“弄错了”，而是理智聪明地“不得不那样做”。即使到了今天，人类发展已经处于本真复兴的历史节点，要完成本真复兴过程，仍然不仅是一个认识维新，而且是一个历史性的实践变革过程。其根本原因是，当今的人类发展在整体上仍然处在工业化阶段，而且，从能源结构来看，基本上还处于化石能源时代。其必然表现是，从工具理性（经济效率）的角度来看，煤炭、石油等化石能源迄今为止仍然还是较经济、较安全、较容易开采使用的能源原料。所以，美国总统特朗普宣布美国退出关于气候变化的《巴黎气候变化协定》，其主要理由就是认为，如果实行《巴黎气候变化协定》的规定，美国就吃亏了，可以使用的资源不使用，还要导致美国减少数百万人的就业，而中国等发展中国家却占便宜了（为碳减排付出的代价太少）。这是一种完全基于利己的工具理性主义算计而做出的判断和决定。可见，自认为是世界“领导”国家的总统，尚且如此认识（其实并非总统的个人认识，而是代表着相当多人的认识和利益诉求），那么，确实表明了，处于当今时代，全人类确实需要一次再启蒙，需要拷问自己：什么是人类发展的真正理性？在面临本质复兴的人类发展大势中，市场经济的工具理性并未失去其现实性，那么，人类到底应该走怎样的发展道路？

关于启蒙运动中的第二个核心观念——科学，人类在今天的经济发展本真复兴中，也必须进行新的深刻思考。从一定意义上来说，科学是人类认识和改造自然（以及人类社会本身）的工具。在可能性上，科学认识和改造世界的力量是具有无限性的。例如，我们可以说，只要科学技术充分发达，地球上所有的物体都可以是资源，而没有绝对无用的废物。甚至垃圾也可以是资源，城市生活垃圾因而可以成为“第二矿山”。这样，地球上的物质就无所谓无用之物，无论什么国土，江、河、湖、海，平原、高山、丘陵、丛林、沙漠、戈壁、冰川、极地，以及附着于广阔国土上的所有物质，无论处于怎样的形态，在科学进步的可能意义上，统统都是“资源”。既然这样，那么，似乎也就无所谓“消耗资源”“破坏环境”了。而且，既然科学进步在可能性上是无限的，那么，其改造世界的能力在可能性上也是无限的。如此说来，人类就真的可以“战胜自然”了！但是，可能性只是假定时间无限条件下的一种推断，而在现实性上，即处于一定时间（时点和时期）中已获得或者能够获得的科学认识和科学成就，总是非常有限的，技术能力也是有限的。与宗教宣称自己（或上帝、真主）全知全能不同，科学永远承认自己的无知和无能，即永远承认存在人类认识水平和能力没有达到的广大以及无限的未知世界和宇宙。所以，科学精神的一个基本特征就是，承认无知、无能，即承认有科学现在做不到的事儿，有科学目前尚没有认识的世界。因而，科学不是战胜自然，而是要敬畏自然。承认自然界的一些东西，人类认识不了（尚未认识），这才是科学精神的本性和“风度”。总之，任何时候都不能把科学设想为全知全能的上帝。科学公开声称自己有许多的“不知道”“不了解”，未知的领域远远大于已知的领域，而且，今天所知道的，未来也可能甚至必然会被“证伪”。按照科学精神和思维逻辑，实际上，只有能被“证伪”的，才是科学的，科学中没有不可“证伪”的绝对真理天条。因此，从科学意义上来说，人类发展中的第一次启蒙，并不具有绝对性和终极意义，发生第二次启蒙也是必然的。科学是不断进步的，技术是不断创新的。

人类发展的本真复兴，就是在市场经济高度发达的基础上，人类再次审视科学理性的根本价值目标。即人类从财富观的觉醒，升华为本真价值观的觉醒。市场经济的理性主义是经济价值（交换价值）主导的工具理性，而人类发展本真的理性主义则是人本价值主导的目的理性。人类进行物质生产活动，将自然物质转变为具有经济价值的物质财富，并进行财富囤积（积累），不应同人类发展的本真价值目标相悖。即使是以市场经济的方式进行生产活动，也不应改变这一人类活动的根本性质，即“以人为本”，也即经济发展必须以对人有实质裨益，对人的健康有利，使人居住环境适宜和生活愉快，为中轴原理和本真价值。

进一步的经济发展观念启蒙是：对于“以人为本”也不应作狭隘理解，即只要对人有利就可以不顾及其他一切，以为为了使地球成为人类的乐园，就可以不惜牺牲其他一切生命体的生存环境和条件。实际上，人类是自然的一部分，自然界是一个丰富多彩的物质世界和多样化的生态系统，人类只有在这样丰富多彩的物质世界和多样化的生态系统中，才能生生不息，健康生存和繁衍。所以，本真意义的以人为本，需要人与自然的和谐，使人类成为自然生态系统中负责任的良好成员，而不是除了自己目空一切的自私霸主。人类如果破坏了自然，使生态系统失去平衡与和谐，也就破坏了人类赖以生存繁衍的最基本条件，这就从根本上背离了“以人为本”的原则。

四、经济学面临的挑战和使命

应该承认，面临人类发展本真复兴的大势，现有的经济学是很不适应的。因为，现代经济学本质上是与资本主义市场经济制度下所发生的工业革命同时产生的。主流经济学的构架基本上是依功利主义的工具理性逻辑而建立和发展的。在现代经济学的视野下，人类经济活动被设想为如同机械运行那样的系统，追求最大化，最高效率，最优结构，最有效控制，以一般均衡作为理想参照系。在这个假设的经济系统中，经济学只可能计量现实中非常有限的因素，而将更多的因素“抽象掉”。并且总是在“假定其他因素不变”的前提下，进行少数可计量因素（变量、参数）之间关系的逻辑推演，由此推导出结论或推断，或者进行预测。而经济学所抽象出的变量和参数都是工具性的。因此，经济学是高度形式化的，直至抽象掉几乎所有的具体内容，而成为单纯的数量关系逻辑构架，因而有人称为“第二数学”。

经济学是致力于计算的，但现实经济活动中的大多数现象却是难以精确计量的，即使可以计量，但由于必须采用各种计量单位和维度，也使之无法进行加总计算。例如，如果采用物理单位，所计量的粮食和钢铁的产量（如以吨或立方米计量）如何加总计算和进行有意义的经济学比较？所以，经济计算中几乎所有的被计量对象都需用货币作为计算和加总单位。可以说，经济计量总是具有替代性的（计算对象的替代物，而不是对象本身），用一把尺子——货币代替其他一切计量单位。而且，即使这样，当进行实际计量时也会发生许多困难。所以，经济学家不得不对计量对象进行严格定义，并设定（认定）进行计量的现象环节或行为环节。比较可行而方便的方式是，只计量在交易过程中间发生的现象或行为。比如，当计量消费时，如果问：人吃饭是消费吗？从本真的意义上，吃饭当然是消费。但人们实际吃了多少食物如何准确计量呢？所以，在经济学的含义里，或者在经济理论的分析框架中，吃饭并不是经济学所关注的消费，甚至吃饭本身和经济学所关注消费是没有关系的。那么，什么是经济学所关注（或定义）的消费呢？比如，你用500元钱买了100斤大米，而用其中的1斤大米做成米饭吃掉了。那么，在经济学意义上，你是消费了1斤大米，还是100斤大米？是的，经济学认定的是消费了100斤大米，准确地说是消费了500元钱的大米。为什么这样呢？就是因为经济学关注和统计的主要是在交易过程（环节）中发生的行为和现象，而且，都将其统计为"流量"。（当然有时候也需要关注和统计"存量"，但那会遇到许多很复杂的问题，例如如何对存量进行估值？）可见，经济学所关注的消费，并不是实际吃了多少，而是在市场上买了多少斤米，支出了多少钱。在我们的例子中，消费的经济计量意义不是1斤或100斤，而是500元。所以，在这里，吃饭行为与消费没有关系，同消费有关的是购买行为，即只要你买了多少（花费了多少钱），就认定你消费了多少。这就是经济学的工具主义特点。同样，如果你买了10件衣服，或者5件工具，无论你穿了几件，是否使用了工具，都无所谓，重要的是，你购买了，花了多少钱，就计算为消费了多少物品。不仅消费是这样计算，投资也是这样定义和计算。例如，盖房子是投资，盖一座房子，创造了GDP；如果把这个房子拆了，拆的过程也产生GDP；然后在原地再盖一座房子，又创造了GDP。原因是盖房子、拆房子、再盖房子都产生了现金流，即都支出货币进行了购买。因此，在经济学意义上，消费和投资活动被关注的都是其购买环节。购买也就是经济学所定义的（有效）需求。其实，经济学所定义的需求也总是对应于供给的，因为，道理很简单，购买一定对应于出售（一方购买必有另一方出售），而出售在经济学中就被定义为供给（出售者就是供应方）。[①] 这样，我们就可以理解，为什么尽管GDP是重要的，但如果将追求GDP作为唯一目标，经济活动就会失去本真理性？人类发展如果被经济学的工具理性完全牵着鼻子走，失去本真价值的目标方向，就会背离它的本真意义，走进一个极端放任的功利主义的世界，跟人类要追求的本真目标相悖。这就是经济学的工具理性主义所面临的一个真实世界的挑战。

---

① 金碚．基于价值论与供求论范式的供给侧结构性改革研析［J］．中国工业经济，2017（4）．

经济学所面临的另一个真实世界挑战是：如何更真实地刻画真实世界，计算那些对人类发展非常重要，但又难以用货币进行计量和计算的因素？例如，如何计量和计算自然资源？如何计量和计算环境质量，空气、土壤、水的清洁程度的经济价值？习近平总书记说："绿水青山就是金山银山。"道理似乎并不深奥，但经济学如何处置？理论依据和逻辑基础是什么？能否建立可行的经济计算方法？可见，当人类发展进入本质复兴时代，经济学的主体分析框架表现出很大的不适应性。很多非常重要，不可忽视的东西，在经济学目前的主体分析框架里放不进去，无法计量，也就难以比较鉴别，因而就很容易被忽视。人类发展到当前阶段，市场经济仍然兴盛，经济成就堪称辉煌，但迷失本真的代价也越来越难以容忍。所以，面临真实世界和真实问题的挑战，经济学本身也要复兴，也必须创新变革。

经济学面临挑战的基本问题仍然是目的与工具（手段）的关系。经济学通常假定或认定其为"公理"而无需证明的是：人总是确定自己的目的并选择一定的手段来努力达到目标（奥地利学派的经济学家深刻讨论了这一经济学的行为假定）。而认为，如果人分不清目的和手段，那是不可思议的。奥地利著名经济学家路德维希·米塞斯说："我们无法想象，一个行动着的人不能具体区分什么是目的和什么是手段，什么是成功和什么是失败，什么是他喜欢的和什么是他付出的所谓成本。当然，在领会这些事物时，他可能会对各种外部和物质在他的行动过程中起的作用做出错误的判断。"① 尽管他反对经济学以"经济人"假定为逻辑基础，认为"经济人被认为是完全自私自利、无所不知的，一心想要积累更多的财富"这样的理论是"荒诞"的，他还是认定，"人们在行动中力求达到的具体目标是很不一样的，而且是不断变化的。但是，所有行动都无一例外地受一个动机的驱动，那就是，用更加适合于行动者的状态取代没有采取行动时的状态。"②

但是，如前所述，尽管人可以是理性的，但并不因此而能够确凿地断定人类总是能分清自己的目的和手段的。尽管如果仅仅说"动机"的话，也许

---

① ［奥］路德维希·米塞斯. 经济科学的最终基础［M］. 北京：商务印书馆，2015.

② 同上注，第 89 页。

如米塞斯所说的“用更加适合于行动者的状态取代没有采取行动时的状态”，可以被认为基本可信，但这种动机未必是能够实现的，而且，他也承认人可能“做出错误的判断”。如前所述，市场经济的基本特征之一恰恰就是人行为目的和手段（工具）的颠倒。即使处于“用更加适合于行动者的状态取代没有采取行动时的状态”的愿望，也往往是事与愿违的，甚至这样的动机和愿望也是常常被违背的。人“做出错误的判断”可能是经常性的，而不仅仅是一时失误。例如，人类活动破坏生态环境，就是证据。现实中的关系颠倒和事与愿违，体现在了经济学中。因此，以市场经济为观察对象的当代经济学也在很大程度上就是以这样的颠倒为基础的，经济学所描绘的“最优状态”和“福利最大化”状态，体现在现实中也很可能是关系颠倒或事与愿违的。例如，人们将赚最多的“钱”为目标，以“赚钱”的最大化作为福利最大化的标志，以为钱越多越幸福，而忽视了空气、水源、阳光、景色等，无法将此计入量化的“福利”之中，更难以估价并成为可交易之物。可以说，在市场经济的现实背景下，经济学内在地含有马克思所指出的“商品拜物教”“货币拜物教”和人类的“异化”“基因”。如果人类不能驾驭市场经济（资本、金融、竞争秩序），那么，这样的“基因”就可能恶性化；而人类如果能够完善市场制度和其治理体系，市场经济的活力基因就可以保持良性化。何去何从，就取决于人类能否实现经济发展的本真复兴。

就经济发展与环境保护的关系而言，人类经济发展本真复兴的一个重要表现就是要走绿色发展的道路。那么，经济学怎样看待绿色发展？对绿色发展如何计量？关键的问题是，如果能够计量绿色发展，那么，这种计量和计算方式同现实的经济运行及利益机制在机理上是一致的吗？也就是说，走绿色发展道路，在现实的经济利益上也是合算的吗？如果所有人可以认同绿色发展符合人类发展的本真价值，那么，其与现实经济的利益关系会如何呢？我们可以再次提及这个典型事例：基于现实利益机制上的计量和计算，美国总统特朗普决定美国退出关于气候变化的《巴黎气候变化协定》，也许是有其基于自私利益的一定道理，因为，美国人加入《巴黎气候变化协定》可能减少就业，特别是损失了从事化石能源产业（搞煤的、搞油的、搞气的）的利益，他们的收入因减少碳排放的强制性要求而有所减少。也就是说，为绿色发展而付出代价或减少收入的人并没有获得相应的利益补偿，而一些人为此而付出的代价所获得的这种本真性利益却是全人类共享的。其实，每一个国家都存在这样的问题。只不过，美国（特朗普总统）这次表现得很小气和短视。而其所反映的现实问题和利益关系却也是实实在在的。在这里，工具理性同本真理性间的差别尖锐地体现为现实经济中的利益矛盾。如果不能形成工具理性与本真理性间的激励相容机制，体现了人类经济发展本真复兴的绿色发展（低碳发展）就会困难重重。通俗地说，人们纠结于：环境质量更高能实现为经济收入的增长吗？绿水青山如何现实地变为（具体个人或利益单元的）金山银山呢？绿水青山如何才能现实地换取或以其他什么方式获取（以货币计算的）经济利益？即首先是经济学如何进行计算？其次是这种经济学计算如何在经济利益机制上得以实现？这是人类发展和各国发展都遇到的一个重大而尖锐的问题，也是经济学所面临的一个亟待研究解决的难题。

五、结语

在市场经济制度下，形象地说，基于商品经济的两重性，当前的人类发展，尤其是各国的经济发展如同一个两轮结构，体现为工具理性与价值目标的纠缠关系。如何构建一套体制机制和有效治理体系，使这两个轮子密切契合，协同运转，相互促进，形成强劲合力，是实现人类经济发展本真复兴的根本性问题。市场经济中的几乎每一个变量，都深切地体现着这一问题。例如，最常用的概念指标国内生产总值 GDP，就是一个以货币单位计算的使用价值总量。① 在现实中，基于工具理性原则，“赚钱”“创收”成为各经济主体甚至包括政府部门的行为目标，“以 GDP 论英雄”。当然，没有 GDP 是不行的，因为没有 GPD 就没有就业、没有盈利、没有税收，所以，GDP 增长是很重要的。但 GDP 毕竟只是一个工具理性指标。尽管企业必须追求利润，人

① 金碚．马克思劳动价值论的现实意义及理论启示［J］．中国工业经济，2016（6）．

要追求收入财产，社会要积累财富，政府必须关注 GDP，但有了收入，有了财产，有了利润，有了 GDP，人类生活就真的更好了吗？一定就能生活在一个宜居的环境中了吗？如果 GDP 增长并没有达到这两个目标，使大多数生活得更健康、舒适、安全，那么，人类一味追求 GDP 的行为就陷入迷途。现在，我们讨论绿色发展、包容性发展，归根结底的就是要解决工具理性和本真价值“两个轮子”契合协同的问题。现实的困难在于：人类发展当前仍然处于工业化时期，仍然是市场经济主导的时代，而且，在技术特征上，仍然还是一个化石能源为主的世界。在这样的时候，怎么能够前瞻性地考虑人类发展的现在和未来？让经济发展的道路、模式、理念，更自觉地体现其本真性，这就是现代市场经济必须经历的第二次启蒙运动的伟大使命，它将昭示人类发展的可持续增长前景和本真价值的真正复兴。人类如何才能现实地应对当前挑战和前瞻性地考虑世界的未来？经济科学对此应该做出积极贡献，肩负起推动经济发展本真复兴的历史使命。

关于转变发展方式的成绩、问题与建议①

贾　康②

今天的主题非常重要，我尽量简短地说一说这个非常宏大的题目。据我了解，20 世纪 80 年代初期时这个发展方式转变的命题就已经被提出，当时已有一个社会主义生产目的的大讨论，那时的国务院领导特别强调，我们的经济发展要转到以提高效益为中心，使人民群众得到实惠，其实说的就是发展方式转变。这么几十年下来，到近些年认识、适应和引领新常态的过程中，我感觉大家更统一了认识，效益型、可持续、“好”字当头、人本立场这都成为了共识。

一、明显的成效

有这么多的指标，见仁见智，但是可以先看看 2010 年以后的中国就业情况，它是一个综合反映经济结构、效益情况和人民群众得实惠情况的指标。与 2010 年的 GDP 10. 4%增幅相比，现在这个速度已经跌掉了 1/3 以上，是在 7%以下了，如果比 2007 年那个高点 14. 2%那就已跌去了一大半了。前面在高速增长阶段上，每年提出城镇新增就业岗位，是按 1000 万个要求，一直这么延续下来的。在 2011 年以后经济下行过程中间，我们始终能达到每年新增 1300 万个以上，现在 GDP 每一个新增百分点形成的就业贡献率是翻倍的，如果原来大概一个点对 100 万人，现在一个点差不多要对 200 万人。无论如何

---

① 在人大重阳专题座谈会上的发言，2017 年 9 月。

② 贾　康：华夏新供给经济学研究院首席经济学家，中国财政科学研究院研究员、博士生导师。

解释这一现象，肯定跟我们经济结构的调整和我们调整结构中的商事制度改革、减税让利放权、放管服的种种改革努力与进展，服务业的发展，以及“大众创业、万众创新”中“草根”层面各种各样的激励机制的进步，是结合在一起的。这个指标是很综合的，也是我们现在决策层所说的经济运行状态可接受区间的底线要看的最主要的指标。直观看的 GDP 是景气水平，后面跟着要看的实质问题就是就业。就业这些年的情况，也形成了我国调控当局在调控过程那么复杂的情况中有所谓底气和定力，最主要的依据是看到这个关键情况可以支持社会的基本和谐稳定。以一个指标也可以观察到，单位产出的能源消耗确实是在进步。再有一些比较综合的分析还可以展开说，加快发展方式转变的成效如果从产业、产品升级的直观表现来看，也可以举几个例子。比如，我们在大型装备制造领域特别有影响的重工业概念下面，现在推到世界前沿的可以举出高铁，若早个五六年这还是不可想象的，现在比较确切无疑的是中国在高铁领域里，至少在这一阶段上我们是走在全世界的最前沿了。特斯拉他们试图去发展、未来是否 20 年左右能见成果的那个管道式的高铁，其实国内现在也有谋划，那是后面 15 年到 25 年的竞争，至少现在阶段上，对高铁我们要充分肯定，在复杂的情况之下它的升级和这个升级带来的正面效应，要值得充分肯定的。

民营企业方面这几年亮点频出，大家都注重的华为，现在做到了业界的全球第一位，而且还在继续努力高歌猛进，在全世界布局，全球扩大市场份额，非常值得肯定。科大讯飞，华大基因，咱们电商的几个巨头，都有他们非常明显的亮点。在军工方面据网上看到的消息也要充分肯定，虽我们对更多的情况不了解，但它现在有限披露的很多东西，也对发展方式转变中间我们升级的成果形成了印证。这第一个层面就不再更多地说了。

二、突出的问题

我感觉这种问题至少要强调三条。一个是在供给侧结构性改革深化过程中，切入点是“三去一降一补”，但是具体操作的时候很容易形成非理性的供给侧手段，以行政手段为主去做。在一些公共权力环节上认为这是最得心应手的，最便当的，但实际上会形成严重的扭曲，是违背了供给侧结构性改革的内在逻辑和改革初衷的。最典型的就是煤炭行业，喊了几年困难，在2016年第三季度，怎么突然一下子产品价格猛升？升当然好，是表现景气在回升，但是这个大起是否带有后面大落的风险，是否它的这个回升的势头过猛一点？具体分析一下我觉得不当之处是不可否定的。前面一段时间，好像有关管理部门要急于表现他们“三去一降一补”的成效，对煤炭行业是以行政手段明确规定所有的矿井一年开工不能超过276天，美其名曰“去过剩产能”，其实这哪里是在去过剩产能？它是在以行政手段一刀切地压产量。去过剩产能实际上其内在逻辑应该是去产能中间的落后部分。所以，我觉得宣传上光讲去过剩产能没有说到位。根本问题是，怎么去落后的部分？一个领域里可比的产能高高低低在一起，其中具规模的大企业如果认定就是落后产能的代表而且无可救药了，那么关停并转，这是最便捷的，但是对不起，这种对象的适用性现在基本没有了，全中国现在8000多万的市场主体里面，对于绝大多数的中小微企业不能采取这个方式去产能，因为政府没有本事去一一甄别，那么就必须靠市场手段、经济手段为主来优胜劣汰，政府更多的努力应在于维护好相关的公共竞争规则。煤炭方面以行政手段“一刀切”地压产量，实际上是把落后产能一起保护下来了。我过去在煤矿系统工作时，曾下矿井支持高产日，掌子面上也有体会，知道整个矿井运转起来如果没有大修的话，这一年从头到尾应连轴转，分班下井，这是一个生产规律，这样才能把所有的固定成本最充分地分摊到方方面面去，这是保障它的生产效率的一个基本的规律性要领。现在强制使它开工不足，不仅是违背了生产规律，而且后面带有其他隐患。连轴转的情况下是不断抽取煤层气的，但如果说这么多天不能生产，一线的管理者当然把通风系统停掉，以减少成本。但什么时候复工，要提前多少时间开始抽气，经验不足的情况下抽取不到位那就是瓦斯爆炸等隐患会增加。这些事情如果按照资源配置机制来说，去落后产能面对着大量中小微企业，一定要强调经济手段。所以，我认为煤炭行业这个例子更多的是单纯依靠行政手段引出的教训，国务院领导已明确要纠正。但是咱们要注意举一反三，这个事情纠正了，以后的思维逻辑和改革方面相关的推进机制如果没有形成对这种行政手段的防疫能力、免疫能力的话，它可能随时冒出这种让你哭笑不得的事情。

另一个就要说说我现在观察到的形式主义地追求表面政绩的一些可能过头的东西，好像是在推动转型，实际上没有掌握好。现在很多地方要在环保上出政绩，甚至称为环保风暴，那就成了运动，运动来了一级压一级干部，到了基层已如狼似虎，许多小微企业不由分说被迫倒闭，那人家生活无着怎么办呢？很多地方已经闹得矛盾非常激烈了。这种事情在北京这儿可以再看一个例子，就是所谓拆违建要赶快出政绩，疏解首都非核心功能同时还要拆违建，运动式整得鸡飞狗跳，原来已经有了繁荣局面的那些街面，拆完以后是怎样一个惨不忍睹的状态？网上已经贴出来了，贴出来又被删帖，但光删帖解决问题吗？我知道在北京郊区，前些年发展的大棚，有个“打擦边球”的事情，城里人出点钱在那里拿一块大棚土地里边再修个小屋子，大棚里种菜、种水果，同时还可以在里面休闲，现在小屋也成了违建，拆得鸡飞狗跳，这是何苦来呢？从经济社会本身来说，官员应该有个综合判断方面基本的判断能力吧？对不起，官员现在就只知道看领导眼色，给领导报他的数据，体现他的政绩。这种形式主义的东西有百害而无一利，这是在中国非常容易出的毛病。这哪叫真正的转变生产方式？跟老百姓过不去，还激化矛盾。

还有一个是跟知识分子过不去，这个事情中央已经在纠偏，国办的文件下了以后，又有中办和国办联合发文，但是很遗憾，明确地说 2016 年底纠偏要落到有关部门推出细则上，这个细则到现在仍未颁布。所以，2017 年 7 月 6 日总理座谈会上我也举了个例子，前两年按官本位套知识分子，比如你没有行政上的司局级待遇，哪怕你用横向课题承包性质的经费出行乘高铁，白发苍苍的学术带头人也只能坐二等座，不能坐一等座，没有副部级待遇，国内所有的飞行只能是经济舱，不能坐公务舱，那么前几年已经报的怎么办呢？要退赔。退到哪儿？当然还得退到课题的账户里。我当时就问过，退回去以后这个钱按道理来说还是承包性质的课题费，应该还是责任人有权力运用它为课题的继续运转服务吧？但回答说退回去了就是不许动了，我说那不成了一个性质升级、成了罚没收入了？没有任何的回应。我觉得现在中央说的出细则，就得解决这些问题，这是操作层面的事情，但到现在为止没有。总理当场就说有关部门这个事情得要研究。总得让人家有个可操作性的办法。诸如此类的事情，这是和企业、和“草根”经济活动，以及和知识分子创新活动相关可以看到的几个问题的具体例子。

三、相关的建议

（1）呼应前面的“问题导向”，一定要坚持十八届三中全会的基本精神，就是资源配置总体而言市场应是决定性作用，政府充其量在全局而言是配角，所以，以经济手段为主，以市场主导的优胜劣汰为主，要坚定不移。政府的产业政策是在有效市场后面加上有为和理性有限的政府作用。我理解产业政策最关键的还不是说它的方向——支持什么、不支持什么，相对好办，好认识，关键就是这个产业政策是什么实施的机制，一定是要跟市场兼容的，一定是以经济手段为主的，一定是要结合我们现在的创新机制。比如产业引导基金，不能是政府大包大揽，政府只是在里面助推，母基金下面那些子基金，要相对独立的团队按照权责利结合自主地来决定到底怎么支持。要是成立一个产业引导基金后由政府主体直接大包大揽决定它的操作，肯定要出问题。诸如此类的，是贯彻产业政策和技术经济政策必须进一步探索的机制问题，这是最关键的问题。所以，实话实说，我觉得虽然北大的著名学者们的讨论引起大家的注意，但似乎这一层窗户纸没有捅破，两边的观点各有可取之处，但是一定还要说到，方向上支持什么相对容易，七大战略性新兴产业，再加一个文化创意产业，至少八大支持方向，这有什么可怀疑的？关键就是实施机制怎么掌握好，这就要去进一步做守正出奇的探索。包括 PPP，包括政策性融资，都是跟产业政策、技术经济政策要紧密结合的机制创新。

顺便再说一句，提到以经济手段为主，必然也有非经济的行政手段在这方面如环保，按照某些标准的准入方面的掌握，也应该有一个理性态度，我认为应该是拧螺丝式的，不要弄成那种鸡飞狗跳逼人家跟你拼命式的。有些小微企业环保不达标，拧螺丝逼着它、引导它、形成一定压力，都有道理，但是不要一下子断了人家生活的出路。大家都应知道在实际生活里底层的艰辛，那个环境之下有的时候真是叫天不应，呼地不灵。这种情况下，拧螺丝式地掌握好度，这是非经济手段里应有的一个柔性手段的要领。

（2）是在创新方面要给出“发展中规范”的探索空间。克强总理强调的包容审慎，非常值得总结。那个例子说得非常生动：几年前讨论微信的时候，也有反对意见，所谓包容审慎就是要有点包容性，审慎地处理，别一下把人掐死。这几年发展起来了，也不能说微信就没有毛病了，就没有对政府的一些困扰了，但是恐怕全中国都得承认，一大半中国人在用它，在世界上它的运转方面已经被称为成功经验了，这个时候回过头来看总理说的包容审慎精神的意义就凸显了。对于其他的创新事物，这个方针应该举一反三，看不准的事情先强调发展中规范，一旦对风险点判断得八九不离十了，则要强调规范中发展。大的前提还是先有第一句话才行，因为你不知道创新的时候那个具体的风险在哪儿，先讲规范那就什么都干不成了，创新改革就是要在已经有的规则方面还要有突破，邓小平的改革智慧值得当下我们更多地来加以重视和强调。

对于知识分子，所谓尊重科研规律其实并不要求政府在这里面显得多么活跃，以硅谷为例：那边政府的作用是“润物细无声”的，几乎感觉不到它的存在，但你无法设想在硅谷会有政府公权在手的人以说一不二的态度去跟知识分子过不去，去做“官本位”的“加强管理”，这就是高下之分。中国以后鼓励创新，要更多注意这种符合科研规律人文关怀的制度环境机制建设。

（3）是对于中国的企业家，特别是民营企业家这方面，要让他们继续吃好定心丸。我觉得这是非常重要的。在 2016 年，出现了民营企业国内投资迅速下降而国外投资迅速上升这个对比，中央比较早就灵敏意识到必须做出一些相关的调整，从总书记去年两会上的重要讲话到后来中央出文件，非常明确的要求到了中央经济工作会议，是讲要加快编纂民法典，鼓励企业家精神，保护产权和纠正侵犯企业产权的错案、冤案，这些方针都非常好，说得非常到位，而且具有基础制度建设方面的重大意义。加快编纂民法典历史上可比的是什么？就是我们往前追溯法国大革命时期，它最站得住脚的成果是拿破仑法典，就是在所谓市场经济运行的产权基石层面夯牢了保护产权的民法基础。我们目前建设现代市场体系，做这样的基础性制度建设意义是非同小可的，要在这个精神下把相关的事情都落实好。中央明显有所指的纠正侵犯企业产权的错案、冤案，到现在为止快一年了，有一个公布出来的案例吗？我知道政协内部大家在议论那个顾雏军案，当时是把人抓起来了，判了多年的刑，出来以后他开了一个记者招待会，自己糊个纸帽子，上面四个字："小民冤枉"，正式提出要复审，司法机关也接受了，有意思的是，到现在不止第七次、第八次推迟答复了，每到时间告诉他推迟，多次推迟，这么拖总不是办法吧？他到底怎么回事儿？这当然只是一个例子，但以小见大，对于企业家来说怎样使他们有方向感、安全感、希望感，这是非常实实在在的事情。回想一下小平同志三次干涉对于傻子、瓜子的处理，那么高层的领导怎么会盯着这么一个具体案例，三次去管这个事儿？这体现着他的大局观。年广久那人一身的毛病，你要找一个什么事办他一下不是太简单了？但是小平同志说不能动，动了以后老百姓会说共产党的政策要变，这就是大局观，这就是引导潮流。我们现在这一方面还有必要强调，贯彻中央经济工作会议以来重要精神的空间应抓住不放，这样来促进创新和升级换代。

（4）大家都关心的企业负担降低要按"全景图"来掌握。这当然与激励有关，与创新和升级有关，应特别强调的是看全景图，抓住改革的真问题和关键问题。17 种正税怎么降还可以继续努力，但是真正有效降低企业负担绝对不是"减税"两个字能解决的，税外的负担，包括五险一金，包括各种各样几百项行政性收费，包括那些隐性的负担，看到全景图通过配套改革解决降负的问题，一定要避免盲人摸象的现象出现。

（5）在金融方面强调金融为促进实体经济发展（这是金融工作会议非常关键的列为第一条的指导方针，大家也都认同），它的有效供给体系应该是全光谱的。商业性金融定位上的金融产品要极大地丰富起来，而且商业性金融还要与政策性金融匹配、呼应。实际上大家都认同的开发性金融，还有普惠金融、绿色金融、"草根"金融，还有精准扶贫的金融支持等，其实都是需要有政策方面的可持续的健康机制匹配上去的，这个全光谱体系的打造，十八大以后在概念上中央已经确立了，就是重新明确地说要推动政策性金融和开发性金融健康发展。怎么落实，当然还有各种见仁见智的不同意见需要积极讨论，但总是要落到金融改革实际深化过程中，去针对问题来解决问题。

（6）房地产方面必须真正抓住治本之策。中央所说的基础性制度建设是说到关键点上了，很多年前就讲长效机制，现在可以解释清楚：长效机制从何而来呢，就是依靠土地制度、双轨统筹的住房制度、相关的投融资制度、房地产税制度等这些基础性制度配套改革，它才能形成。为什么中央强调了以后，到现在为止没什么动静？还都是治标为主。北京市逼急了，前两天又一次是本能（第六次）提高了购房首付之后贷款的利率水平，压的那都是刚需，没办法，只好死压着吧。这种治标不治本的办法现在大行其道，治本的东西却谁都不敢说，今年两会前有关部门议论了一阵子看起来似乎有点希望的推动房地产税立法，到了两会上傅莹表态，还是不动。房地产税立法今年不考虑，个人所得税作为直接税逐渐提高比重的另外一项改革，也不动。这些事情寄希望于十九大以后，能不能在中央指导之下来争取实质性的攻坚克难——这些当然都联系到转型升级问题。中国现在真实城镇化水平，按照户籍人口城镇化率才41%，后面那么大的发展空间，自己如果没有一个很好的基础性制度支撑，房地产业和建筑业合在一起的这个不动产开发运行中如没有长效的健康的机制来保证未来的可持续性，那我们是自坏好局，是自己在这一方面没有构造出够格的调控水平。以治标方式已经打了三轮以上的摆子，经历了十多年过山车式的循环，现在一定要按中央的精神，在这方面把改革应做的事情做出来。

（7）与我们转变发展方式升级密切相关的是要注重有效投资和它的机制的构建。刚才剑辉院长说道：我们新供给研究群体里有一个基本认同，并不是简单地像有的学者所强调的把投资的比重压下来就是升级的特征，其实要顺应中国现在可调动的发展潜力，于投资和消费的互动里，投资更多要强调的是它的结构、有效性和质量，消费那边更多的是顺其自然的和有效供给引领的升级，不能揠苗助长式、吊高胃口不可持续地去让消费提升，那么投资这边的有效投资可做的事可太多了，像北京为代表的中心区域，要建成四通八达密度足够的轨道交通网，把天文数字资金砸到地底下的事情之外。我再举个例子，前段时间有关部门，公布信息，粗粗测算全中国城镇区域缺少五千万个停车位。那么稍作设想，一个停车位如果投入十万元来建成它，五千万个是多少呢？五万亿元的投资。千头万绪的事情中这么一件事儿，就是五万亿元。静态算账，一年投个上千亿元，也要建几十年。当然，实际上也就是在 10 年到 20 年这是一定要基本上建出来的。为什么？这个过程中也是中国机动车要从现在的燃油型转到混合动力型和电动汽车的关键的时间段。一个停车位十万元绝对是保守的估计，动态算账还要高很多，它相关的政府规划中，像北京，就要在现在的一些具体地段解决怎么建的问题，如平安大道当年打通了，非常高兴，是和长安街平行的另一条干道，没想到这么多年人气就是上不来，为什么？整个道路旁边停不了车，那么多古色古香的店铺，就是没有人气，那现在怎么办？就得设想在那个地方要建出那种便捷的立体停车位，这个已经有经验，北京公安局前面、还有多少年前就已是这种立体停车位，为什么不能推广到平安大道两边？推广时钱怎么来？PPP 即可，非常简单的事儿。但是一定需要政府像样的规划，而且要配充电桩，因为过几年电动车一定会大大提高比重，这叫有效投资。所有这些可做的事情，看看我们能不能有个好的科学决策的机制，以及现代治理的这种政府和政府体外主体更好互动的机制，使潜力和活力充分发挥。

这些初步想法请各位批评指正，谢谢！

经济结构性矛盾与供给侧结构性改革[①]

裴长洪[②]

2015年11月10日，习近平总书记针对当前我国改革与发展面临的新形势，提出“在适度扩大总需求的同时，着力加强供给侧结构性改革，着力提高供给体系质量和效率”之后，供给侧结构性改革成为中国“十三五”期间的重要改革政策和宏观调控内容。深入研究供给侧结构性改革，不仅具有理论意义，更具有现实意义。

一、它与美国供给学派的区别在哪里?

一些学者认为，中国的供给侧结构性改革源自美国的供给学派，还有一些学者认为，中国的供给侧结构性改革是美国供给学派主张的改进型。其理由是，1973—1975年世界经济危机发生后，发达国家普遍出现了经济增长率显著下降、失业状况恶化与通货膨胀加剧等现象长期并存的局面，美国经济的滞胀是从1973年12月爆发的经济危机起，到1982年经济开始复苏为止，持续长达10年之久。供给学派（或称“供应面经济学派”）应运而生，盛行于20世纪80年代，它强调管理经济的供给方面，认为需求会自动适应供给的变化。80年代初美国里根政府接受了这一学说，出现了史上号称“里根经济学”的宏观政策。一些学者认为，中国的供给侧改革是美国里根经济学在中国的翻版。我认为，中国供给侧结构性改革与美国供给学派仅在文字上有

---

① 本文部分内容已发表。

② 裴长洪：中国社会科学院大学特聘教授，校学术委员会委员。

相似之处，其本质、实际内容和政策含义完全不同，根本不能相提并论。

第一，针对性不同。20 世纪 70 年代西方两次石油危机后，美国经济出现了多年停滞和通货膨胀并存，失业率攀升，而英国则更为严重，不仅整个 70 年代通货膨胀率极度严重，同时，经济增长停滞甚至倒退，失业率高达两位数。政府干预经济的需求管理措施宣告无效，因此，“供应面经济学派”面对的问题是经济停滞、通货膨胀和失业率攀升三者并存的现象，美国供给学派的宏观政策所针对的也是这三个主要问题。

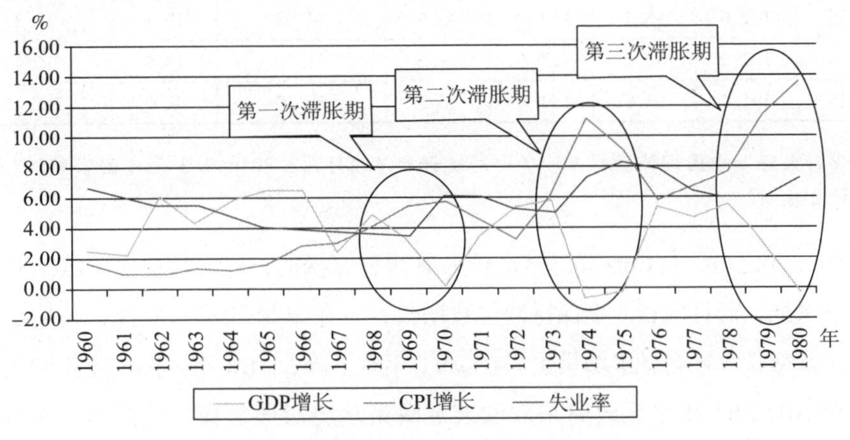

图 1-4　美国滞胀期 GDP、CPI 及失业率表现

中国情况与此不同。中国经济进入新常态，仍然保持中高速增长，就业稳定，投资刺激措施虽然效果下降，但并未带来通货膨胀的恶果，相反，物价水平长期处于低位。那么现在中国经济增长出现降低速度现象，是不是与治理通货膨胀有关呢，在经济降速之前，中国经济发生过通货膨胀吗？显然都不是。为了应对国际金融危机的冲击，中国政府曾经在 2008—2010 年三年间采取过刺激需求的“4 万亿元投资计划”，2011 年出现过短暂的消费物价指数（CPI）增长略为偏高的现象，2012 年之后，消费物价上涨较快的现象不仅消失，而且一直偏低，生产者价格（PPI）陷入长期低迷。

表 1-11 2006—2015 年的若干经济指标 单位：万亿人民币

年份	CPI	PPI	M2 余额	增速	固定资产投资	增速	社会融资增量
2006	101.5	103.0	34.56	15.7	10.99	23.9	4.27
2007	104.8	103.1	40.34	16.7	13.73	24.5	5.97
2008	105.9	106.9	47.52	17.8	17.28	26.1	6.98
2009	99.3	94.6	61.02	28.4	22.46	29.3	13.91
2010	103.3	105.5	72.59	19.0	25.17	23.8	14.02
2011	105.4	106.0	85.16	17.3	31.15	23.7	12.83
2012	102.6	98.3	97.41	14.4	37.47	20.3	15.76
2013	102.6	98.1	110.65	13.6	44.63	19.1	17.32
2014	102.0	98.1	122.84	11.0	51.20	14.9	16.48
2015	101.4	94.8	139.18	13.3	56.20	9.8	15.41

资料来源：中国国家统计局：《中国统计年鉴 2015》；2016 年 3 月《国家经济社会发展统计公报》。

2011 年之后，货币政策仍然是较为灵活和宽松的，广义货币供应量绝对值不仅继续增加，而且增长速度保持两位数增长，只在 2014 年略有减速，其他年份都保持正常增长，社会融资增量也只在 2011 年有下降，2012 年后仍然连年增长。因此，看不出 2011 年之后政府采取的宏观政策是应对通货膨胀的措施。相反，从 2012 年生产者价格出现回落和偏低现象后，中央政府实际上每年都有针对性地采取短期的、结构性的，以及区间性的小规模的需求刺激措施，并未采取过与治理通货膨胀有关的政策。尤其重要的是，在经济下行期间，中国的就业稳定，2015 年新增就业人数超过 1300 万，失业率依然保持较低水平，根据中国国家统计局新闻发言人称，2016 年第 1 季度中国的调查失业率仅为 5.0%左右，世界上能够达到这个水平的，基本只有中国、美国、日本和韩国这几个国家。

当前和未来几年中国推进供给侧结构性改革的主要原因是需求结构的明显变化和供给明显不适应需求结构的变化。需求结构变化表现为：一是“住”“行”主导的需求结构发生阶段性变化。2013 年我国城镇常住人口户均达到 1 套房，2014 年每千人汽车拥有量超过 100 辆。2013 年后，我国新开工房屋面积、住房销售面积先后出现负增长，汽车销售进入低增长阶段。二是需求结构加快转型升级。随着收入水平提高和中等收入群体扩大，居民对产品品质、质量和性能的要求明显提高，多样化、个性化、高端化需求与日俱增。三是服务需求在消费需求中的占比明显提高。随着恩格尔系数持续下降、居民受教育水平普遍提高和人口老龄化加快，旅游、养老、教育、医疗等服务需求快速增长。四是产业价值链提升对研发、设计、标准、供应链管理、营销网络、物流配送等生产性服务提出了更高要求。但供给侧明显不适应需求结构的变化。一是无效和低端供给过多。一些传统产业产能严重过剩，产能利用率偏低。2015 年钢铁产量出现自 2000 年以来的首次下降，水泥产量出现自 1990 年以来的首次负增长。二是有效和中高端供给不足。供给侧调整明显滞后于需求结构升级，居民对高品质商品和服务的需求难以得到满足。三是体制机制束缚了供给结构调整。受传统体制机制约束等影响，供给侧调整表现出明显迟滞，生产要素难以从无效需求领域向有效需求领域肾配置、从低端领域向中高端领域配置，新产品和新服务的供给潜力没有得到释放。

推进供给侧结构性改革是供需结构再平衡的内在要求。供需结构错配是我国当前经济运行中的突出矛盾，矛盾的主要方面在供给侧，主要表现为过剩产能处置缓慢，多样化、个性化、高端化需求难以得到满足，供给侧结构调整受到体制机制制约。需求管理政策重在解决总量问题，注重短期调控，难以从根本上解决供需结构性矛盾，当前，建立有利于供给侧结构调整的体制机制，才能实现更高水平的供需平衡，增强我国经济持续健康发展的内生动力。

第二，宏观调控思路不同。美国供给学派的一个核心思想是强调自由市场经济，反对政府干预，认为政府干预不仅会破坏市场经济的自动调节机制，而且往往由于干预不当而损害经济中的供给力量。而中国在推进供给侧结构性改革中不仅要求市场在资源配置中起决定性作用，而且也强调更好发挥政府作用，坚持的是“市场有效、政府有为”的主张。因此，供给侧结构性改革离不开需求管理的配合，并充分发挥需求管理的“稳定器”作用，以避免经济增速短期快速下行激化各种矛盾和潜在风险，避免增大改革的难度和成本。从财政政策来看，从 2008 年应对国际金融危机后，中国就一直实行积极的财政政策，2010 年是 4 万亿元投资计划的第三年，财政赤字预算安排 8500 亿元人民币，占 GDP 的 2.5%，2011 年预算赤字安排仍然达到 7000 亿元，占 GDP 的 2%，2012 年预算赤字上升到8000亿元；2013年财政赤字再上升到12000亿元，2014年再攀升到13500亿元，2015年达到16200亿元，2016年再到21800亿元，而且财政开支的增长都保持两位数字增长并超过预算收入增长速度。

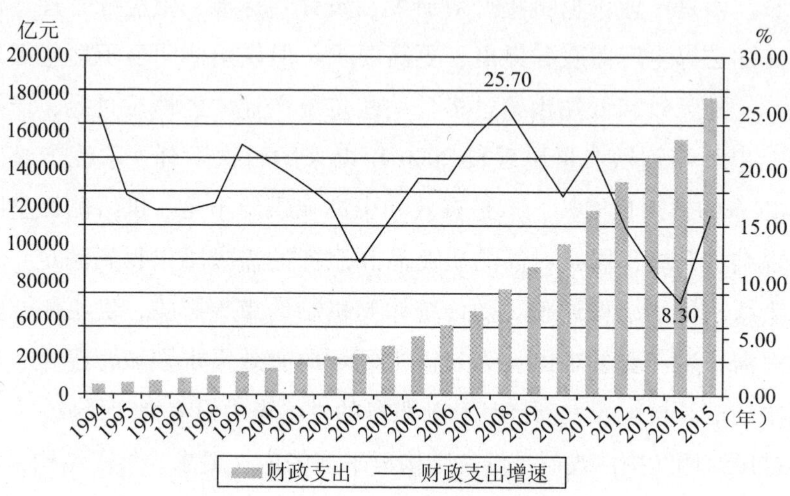

图1-5　中国财政支出的增长

表1-12　2006—2015年中国一般公共预算收支状况

单位：万亿元人民币

年份	一般公共预算收入	增速	一般公共预算支出	增速
2006	3.876	22.5	4.042	19.1
2007	5.132	32.4	4.978	23.2
2008	6.133	19.5	6.259	25.7
2009	6.852	11.7	7.630	21.9
2010	8.310	21.3	8.987	17.8
2011	10.387	25.0	10.925	21.6
2012	11.725	12.9	12.595	15.3
2013	12.921	10.2	14.021	11.3
2014	14.037	8.6	15.179	8.3
2015	15.222	8.4	17.577	13.2

资料来源：中国国家统计局：《中国统计年鉴2015》；2016年3月《国家经济社会发展统计公报》。

第三，政策实施的前后逻辑不同。美国供给学派做的是翻案文章，反思凯恩斯主义经济政策所带来的种种弊端，抛弃需求管理的合理因素，否定社会保障制度对经济发展的有利影响，片面强调减少市场扭曲、改进激励、放松管制，用经济政策的改弦更张体现美国两党政治的博弈。

中国的供给侧结构性改革是中国共产党长期坚持经济体制改革的继续和发展，是新的发展阶段的理性升华。中国的供给侧结构性改革不仅关注供给结构必须适应需求结构的变化，还关注纠正资源与生产要素的错配问题，而最根本的是要解决市场主体的活力问题。中国的改革从农村发端，就是解决生产的组织形式和经营体制问题，包括后来的国有企业改革，都是供给侧结构性改革的早期实践，只不过当时有其实而无其名，直到今天我们仍然在进行政府行政审批制度的改革和发展非公有制经济，调动大众创业、万众创新的积极性，进一步激发市场主体的活力。此外，还包括在“十二五”期间，中国政府已经开始了服务业领域中营业税改增值税的试点，这些都是供给侧的改革措施，在总结过去经验的基础上，“十三五”将加大“营改增”的力度。因此，从本质意义上来说，中国的供给侧结构性改革从改革开放一开始就已经产生，并不是现在才开始，当然更不是美国里根经济学的“舶来品”。

第四，政策的覆盖范围不同。归纳美国供给学派的政策主张，主要以减税和减少政府管制为基本内容，同时，还强调保护知识产权以促进新产业发展。其政策涉及面很窄，旨在通过改善微观经济效率来解决短期宏观经济供需失衡的问题，不仅存在期限错配的谬误。而且高估减税对经济增长的短期效应，这使供给学派同时遭受来自理论和实践上的攻讦。连新自由主义经济学家萨缪尔森都说，“它既没有经济史上的有力证据，又缺乏理论分析上的合理推断”。

中国的供给侧结构性改革是贯穿五大发展理念和五大支柱政策的一条重要线索，是与整个发展思路理念和整体宏观政策相配套的改革政策，不仅覆盖面很广，而且需要体制机制的建设和保障。具体来说，提出供给侧结构性改革是与当前国家在宏观调控中提出的五大支柱政策相配套、相呼应的，这五大支柱政策即宏观政策要稳、产业政策要准、微观政策要活、改革政策要实、社会政策要托底。在宏观政策层面，供给侧结构性改革要求适度扩大总需求，因此，要实行积极的财政政策、稳健略为宽松的货币政策；在减轻企业负担方面继续扩大营改增并减少行政收费。在产业政策方面，供给侧结构性改革覆盖第一、二、三产业，农业实行种植结构改革和农业中三次产业的融合发展；第二产业不仅要去产能、去库存、降成本，还要发展新兴产业，实施《中国制造 2025》；第三产业的重点是补短板，增加公共服务和公共产品的供给。在落实改革政策方面，虽然十八届三中全会《决定》对经济体制改革已经作出了顶层设计，但还需要强调突出抓好重要领域和关键环节的改革，而供给侧结构性改革就是当前重要领域和关键环节改革的抓手。在微观政策层面，供给侧结构性改革主要集中于激发市场主体活力，深化国有企业改革并发展非公有制经济。在社会政策方面，供给侧结构性改革的任务是增加就业、改善社会福利、保障民生。而所有的改革政策都要体现创新发展、协调发展、绿色发展、开放发展和共享发展这五大理念。

第五，利益调整关系不同。美国供给学派的减税主张，实际上代表的是大企业和大公司的利益，减少个人和公司所得税，表面上对富人和穷人都有利，但它同时要求减少公共福利，降低社会保障水平，因此，它的减税主张实际上对富人更有利，它代表大资产者的诉求和利益。

中国的供给侧结构性改革要求企业退出过剩产能，但政府通过财政措施安排失业救助，2016 年中央财政用 1000 亿元来支持职工下岗的救助。在所有的改革措施中，都通盘考虑各阶层人民的利益，尤其更为重视低收入阶层人民的利益和保护。2016 年 3 月李克强总理在《政府工作报告》中说："财政收入增长虽放缓，但该给群众办的实事一件也不能少。"引起全场热烈掌声。这是对中国供给侧结构性改革所发生的利益关系调整的精准解读。

第六，理论依据不同。美国供给学派的主要代表人物有拉弗和万尼斯基，前者是美国南加利福尼亚大学商学院的教授，与时任美国总统里根关系密切。供给学派提出的"拉弗曲线"认为，减税带来的经济增长效应，能够做大税基，进而增加税收总量。然而事实上，这一论述未能得到美国 20 世纪 80 年代财政实践的支持。美国在 1981 年大幅削减个人所得税和企业所得税，这些措施一定程度上增加了居民和企业收入，扩大了市场，但没有达到增加居民储蓄和增加政府税源的预期效果，反而使政府财政赤字快速增加。结果 1982 年之后美国多次增税以减少财政赤字，平衡预算。美国供给学派的政策主张，特别是放松政府管制的主张及对凯恩斯经济学的批评，实际上是美国新自由主义经济学的早期表现，是推崇自由市场经济理论的发端，但由于其政策效果不佳，因而没有得到后来新自由主义经济学代表人物的承认。

中国的供给侧结构性改革，是中国共产党长期领导中国经济体制改革的经验总结，是全党智慧的结晶，它是党的经济治理理念，由党的领袖提出，并转化为国家意志和国家理论，它不是来源哪一个经济学研究工作者，更不是来源美国供给学派。它的思想源流是马克思主义政治经济学，是马克思主义政治经济学关于生产力和生产关系互相适应、生产和消费互相关系，以及关于商品和劳动的二重性关系，商品和服务的使用价值与价值的平衡关系等基本观点的实际运用，即在供给侧中关注各种结构关系，既包括价值量结构关系，也包括提供产品服务的生产关系结构、产业结构和产品结构，它反映价值量关系，但更主要反映使用价值的适应性问题。从这些基本观点出发，与当今中国的具体实践相结合，从而转化为当今的宏观经济政策和改革政策，把马克思主义政治经济学讲活了、讲实了，成为中国特色社会主义政治经济学的理论创新。

二、我国经济结构性矛盾的背景与主要表现

（一）经济潜在增长率下降是结构性矛盾的重要环境

“十三五”时期我国将首次在新常态背景下步入新的五年经济规划。2015 年我国经济增速为 6.9%，2016 年上半年的增速为 6.7%。在世界经济没有走出经济危机的泥潭，且我国经济发展新动能还未完全形成的情况下，未来几年经济发展极有可能呈现 L 形走势。整个“十三五”时期的

经济增速难以重复以往的高速发展态势，平均经济增速可能只有6.5%以上，低于"十二五"期间的7.8%。经济增速换挡是"十三五"期间我国最突出的经济环境，而这又是由潜在增长率下降导致的。经济潜在增长率下降的原因是：

1. 劳动力短缺

充裕的低成本劳动力形成的人口红利对我国以往经济高速增长做出了巨大贡献。但"十三五"时期我国经济活动人口即将负增长，劳动力短缺现象将更加严重。从2011年开始，中国劳动年龄人口（15~59岁）一直呈下降趋势，经济活动人口从2018年开始也将会开始负增长（见图1-6）。统计局数据也显示2012年15~59岁劳动年龄人口的比重首次出现下降，占比为69.2%。劳动力持续短缺将引起工资迅速上涨，自2009年以来，我国农民工人数增幅开始变缓，在此期间，农民工工资加速上涨，约增加一倍（见图1-7）。工资的快速上涨将在相当程度上削弱我国对外贸易竞争力、而人口老龄化本身也会降低经济的有效需求，从而对经济发展产生一定负面影响。

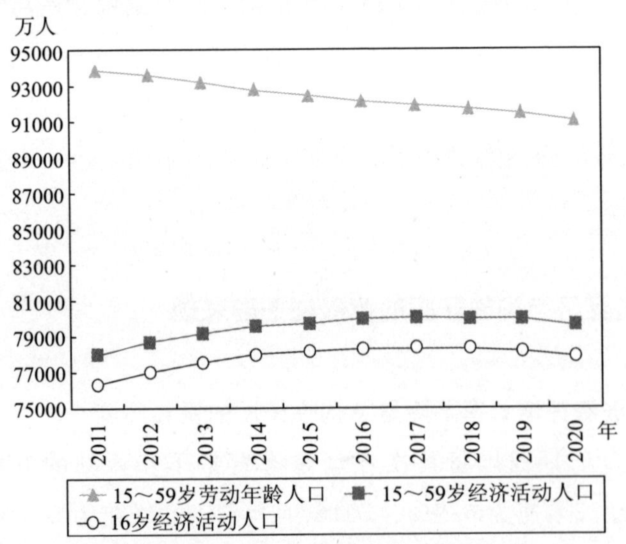

图1-6　中国劳动力变化趋势

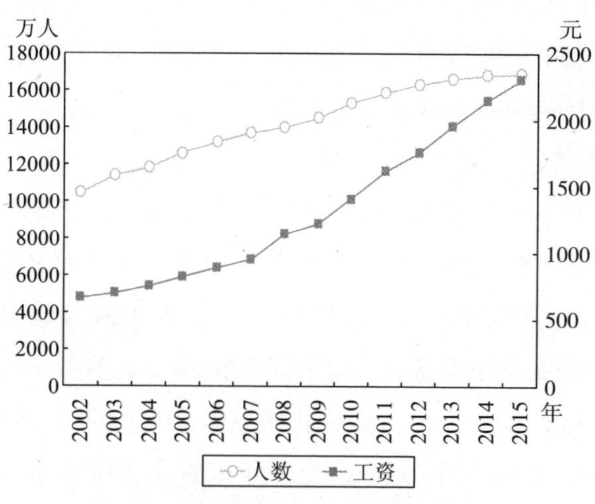

图 1-7 农民工人数和工资变化趋势

2. 城镇化增速放缓

随着多年的开发，大量土地转变为开发建设用地，土地资本化极大促进了中国的工业发展和城市建设。但随着土地供给能力下降，土地资本化减速，城市化的发展速度也在下降。城乡工业化的发展使标准化技术广泛普及，成熟产品生产规模日益扩大，供给能力空前增强，但缺乏创新技术和创新产品，新技术的供给面临“瓶颈”问题，这限制了我国的规模化生产经营。我国农村人口和农民工占比仍然较大，城镇化潜力巨大，但这些人口在城镇落户的制度性缺陷（例如城乡二元户籍制度、耕地经营权和使用权不能有效流转、宅基地转让困难等）也在一定程度上限制了城镇化进程。此外，农业生产集约和规模化程度低且难以有效破解也是城镇化增速放缓的重要原因。

3. 资本回报率下降

随着资本积累的不断增加，资本回报率开始下降，自 2008 年金融危机以来的下降趋势尤为明显。在资本不再稀缺的时候，资本回报率的下降固然是一种正常现象，但反过来也会降低资本形成速度，减少经济的有效需求。2016 年 1—4 月，我国民间固定资产投资开始下降，同比名义仅增长 5.2%，增速比 2015 年同期的 12.7%腰斩过半，1—5 月同比名义增长 3.9%，进一步回落 1.3%。但全社会固定资产投资基本稳定，表明目前投资主要靠政府支持基础建设投资支撑，投资结构有所恶化。相对政府投资，民间投资对资本回报率反应更为敏感能够部分解释这一现象。

4. 工业生产低迷、企业利润下降

我国工业生产者出厂价格指数（PPI）已经同比连续 51 个月下降，2016 年 5 月同比下降 2.8%。2016 年 4 月全国规模以上工业增加值同比实际增长 6%，增速较 3 月回落 0.8%，5 月仍为 6%。2015 年因房地产投资急剧减速，产能过剩加剧，企业平均设备利用率下降到新低（见图 1-8）。以上事实表明企业利润下降，生产动力不足。据统计局数据，2015 年全国规模以上工业企业实现利润总额比上年下降 2.3%，为多年来首次下降。事实上，自 2015 年以来企业利润总额一直呈下降趋势。在 41 个工业大类行业中，29 个行业利润总额比上年增长，12 个行业下降。石油和天然气开采业同比下降 74.5%，黑色金属冶炼和压延加工业、煤炭开采和采矿业等行业都出现不同程度的下降。

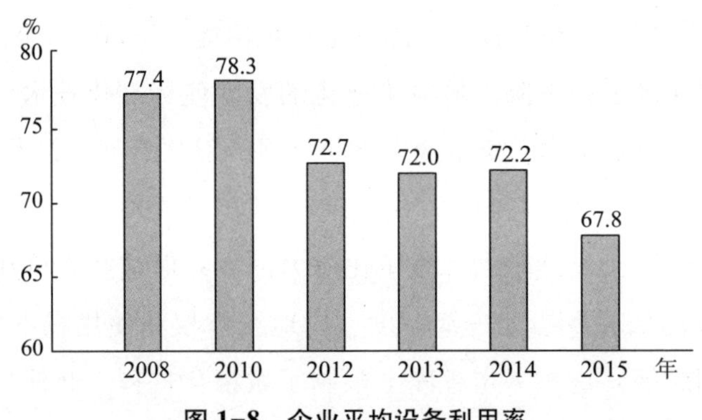

图 1-8　企业平均设备利用率

（二）经济结构性矛盾的主要表现

1. 供给与需求的结构性错配

一方面，钢铁、水泥、煤炭等行业产能严重过剩。调查表示，企业家对本企业所在行业产能过剩情况的判断，由 2012 年的 67.1%上升到 2015 年的 74.7%。而企业的设备利用率由 2012 年的 72.7%下降到 2015 年的 67.8%。但另一方面，教育、医疗、养老、环保等领域供给严重不足。首先，在教育方面，哪个家长不为孩子上学发愁？从幼儿园开始一直到大学，家长们要花费多少心血和人力、物力、财力想方设法让孩子接受良好教育，但好学校明显供给不足。其次，在医疗方面，随着人们收入水平的提高、老龄化程度的提升以及医保制度的改善，对于医疗的需求在快速增长。但医院供给严重不足，不仅是北京，其他城市的大医院也大都人满为患。最后，在养老方面，问卷调查显示，“十三五”时期，50.3%的企业家最看好的行业是养老行业。

当前和未来几年中国推进供给侧结构性改革的主要原因是需求结构的明显变化和供给明显不适应需求结构的变化。需求结构变化表现为一是“住”“行”主导的需求结构发生阶段性变化。2013 年我国城镇常住人口户均达 1 套房，2014 年每千人汽车拥有量超过 100 辆。2013 年后，我国新开工房屋面积、住房销售面积先后出现负增长，汽车销售进入低增长阶段。二是需求结构加快转型升级。随着收入水平提高和中等收入群体扩大，居民对产品品质、质量和性能的要求明显提高，多样化、个性化、高端化需求与日俱增。三是服务需求在消费需求中的占比明显提高。随着恩格尔系数持续下降、居民受教育水平普遍提高和人口老龄化加快，旅游、养老、教育、医疗等服务需求快速增长。四是产业价值链提升对研发、设计、标准、供应链管理、营销网络、物流配送等生产性服务提出了更高要求。但供给侧明显不适应需求结构的变化。一是无效和低端供给过多。一些传统产业产能严重过剩，产能利用率偏低。2015 年钢铁产量出现自 2000 年以来的首次下降，水泥产量出现自 1990 年以来的首次负增长。二是有效和中高端供给不足。供给侧调整明显滞后需求结构升级，居民对高品质商品和服务的需求难以得到满足。三是体制机制束缚了供给结构调整。受传统体制机制约束等影响，供给侧调整表现出明显迟滞，生产要素难以从无效需求领域向有效需求领域、从低端领域向中高端领域配置，新产品和新服务的供给潜力没有得到释放。

推进供给侧结构性改革是供需结构再平衡的内在要求。供需结构错配是我国当前经济运行中的突出矛盾，矛盾的主要方面在供给侧，主要表现为过剩产能处置缓慢，多样化、个性化、高端化需求难以得到满足，供给侧结构调整受到体制机制制约。需求管理政策重在解决总量问题，注重短期调控，难以从根本上解决供需结构性矛盾，当前，建立有利于供给侧结构调整的体制机制，才能实现更高水平的供需平衡，增强我国经济持续健康发展的内生动力。

2. 失业现象与求职困难并存的结构性矛盾

一方面，东北、西北地区出现大量的国有企业下岗职工，或者“僵尸企业”待下岗职工。据称，目前东北每年人口流失高达200万到400万；另一方面，东南沿海地区，如广东、浙江这些地方却出现了“招工难”、用工成本上升的现象，这些地区目前正在拼命开发机器人，甚至提出了“用机器换人”的口号。国务院发展研究中心“企业家调查系统”的问卷调查结果显示，当前企业经营发展中遇到的最主要困难，排在第一位的是人工成本上升，占到71.9%。与2014年同期相比，自2015年以来在人工成本上有所增加的企业占到了57.8%，明显增加的占到24.5%。而2015年，在调查问卷的企业家中，具有“用机器代替人”意愿的企业家已经占到了65.9%。

3. 价格涨跌的结构性矛盾

这就是PPI已经连续52个月负增长，但CPI仍然保持正值。这与1998年上一轮价格下跌有很大的不同。1998年上一轮价格下跌时，CPI也是负的。并且在1998年价格下跌时，CPI中的食品价格水平低于非食品价格，而此次结构性价跌则是食品价格高于非食品价格，因此，对于那些恩格尔系数较高的低收入者来说就会更加敏感。其政策含义是，依靠大水漫灌式的扩张性货币政策就会面临很大的社会风险。

三、实施结构性改革与树立“五大”新理念

“十三五”规划的突出理论贡献在于提出“五大”新发展理念，实现“十三五”时期发展目标，破解发展难题，厚植发展优势，必须牢固树立创新、协调、绿色、开放、共享的发展理念。要认真践行“五大”新发展理念必然要求实施结构性改革，因此，实施结构性改革与践行“五大”新理念具有内在联系，相辅相成，必须长期坚持，只有扎实推进结构性改革，才能把

实践“五大”新理念真正落到实处。

第一，创新是引领发展的第一动力。必须把创新摆在国家发展全局的核心位置，不断推进理论创新、制度创新、科技创新、文化创新等各方面创新，让创新贯穿党和国家一切工作，让创新在全社会蔚然成风。具体在经济发展方面，应该突出科技创新，推动科技创新与大众创业、万众创新有机结合，不断完善经济发展的创新驱动模式。

第二，协调是持续健康发展的内在要求。必须牢牢把握中国特色社会主义事业总体布局，正确处理发展中的重大关系，重点促进城乡区域协调发展，促进经济社会协调发展，促进新型工业化、信息化、城镇化、农业现代化同步发展，在增强国家硬实力的同时注重提升国家软实力，不断增强发展整体性。在现阶段，我国发展过程中表现出的矛盾较多、情况复杂、任务繁重，所以必须始终坚持协调发展的理念。

第三，绿色是永续发展的必要条件和人民对美好生活追求的重要体现。必须坚持节约资源和保护环境的基本国策，坚持可持续发展，坚定走生产发展、生活富裕、生态良好的文明发展道路，加快建设资源节约型、环境友好型社会，形成人与自然和谐发展现代化建设新格局，推进美丽中国建设，为全球生态安全做出新贡献。绿色发展已经成为全世界的共识，并可能成为未来国际竞争新的道德制高点，如巴黎气候大会预示碳排放竞争将更加激烈，我国在大会上做出的承诺也要求坚持绿色发展。

第四，开放是国家繁荣发展的必由之路。我国必须顺应世界经济的发展趋势，深度融入全球经济体系，并以此倒逼国内体制改革。发展更高层次的开放型经济要求进一步完善互利共赢、多元平衡、安全高效的开放型经济体系，构建开放型经济新体制，培育参与和引领国际经济合作竞争新优势，完善对外开放战略布局，推进“一带一路”建设，积极参与全球经济治理和公共产品供给，提高我国在全球经济治理中的制度性话语权。具体来看，要坚持内外需协调，进出口平衡，“引进来”和“走出去”并重，引资和引技、引智并举。坚持以多边贸易体制为出发点，以区域自贸区建设为重点，发展双边、区域和跨区域的多层次经济合作关系。

第五，共享是中国特色社会主义的本质要求。必须坚持发展为了人民、发展依靠人民、发展成果由人民共享的理念，作出更有效的制度安排，使全体人民在共建共享发展中有更多获得感。增强发展动力，增进人民团结，朝着共同富裕方向稳步前进。坚持共享发展必须注意机会平等、保障基本民生、增加农村基本公共服务供给、缩小城乡在养老和医疗方面的差距等。

四、供给侧结构性改革的主要任务

在2015年11月10日举行的中央财经工作领导小组会议上，习近平总书记首次明确指出，“在适度扩大总需求的同时，着力加强供给侧结构性改革，着力提高供给体系质量和效率。”在紧接其后的11月18日，习近平总书记在亚太经合组织（APEC）工商领导人峰会演讲中再次指出：“要解决世界经济深层次问题，单纯靠货币刺激政策是不够的，必须下决心在推进经济结构性改革方面做更大努力，使供给体系更适应需求结构的变化。”这表明供给侧改革已成为事关我国经济发展全局的政策。

正确认识供给侧改革，需要对以往经济调控中常态化的需求管理做些分析。宏观经济里的总需求是一个价值总量概念，如货币供应总量、财政支出总量、投资总量和消费支出总量，不反映具体的商品和服务的类别，因此是价值总量关系的调控，通常用于常态化的短期调控，但不解决结构性和长期性的问题。供给端既有价值量关系，也有商品服务类别关系，还包括生产者社会关系，核心是资源和生产要素的合理配置问题，所以覆盖的政策范围要宽广得多。我国当前供给侧结构性改革的主要任务和要解决的主要问题包括：去产能、去库存、去杠杆、降成本、补短板。但供给侧改革覆盖的经济领域和政策范围却相当广泛，要发挥产业政策、宏观政策、社会政策、微观政策和贸易政策的调控作用。

（一）发挥产业政策的精准调控作用

1. 农业的主要目标是优化结构、加快产业融合

一是优化农业种植养殖结构，建设现代化的饲草料产业体系，促进粮食、

经济作物、饲草料三元种植结构协调发展。二是加快农业由生产环节向产前、产后延伸，提高农产品加工转化率和附加值。三是推进农业与旅游、教育、文化产业的深度融合，实现农业从单纯的生产向生态和生活功能拓展，大力发展休闲农业、乡村旅游、创意农业、农耕体验等。

2. 工业要去产能与促升级并举

可通过以下措施去产能：一要严控增量产能。设定钢铁和煤炭等产业的全国总量“天花板”。二要淘汰落后产能。对环保、能耗、安全生产不达标和不合格产能要依法有序关停退出。三要优化存量产能。提高产业准入的能耗、物耗、水耗和生态环保标准，促进企业产品升级，加快向高端、智能、绿色方向转型。鼓励企业上下游兼并重组，提高产业集中度，引导扭亏无望企业主动退出。四要开拓产能利用空间。支持企业利用“互联网+”、国际产能合作、国外基础设施建设和装备制造业“走出去”等，积极拓展国内外市场。在去产能同时，也要创造新的就业空间，为企业人员转岗提供支撑，支持传统企业开展“双创”。聚焦《中国制造 2025》重点支持领域，促进产业升级。启动一批重大技术改造升级工程，支持传统行业提高设计、工艺和能效水平；扶持战略性新兴产业加快成长；促进互联网与制造业深度融合，使制造业向数字化、网络化和智能化转变。

特别是要解决“僵尸企业”的退出问题。“僵尸企业”退不出去，主要是因为地方政府和商业银行之间形成了“囚徒困境”。地方政府不愿意让“僵尸企业”退出，主要是因为已经没有钱来安置下岗职工；而商业银行不愿意“僵尸企业”退出是因为担心不良资产会暴露出来。因此，要打破僵局，就必须改变各个相关主体的“报酬”关系。一方面，中央政府已经出手设立相关基金，用于化解钢铁、煤炭行业的产能过剩；另一方面，金融监管部门也应当积极行动起来，采取“胡萝卜+大棒”的办法，推动商业银行采取行动，倒逼“僵尸企业”尽早退出。

3. 房地产业的重点是推改革，去库存

推进住房体制改革，以满足新市民住房需求；建立购租并举的住房制度，把公租房扩大到非户籍人口。发展住房租赁市场，鼓励自然人和各类机构投资者购买库存商品房，成为租赁市场的房源提供者，鼓励发展以住房租赁为主营业务的专业化企业。鼓励房地产开发企业顺应市场规律调整营销策略，适当降低商品住房价格，促进房地产业兼并重组，提高产业集中度。

4. 土地供给政策要有保有压，控制成本

首先，优先安排新兴产业用地供给。多种方式供应新兴产业用地，差别化保障创业企业用地，降低企业特别是实体经济企业用地成本问题，培育发展新动力。其次，合理确定地价水平，防止企业用地价格过快上涨、创新企业用地模式，鼓励采取长期租赁、先租后让、租让结合等出让方式，降低企业用地成本。最后，对利用存量土地、荒废地开展技术改造项目的企业，要加大土地政策支持力度。

（二）发挥宏观政策稳定增长的作用

1. 财政政策要以降成本为主，同时优结构、促改革

一是全面推进“营改增”改革，将建筑业、房地产业、金融业和生活服务业纳入试点范围。二是积极推进综合与分类相结合的个人所得税改革，推进消费税改革。三是稳步加大财政支持力度，提高赤字率和赤字规模，相应增加国债发行量，合理确定地方政府新增债务限额。四是创新公共服务方式，能够通过政府购买服务提供的，不再直接承办，能够由政府和社会资本合作提供的，广泛吸引社会资本参与，非基本需求主要靠市场解决。

2. 货币政策要稳健、灵活，主要任务是去杠杆

第一，继续运用抵押补充贷款、中期借贷便利、信贷政策支持再贷款等货币政策工具，支持金融机构扩大国民经济重点领域和薄弱环节的信贷投放，引导降低社会融资成本。第二，发展债券市场和多层次资本市场，提高直接融资比重。第三，继续推进利率市场化改革，进一步完善市场化汇率形成机制，保持人民币汇率在合理均衡水平上的基本稳定。第四，维护金融稳定，坚决守住不发生系统性和区域性金融风险的底线。

（三）社会政策要以增加公共产品和服务的供给为主，补短板

转变经济建设和城镇化发展思路，从过去注重竞争性产品供给向增加公共产品和公共服务转变，尤其要在“共建”上做文章，在引导社会资本投向

上做文章。创新股权结构、公司治理、产品和服务价格、政府采购等各方面体制机制，使现有城镇市政基础设施及科、教、文、卫、体等公共产品和服务迈上一个新的台阶。吸引农村人口到城镇落户，实现户籍人口城镇化的年度目标和“十三五”总体目标。

当前补短板的主要任务是解决和增加教育、医疗、养老、环保这样一些新的需求。对于这些新的需求，一方面，政府要尽职尽责，不能推卸责任；另一方面，政府也不能大包大揽，全部垄断。要改革公共服务的供给方式，从补供方转为补需方。通过发行教育票、医疗票、养老票或推行教育保险、医疗保险、养老保险等方式去“补需方”，然后可以就供方放开。如果能够把供方放开，民间资本、外资都可以进来了，就可以快速增加供给，大幅提高效率。这不仅可以提高效率、增加供给，还能够在保证公平的同时，增加公民的选择权。

（四）发挥微观政策的灵活调节作用

1. 改善消费环境：促消费、稳增长

第一，从供给侧发力，改善产品质量和信誉。优化消费环境，建立商品销售服务诚信体系，切实保障消费者权益。商品质量监督管理部门应严格执法，坚决取缔假、冒、伪、劣商品，加重处罚力度，限期内不能达到整改目标的商品和企业应退出市场。第二，鼓励企业发展商品和服务的差异化经营、精细化生产和供给，通过创造新供给来刺激新需求。第三，促进消费金融的发展和供给，增强居民跨期消费配置能力。

2. 激发市场主体活力，完善价格市场化形成机制

深化国有企业改革，推进 PPP 模式，让社会资本进入国民经济更多领域；推动大众创业、万众创新，激发人才活力，推动科技成果转化；减少政府审批，优化投资环境；同时，推进价格机制改革，认真研究出台相关配套改革实施方案，尤其是公共产品和服务的定价，如交通、市政基础设施、教育、医疗、体育等。其中，既要体现公益性，又要有利于吸引社会资本参与共建，以利于增加公共产品和公共服务的供给。此外，继续实行差别化电价、水价政策，加快征收资源税和环境保护税，通过价格和税收抑制产能过剩和高污

染行业的盲目发展。

（五）扩大开放，增加国外新生产要素的国内供给

首先，通过厘理国内市场，减少低品质产品和服务供给；通过优化进口关税结构并降低服务贸易壁垒等措施，扩大优质商品和服务的进口。其次，注意从供给经济学视角优化进口产品的结构，提高资本品如大型机器设备、工作母机等的进口量，促进有利于改善我国人力资本素质的消费品进口。最后，抓住当前国际大宗商品价格下跌的有利时机，扩大战略性产品进口，如原油和国内稀缺的矿产品。适当增加战略储备，提高我国战略性产品的储备能力，建立应对经济周期波动的储备体系。

国家资产负债表视角下的金融稳定

张晓晶　刘　磊①

自本轮国际金融危机以来，对金融稳定性的关注可以说超出了以往。人们从不同角度、运用不同方法来审视金融稳定性，由此所带来的对宏观经济学、金融学以及二者关联的反思亦是前所未有（或许只有大萧条所产生的理论冲击可与之相提并论）。本文拟从国家资产负债表的视角来讨论金融稳定。

一、金融稳定性研究

金融稳定性一般被认为是金融机构稳定性和金融市场稳定性之和（Crockett，1997），金融危机是缺乏这种不稳定性的直接后果。现实中，观察危机很容易，但考量稳定性却难得多（IMF，2014），因此大部分文献是围绕金融不稳定性和金融危机这些问题来展开的。在欧洲，自 14 世纪起已有了较为完整的金融危机记载。当时英王爱德华三世由于战争失败而对意大利的银行家违约，从而造成了银行破产形式的金融危机。在之后的几个世纪里，总是周期性地发生各类危机事件，一些关于商业周期的思想也充斥古典经济学家的文献中。

最初的理论比较倾向将危机解释为由经济系统之外的冲击所引致，如歉收、战争、政府主导的货币减值等，这也是李嘉图（Ricardo，1821）的代表性观点。在那个时候，经济活动与金融活动并不分家，对金融危机和经济危

---

① 张晓晶：国家金融与发展实验室副主任，国家资产负债表研究中心主任、教授、博士生导师；刘　磊：国家金融与发展实验室研究员。

机的区分也并不明显。对发生危机后的应对机制是讨论的重点。早在 1802 年，桑顿（Thornton，1802）就认为在面临银行流动性危机时，中央银行可以充当最后贷款人的角色。这一思想在白之浩（1873）的《伦巴德街》一书中得以条理化，最终贷款人通过向全世界显示充足的货币准备来防止挤兑发生。这一理论从实践出发，促成了各国央行在金融稳定性中的重要职能（金德尔伯格，1978）。

理论经济学中对“危机”一词最为系统规范的解释，起源马克思的《资本论》（肯韦，1987）。在《资本论》（第二卷）中，马克思（1867）将资本主义生产划分为两大部类，并认为两大部类间只有保持一个特殊的生产比例才能达成稳定的经济增长。但由于资本家对利润的无限追求，这种平衡状态很难保持，由此使危机从“可能性发展成为现实性”。这开创了从整个经济体的内生性角度论述危机理论的先河。在《资本论》（第三卷）中，马克思进一步提出了虚拟资本的概念，并认为从实物资本向虚拟资本的转化成为危机发生的直接原因。之后凯恩斯（1936）提出的有效需求不足理论与马克思的思路基本一致，都是从经济系统内生性的角度认为需求有天然低于供给的趋势，因此危机总是难以避免的（罗宾逊，1955）。凯恩斯继而对克服这类危机（即增强金融稳定性）给出了药方：用政府购买来弥补私人支出的不足。这类分析的一个重要特点是强调经济变量中的流量指标，主要是供求的均衡匹配。由于忽视了存量的变化，如政府部门杠杆率的积累并没有被充分考虑，这些政策建议也产生了诸如滞胀这样的不良后果。

与凯恩斯同时代对大萧条的另一理论解释是费雪（Fisher，1933）的债务紧缩理论。费雪认为经济衰退所引发的资产价格紧缩加重了企业家的实际债务负担，从而降低了投资需求。这里已经将企业的资产负债表加入理论模型中，将存量因素（债务）与流量因素（投资）通过资产价格联系在一起。此后关于金融稳定性的研究主要顺着几个不同的方向进行，和资产负债表的联系也为更紧密。这包括明斯基（Minsky，1986）的金融不稳定性假说，伯南克的金融加速器模型（Bernanke 和 Gertler，1989），Diamond 和 Dybvig（1983）的银行挤兑模型，以及金融脆弱性研究（Allen 和 Gale，2007；

Goodhart 等，2006）和金融传染研究（Ng（2000）、Sun 和 Zhang（2009）、Wang 和 Liu（2016））等。

另一个方向是对这种金融系统性风险的度量标准。对风险的有效度量是防范危机、增强稳定性的前提条件，因此众多学者和国际机构对这一问题也较为重视。度量的主要度集中在银行资产负债表的各类比率上，如杠杆率、资本充足率、不良贷款率等。如何构造这类指标以及对指标临界值的预警是这类研究的主要方向。Calvo 等（1993）最初提出了多元回归构建指标体系的方法，IMF（2008）则在此基础上构建了“金融稳健性指标”。这些指标是国际金融监管及压力测试的主要依据，美国监管当局自 2009 年起每年都会对金融体系做压力测试，即监管资本评估项目（Supervisory Capital Assessment Program，简称 SCAP）。国内学者对我国金融系统性风险的估算也做了大量实证工作，如刘春航和朱元倩（2011）从多角度系统探讨了我国金融系统性风险的度量框架，中国银监会也自 2012 年起定期为银行做压力测试。

金融危机实际上就是各种类型的违约，银行违约、贷款者违约、政府违约、政府通过超发货币来实质性违约等等。根据 Goodhart 和 Tsomocos（2007）的总结，违约总是会涉及不同主体的不同风险偏好，这一特殊性质使金融稳定性理论很难纳入到主流经济学的同质人模型中去，因此关于金融稳定性的研究在大部分时间也都游离主流经济学之外。现有研究或者偏于实证，或者不能形成一个完整的均衡理论。尤其是在经历了将近 20 年的所谓“大缓和”时代，经济学家自认为已经熨平了周期，对金融稳定性的忽视就更加严重。虽然各国央行和国际金融机构也在定期发布金融稳定性报告，但并未正视风险。IMF（2007a）在 2007 年 4 月的《世界经济展望》中甚至认为“全球经济的风险已经非常低”！直至 2008 年全球金融危机的再一次爆发，金融稳定性问题才又重新回归人们的视野，大量的研究文献也才开始从多方面开始对这一问题进行反思。这其中，最具影响力的是 IMF 所倡导发起的资产负债表研究方法。

二、资产负债表方法（BSA）

所谓资产负债表研究方法（Balance sheet approach，简称 BSA），就是利用国家（及部门）资产负债表来从事经济金融分析的方法。这一方法由 IMF 首倡，随着主权债务危机的爆发而蔚然成风。

国家资产负债表的主要功能，是依靠一系列处理数据的方法，用精心设计的理论框架，表示整个国家的“家底”，并依托这一框架，揭示各经济主体主要经济活动之间的对应关系，借以勾画一国经济运行的机制。这套框架不仅有助我们准确把握国家经济的健康状况，了解可能产生冲击的来源及强度，而且，在危机期间，它可为政府探讨对策空间提供基本依据。进一步，对这些存量指标（有别于作为流量指标的 GDP 等）进行时间序列分析，比较其年度间变化，它还有透视一国多年经济增长“累积效应”的功能。如果更深入地分部门考察资产负债结构、变动趋势及其同其他部门的关联，我们还可从存量视角对各国经济的结构特点与体制特征进行解构，从而揭示发展方式转型面临的问题，启示未来经济发展的方向。

尽管对资产负债表等存量分析方法的关注只是近年来骤然升温，但在学术研究领域，编制、研究国家资产负债表已经有较长的历史。早在 1936 年，就有美国学者提出把企业资产负债表编制技术应用于国民经济的构想（Dickingson 和 Eakin，1936）。资产负债核算作为一种成熟的宏观经济核算方法，形成于 20 世纪 60 年代。作为此领域的开创性工作，Goldsmith 等曾编制了美国自 20 世纪初至 1980 年若干年份的综合与分部门的资产负债表（Goldsmith 和 Lipsey，1963；Goldsmith，1982）。Revell（1966）试编了 1957—1961 年英国的国家资产负债表。自 1975 年始，英国的国家资产负债表正式由官方发布（Holder，1998）。在加拿大，以账面和市场价值计算的国家资产负债表，从 1990 年开始编制。至今，大部分 OECD 成员国家都至少公布了不含有实物资产的金融资产负债表。

资产负债表方法的兴起是与金融危机紧密相连的。早在 1979 年，克鲁格曼的一篇研究支付危机的论文中就采用了资产负债表方法分析财政赤字的货币化对固定汇率的影响（Krugman，1979）。这可以看作是现代经济学应用资产负债表方法的研究开端。需要指出的是，在相当长的时期中，资产负债表一直在国民经济核算的大框架下，仅仅作为一种统计方法进入人们的视野。而自 20 世纪 90 年代拉美（如墨西哥、巴西等国）和亚洲地区相继爆发大规模金融危机以来，关于国家资产负债表编制和研究方法的讨论日趋活跃，其功能也超越单纯的统计核算，逐渐显示出成为宏观经济分析基本方法之一的强劲势头。其中尤为值得注意的是，2003—2005 年的短短 3 年间，国际货币基金组织便发表了十余篇国别资产负债表分析，并极大地推动了相关研究的发展（Mathisen 和 Pellechio，2006）。2007 年金融海啸席卷全球，资产负债表分析方法进一步得到了学界、政府以及国际机构的广泛重视与认可，国内也有学者敏锐地跟上潮流，并用之对中国经济问题展开初步分析（易纲，2008；李扬，2009）。

总体上来说，近年来在讨论金融危机的学术创新浪潮中，应用国家与部门资产负债表展开的研究已取得了重要进展，如 Allen 等（2002）指出的，资产负债表方法的特点与优势在于，通过这一方法，可以清晰地界定出四类主要的金融风险，即期限错配、货币错配、资本结构错配以及清偿力缺失，而分析考察这四类问题，则是揭示危机根源，认识危机的传导机制，理解微观经济主体应对危机的行为方式，以及研判应对政策的关键所在。其核心政策建议为宏观审慎和微观审慎监管。具体到各部门的资产负债表上，则明确建议采用审慎性原则：少计资产、多计负债。这一政策建议深入人心，并在实际监管过程中成为指导性原则。

理论界最初对资产负债表的应用，大部分局限金融部门、政府部门、企业部门等独立的分部门研究中。虽然偶尔也有一些研究将国民经济整体综合到一起来分析，但本质依然是基于各部门自身的。由于这种分析方法基于微观企业的资产负债表，具有比较直观的经济学含义，也更容易被大众和政策制定者所理解。

这类研究主要有三个方向。最初的研究集中政府资产负债表对货币危机的影响，国债中内债与外债的结构是影响金融稳定性的重要指标。除了上文提到的克鲁格曼开创性论文外，还有一些学者也对这一研究方向做出了贡献（Flood 和 Garber，1984）。第二个发展方向是在原有分析中加入人们的行为因素，一些基于资产负债表的自我实现预言会引发或者加速危机。Cole 和 Kehoe（1996）在分析墨西哥比索危机时认为，国外的短期债务大量到期以及外汇资产短缺造成了投资者的自我恐慌，从而是危机的预期成为现实。这类分析方式实际上是 Diamond 和 Dybvig（1983）银行挤兑模型的另一种表达，之后大量分析金融危机的文章也是基于这种思想（Chang 和 Velasco，1999；伯南克，2010）。第三个方向则是将私人部门的资产负债表和政府资产负债表放到一起做综合研究。辜朝明（2008）在分析日本经济衰退时，即采用的企业资产负债表衰退这一思路。

三、国民财富方法（NWA）

如果说第一阶段的资产负债表方法是侧重依据审慎原则对分部门的资产负债表进行分析，那么，第二个阶段的方法就可以被称做“国民财富方法”（National Wealth Approach，简称 NWA）。这是资产负债表方法的一个最新研究分支。IMF 对其研究和应用进行了系统性总结和推广（Frecaut，2016）。与前一个阶段的研究相区别，这种研究方法主要以国家资产负债表（而不是各部门独立的资产负债表）为基础，或者说不是各部门独立资产负债表的简单加总。

由欧盟委员会统计办公室、国际货币基金组织、经济合作与发展组织、联合国统计司和地区委员会以及世界银行这 5 个组织共同发布的国民统计账户体系（System of National Accounts，SNA）“是一套基于经济学原理的严格核算规则进行经济活动测度的国际公认的标准建议”，其目标在于“提供一套综合的概念和核算框架，以便建立一个适于分析和评估经济表现的宏观经济数据库。该数据库的存在是制定明智、合理的政策并进行决策的先决条件”（联合国等，2012）。其特点是全面性（包含全部经济体）、一致性（特定活动对所有参与主体采用相同规则）和完整性（对流量和存量同时测度）。目前这一体系已经更新至第 5 个版本，即 SNA2008。其基本框架是一个账户序列，从经常账户到积累账户，再到资产负债表，囊括了宏观经济中最重要的存量和流量指标。

IMF 的大量宏观金融分析框架都是建立在 SNA 体系之上的（IMF, 2007b），其中包括 2014“政府财政统计手册”（GFSM2014）、2009“收支平衡与国际投资头寸手册，第六版”（BPM6）以及 2000“货币与金融统计手册”等。IMF 的这些文件主要用于宏观框架内的政策分析，而不是金融部门的审慎性监管。

基于 SNA 体系的国家资产负债表，有许多不同于所有者权益的特点，对表中数据的理解和应用也不能直接从商业资产负债表的概念出发。

我们在分析研究中所用到的资产负债表分为两种类型：企业资产负债表（Business Balance Sheet）和国家资产负债表（National Balance Sheet），分别基于企业会计原则和国民账户统计体系 SNA 原则。二者在许多科目上并不一致，如“利润”这一企业会计中的科目，在国民账户体系中并不存在对应项。有一些科目虽然在二者中同时存在，但却有完全不同的含义。更进一步，对这两种资产负债表的运用方向，存在本质区别：企业资产负债表基于会计上的审慎性原则，主要作用于对金融部门的审慎性监管；而国家资产负债表基于国民账户统计中的一致性原则，主要作用于宏观经济政策的制定及对其效果的预期。

SNA 体系是由一系列账户顺序排列而成的，主要包括经常账户、积累账户和资产负债表。经常账户又包括生产账户、收入分配账户和收入使用账户，描绘了某个部门生产过程所产生的增加值、对增加值的收入分配、以及对分配部分的消费与储蓄；积累账户主要包括资本账户和金融账户，分别描述了对储蓄部分的实物积累和金融积累。这部分实物积累相对应的是资产负债表中实物资产的变动，金融积累则对应了金融资产和负债的变动。这一系列账户从头到尾一一对应，形成一个逻辑上完全严密的统计体系。这个方法的重要特点在于每一期的金融净积累数额恒等于零（暂不考虑国外部门），即在任何时点金融资产都等于负债，全社会的金融资产与负债相加为零。这一重要原则是在企业资产负债表中所无法体现的，即使将全社会所有部门的企业资产负债表相加，也无法保证金融资产与负债相加为零的性质。

这里需要特殊说明的是股权和股票资产。众所周知，每个部门的融资都可以通过两种方式进行：股权和债权，而资产负债率即是这个部门债权总额与债权加股权总额之比。这在企业资产负债表中是显而易见的关系。但在SNA 体系中并不能这样划分。举例来说，政府持有国有企业的股份，对政府来说属于金融资产的一部分，根据 SNA 金融资产恒等于负债的原则，这部分股权对企业来说只能划分为负债。这一划分方式，初看起来并不符合逻辑，也会影响全社会资产负债率的估算，但这里始终强调的是国家资产负债表主要用于宏观经济政策以及对金融危机的预防，而不是对各部门的审慎性监管。因此这种方式具有其重要的优势，我们将在后文展开表述。

为了坚持这一金融资产恒等于负债的原则，在记账中也要对普通商业会计记账方式进行改进。在一般的会计原则中，普遍采用的是复式记账原则，即“有借必有贷，借贷必相等”。举例来说，在银行危机中，银行需要减记一笔不良贷款。那么商业银行的资产负债表需要在资产和负债两方同时记录这笔操作：资产方记录一笔贷款余额下降，负债方要将自有资本减记相应金额，这才能达资产负债表的平衡。但在 SNA 体系中，这两步操作显然是不够的。除了银行账户发生相应变化之外，还要在这笔不良贷款所对应的企业资产负债表中记录下这一行为。也就是在企业的负债方减掉相应的银行贷款负债，同时在所有者权益中加进这一数额。这一操作体现了国民经济的整体性：我们可以将其视为一个封闭的水管，任何一笔资金流动都有相应的流出方和流入方，在这个大水管中不存在黑洞。由此形成了 SNA 记账中的“四步体”(Quadruple Entries)，一笔交易需要在资产负债表的四处有所体现。相应的“借”和“贷”概念也被国民账户体系中的“来源”和“运用”所替代。

四、国家资产负债表编制与研究的最新进展

需要强调的是无论是资产负债表方法（BSA）或是其分支之一的国民财

富方法（NWA），都要基于国家资产负债表的编制与分析。没有后者的数据支撑，再好的方法也不过是纸上谈兵。

就国内而言，中国的资产负债表编制与研究起步较晚，但也取得了不少成就，在新兴经济体中是佼佼者。

中国国家统计局在20世纪90年代就引进了国家资产负债表，并在2004年发布了1998年的国家资产负债表。且在1997年和2007年两次出版《中国资产负债表编制方法》，但之后统计局的国家资产负债表的编制一直处于试编阶段，且未公开发布。

2012年，关于国家资产负债表研究，几乎同时出现了三批力量。一个是曹远征牵头，另一个是马骏牵头，分别编制了一些年份的中国国家资产负债表（曹远征、马骏，2012）；还有就是李扬牵头的中国社会科学院课题组（李扬等，2013）。再后来，又有新生力量加入，如杜金富等（2015），余斌（2015），他们更侧重政府资产负债表的编制。国家统计局计划在2017年底编制完成中国2015年的国家资产负债表。

目前，坚持编制与定期发布国家资产负债表数据的就只有中国社会科学院国家资产负债表研究中心。该中心编制估算了自2000年以来的中国国家资产负债表以及自1996年以来的债务杠杆率（李扬等，2013；李扬等，2015），并且自2017年起开始发布季度杠杆率，相关数据成为分析研判国家能力、财富构成与债务风险的权威依据，并被国际货币基金组织（Li和Zhang，2013；Frecaut，2017）、世界财富与收入数据库（Piketty等，2017）以及国际主流学术期刊（Naughton，2017）所引用，由此奠定了中心在该领域的国际话语权。主要研究成果囊括了首届孙冶方金融创新奖、第五届中国软科学奖在内的诸多重要学术奖项。

就国际而言，全球主要发达国家都有定期公布的国家资产负债表。但由于学术界对存量经济指标的理解和应用尚缺乏共识，各国编制资产负债表的目的也不尽相同，因此各国的国家资产负债表仍没有形成如GDP这类流量指标一般的统一标准。2008年的全球金融危机推动了全球各国资产负债表编制的进展。金融危机之后，美联储和欧央行对国家资产负债表和资金流量表所体现出的指标更为重视。由欧央行几位经济学家编写了两卷本的从资金流量表分析金融危机的著作（Winkler 等，2013），这标志着中央银行学者从国家资产负债表角度理解这次金融危机的尝试。

除经济学家外，国民账户统计专家也开始对这一问题产生兴趣。由 OECD 组织的“金融统计研讨会”是一年一度探讨改善金融统计指标质量的学术会议。2016 年 10 月，这一会议的年度主题定为“资产负债表数据的汇编与运用”。来自 IMF、国际清算银行（BIS）、6 个国家的央行（智利、德国、印度、日本、墨西哥和葡萄牙）、以及澳大利亚国家统计局的专家学者参与了这次会议。IMF 也在 2015 年 3 月举办过类似的深度研讨会“资产负债表及各部门账户”，召集全球学者对这一问题进行讨论。对国家资产负债表的编制普遍有三点共识：第一，各国标准尚未统一，基于各国特殊情况的不同假设为资产负债表的国际比较造成困难，因此，急需建立具有可操作性的国际统一标准。第二，各国国家资产负债表存在一些普遍的缺陷，如时效性较差、频繁修正、缺乏与企业资产负债表的比较以及实物资产估值标准不统一等，这些困难需要全球统一的标准来解决。第三，越来越多的政府与学者开始对国家资产负债表进行研究，取得的进步越来越大（Frecaut，2017）。

对国家资产负债编制规范的进一步统一，是当前各国所需要解决的重要问题。IMF 也在呼吁建立一个跨国合作“全球资产负债表项目”，召集相关的专家学者分享经验并统一各国间的假设标准和统计规范，从而使国家资产负债表对金融危机和金融稳定性研究产生更重要的作用。这需要宏观经济学家、国民账户统计专家和金融专家的密切配合。

五、NWA 视角下的金融稳定

在国家资产负债表视角下，对许多经济行为的认识会增加一个角度，对问题的观察也更为全面。与传统资产负债表方法相比，NWA 为我们提供了三个增强金融稳定性的途径：危机的预警、损失的估算与政策反应。在这三个方面，采用国家资产负债表更有可能得出正确的结论。

1. 无效投资与金融危机的延时预警

当银行发现并减记一笔非金融企业的违约贷款时，在国家资产负债表中所反应的是一笔净资产从银行部门向非金融企业部门的转移。国民净财富并未发生变化，而只是在部门间转移了。在现实中，违约贷款是造成金融危机的重要导火索。我们在讨论杠杆率、债务率等指标时，本质也是在担心违约贷款大规模爆发对国民经济和金融体系的系统性影响。这里将违约贷款看作一笔财富转移，有利于对金融危机的提早预警、加强金融稳定性。

银行减记贷款发生在一瞬间，一般是与确认这笔贷款无法偿还的某一事件相随的。但在实际经济过程中，这一财富转移过程并非瞬间完成，一笔贷款成为违约贷款也是在很长一段时间内逐步经历量变到质变的过程。因此，之前在国民经济账户中所记录的各项经济指标是有“水分”的，需要进行调整。最终确认的这笔财富转移，应该在经济运行过程中分步记录下来，但实际的国民账户统计中并没有记录。由此得出的一个重要结论是由生产过程所记录的经济增加值被高估了，这部分表面上看来是由企业生产所产生的增加值，实际上仅仅是银行部门的财富转移产生的。多记增加值的一个主要途径在于将无效投资确认为真实投资。这部分无效投资并未带来总产出和总资产的上升，而仅仅是经济活动中的中间消费。借鉴 Frecaut（2016）提供的数值范例，我们简要复述如表 1-13 所示。

表 1-13　无效投资对国民统计账户的影响

	非金融企业	统计指标	现实经济指标
	1、生产账户		
1	产出	5000	5000
2 = 3+4	中间消费	2000	2300
3	正常成本	2000	2000
4	无效投资	0	300
5 = 1−2	增加值（GDP）	3000	2700
	2、收入分配账户		
6	劳动者报酬	2600	2600

续表

	非金融企业	统计指标	现实经济指标
7=5-6	经营剩余	400	100
8	利息支付	120	120
9	股息支付	70	70
10=7-8-9	初次分配收入	210	-90
11	收入税	110	110
12=10-11	储蓄	100	-200
	3、积累账户		
12	储蓄	100	-200
13=14+15	固定资本形成	1000	700
14	实际经济价值	700	700
15	无效投资	300	0
16=12-13	净借出（+）/借入（-）	-900	-900
17=-16	银行贷款净增额	900	900
	4、资产负债表		
18	固定资产	1000	700
19	银行贷款	900	900
20=18-19	所有者权益	100	-200
	银行资产负债表		
21	对企业贷款	900	900
22	存款	800	800
23=21-22	所有者权益	100	100
	国民财富		
24	非金融企业	100	-200
25	银行	100	100
26=24+25	总体	200	-100

注：资料源于 Frecaut（2016）。

表1-13是一个典型的SNA账户序列，描述了非金融企业的生产账户、收入分配账户、积累账户和资产负债表。为了总结无效投资对整体经济的影

响，后面还列出了银行资产负债表和整体国民财富。

在第一部分“生产账户”中，一笔300单位的无效投资使中间消费从2000变为2300。这笔中间消费并未在统计账户中显示出来，因此相应拉高了统计数据上显示的GDP。实际生产过程中所产生的增加值只有2700，却被误记为3000。无效投资（中间消费）被误记为投资是导致GDP虚高的重要原因。

第二部分“收入分配账户”不受影响。但由于整体增加值下降了，储蓄也相应由正转负。

第三部分“积累账户”中从银行的900单位贷款不受影响，但这部分贷款的用途需要重新解释。统计指标显示的是这900单位贷款加上企业的100储蓄共同转化为当期的1000投资，从而使固定资本也增加1000投资。但真实情况是这900单位贷款仅形成了700的净投资，其余部分则是用于弥补200单位的储蓄缺口，这部分缺口是由无效投资所带来的。

由此，在“资产负债表”中虽然显示了100单位的所有者权益，但真实情况却是这笔净股权是负的。

银行的资产负债表并未受影响，这与企业资产负债表分析方法有重大区别。按照传统审慎性原则，当银行发现一笔疑似不良贷款后，会提取相应的准备金，这又会影响银行的资本金。但从国家资产负债表角度来看，问题的起源在企业，问题的发展也全部表现在企业部门。增加金融稳定性更应该从问题的源头入手，而这个源头并不是银行部门。只把监管重点放在金融部门，会忽视一些重要风险的积累，并使得对风险的预警产生延时。

总之，加强金融稳定性的重点在于对整个国家资产负债表进行全面监控，及时发现问题的源头，并提早从源头上进行监管，降低金融危机发生的可能。

2. 风险损失的过高估计

金融危机发生时，对整体经济损失的精确估算是重要的。这既会影响到政策制定者面对危机时的政策反应，也会影响到参与经济活动的各部门信心。然而，如果没有一个整体国家资产负债表框架的话，极容易在传统审慎性原则下高估危机所带来的损失。上表的例子中，非金融企业300单位的无效投资可能会对银行资产质量产生影响，一旦成为不良贷款就会使银行资本金遭受相应的损失。但同时，由于这笔无效投资，GDP 在过去虚增了 300 单位。现实经济并未遭受损失，这笔财富仅仅是从银行部门转移到了企业部门。银行受资本金下降的影响会进一步缩减贷款，影响到宏观经济运行，但损失并不应包括这 300 单位的不良贷款。

在“四步体”记账法的框架内，任何金融资产的交易都是金融资产从一个部门流动到另一部门，既不会凭空产生，也不会蓦然消散。在对损失的估计中，只能计算一次，或者是企业部门、或者是银行，而不能二者同时重复计算。只有一种情况，会使金融交易对实物资产和实际经济产生影响，那就是金融资产和负债的分布影响了实际经济中的投资和生产，如上例中，银行不良贷款的增加会影响其资本金，进而影响银行的放贷能力。不能获得充分融资支持的企业，无法实现理想中的投资规模，从而拉低了投资和产出，这才是真实的影响。企业部门也类似。当企业资产负债率恶化、利息支出过高时，其只能用新增储蓄偿还负债会减轻未来的财务压力。如果用储蓄偿还负债的效用高于用其进行投资的效用，企业便失去了投资意愿，而是将目标设定为修复其自身的资产负债表，投资和产出也被相应地拉低了。这一循环就是辜朝明所描述的资产负债表衰退（辜朝明，2009）。

IMF 的经济学家也曾以 1990 年代末印尼金融危机为例，用国家资产负债表估算过金融危机所带来的实际损失。作者将 500 亿美元的银行违约贷款损失进行拆解和溯源，并认为最终银行的损失应为 330 亿美元，而对 GDP 的影响则为 100 亿美元（Frecaut，2004）。这种精确的拆解与估算有利于政策制定者做出更准确的反应。

3. 对风险的过度反应

有了对风险的过度估计，就一定会产生政策的过度反应。甚至一些本不该造成系统性风险的事件，由于审慎性原则的过度监管，最终会通过自我实现预言而造成人为的金融危机。

举例来说，银行对房地产开发企业的一笔短期贷款，由于一些偶然的环境因素暂时成为了不良贷款。银行究竟是应该减记这笔贷款并减小未来的放贷规模，还是采用借新还旧的策略用一笔新增贷款来缓解企业财务压力，这是银行和监管当局所面临的选择。实行不良贷款减记，无疑会损害到经济增长，但却是在经济增长本身已经面临瓶颈之时预防更大规模系统性风险的正确处理途径。然而，如果实体经济本身并没有出现问题，房地产企业无法按时还本付息仅仅是一些暂时性事件的影响（如政府的地产调控政策），或者仅仅是由于房地产企业自身资产负债表的结构问题（如大量短期负债对应着长期资产），那么审慎的监管政策便会伤害实体经济的正常发展。更为严重的是如果这一循环持续下去，银行的不良贷款会进一步增加，从而引发系统性金融危机。讽刺的是，这类金融危机的产生恰恰是由于审慎性监管原则所引发的。

因此，为加强金融稳定性，在实际政策反应中应尽量掌握整体宏观经济的状况，将实体经济和实物资产作为判断基准。例如，在分析银行不良资产时，应将审慎性标准下得出的不良资产再一分为二：一部分是借款者确实已经丧失还款能力，这部分资产已经实现了财富从银行到企业的转移；而另一部分仅仅是银行出于审慎原则下的记账，这部分财富转移并未发生，在NWA原则下应该忽视这部分不良资产。

这里尤其需要强调的是流动性危机。由于外部市场变化、人们的心理影响、短期的政策变化等因素产生的流动性危机在发生之初，并没有对实体经济和实物资产产生任何影响。相比真实的危机，其影响也小的多。但处理不当的流动性危机既有可能上升为系统性金融危机，也有可能在其他类型的金融危机之中使问题加剧。在处理这类问题时，应有更清醒的认识，做出与审慎性原则相反的处理方式。这次全球金融危机与大萧条的一个重要区别，就在于美联储对危机的反应和处理方式上。在面临流动性危机时，由政府背书的流动性供给很大程度上缓解了危机的规模和影响。

六、NWA视角对分析当前中国金融稳定的含义

NWA强调应以实物资产（净财富）作为国家资产负债表及金融稳定性分析的基石。既然金融资产的交易是财富中性的，其规模大小只能通过间接的方式

影响净财富在国家部门间的分配。国家净财富的绝对数额以及其在各部门间的分配比例才是在处理和预警危机时最重要的“锚”。起源实体经济的危机，直到其爆发时对银行等金融部门所产生的作用只是由于实物资产与金融资产的不匹配。对危机的预警与应对，也应重点放置于对实物资产和实体经济的影响上。

1. SNA 偿付能力是应对危机的“压舱石”

所谓 SNA 偿付能力（SNA-solvent）是指在面临危机时，从国家资产负债表角度，尤其是从实物资产净值角度计算出的偿付能力。这种估算一般会比从基于审慎性原则下的估算结果更为乐观。尽管偿付能力视角有时候会对资产的流动性或变现能力估计不足，但这种从全局上考察危机的方法，能够处乱不惊，更有利于形成处置危机的有序方案。

结合中国的净资产数据，在面对金融风险问题上，我们相当于吃了定心丸，不必被一些危机的言论吓倒，或者出现一些局部性的风险就临大敌、过度紧张。我们最近的估算结果表明，2000—2016 年，中国主权负债从 19. 3 万亿元上升至 126. 2 万亿元，上升 5. 5 倍；中国的主权资产也同步增长，从 35. 9 万亿元上升至 229. 1 万亿元，上升了 5. 4 倍。这样，中国政府所拥有的资产净值在该段时期显著上升，从 16. 5 万亿元上升到 102. 9 万亿元，上升了 5. 2 倍。即使剔除掉变现能力较差的行政事业单位国有资产以及国土资源性资产，我们的政府部门资产净值也为 20. 7 万亿元。无论宽口径还是窄口径，中国的主权资产净额都为正。这表明中国政府拥有足够的主权资产来覆盖其主权负债。因此，相当长时期内，中国发生主权债务危机的可能性极低。不过包括养老金缺口、银行显性和隐性不良资产在内的或有负债风险，以及后融资平台时代地方政府新的或有负债风险值得关注。

不过，需要指出的是突出财富及净资产在作为应对危机“压舱石”作用时，要特别注意资产价格（如房地产价格）的顺周期性问题。即资产价格上升时，财富估值非常高，而资产价格下降时，财富估算又非常低，不了解这一点，易造成对整个风险形势的误判。

2. 在防范和应对金融风险时，应把重点放在实体经济中，尤其是企业部门

虽然在传统的企业资产负债表方法中，某些核算原则会导致全社会存在

净财富损失；但在 SNA 体系中，金融资产是中性的，只存在财富转移，不存在金融损失。因此大部分反映在银行体系中的风险其实只是实体经济问题的二阶反应，其背后的核心问题在于企业的投资不善（无效投资）。传统应对金融风险的步骤按照顺序一般是对银行的紧急支持、债务重组、企业重组。这是以金融部门为核心的监管思路，对问题的处理是间接的。在 SNA 体系中，问题出在企业，那么对企业进行有效管理特别是企业资源的有效配置显得更为重要。这也是中国当前面临的重要问题。由于经济结构等因素，当前还存在大量只能靠政府或银行“输血”才能维持的僵尸企业。这些企业在经济活动中制造了大量的无效投资，浪费了财政补贴、银行贷款以及其他的实物和人力资源。这也是当前政府大力去产能的重要背景，只有化解产能过剩、清理僵尸企业，才能从根本上增强中国金融的稳定性，并有助缓解财政压力和道德风险问题。

3. 完善宏观监管框架，在真实银行坏账率上升前预警风险

从实体经济的无效投资到银行的资产减记有一个过程，银行坏账往往是这个过程的最后一步。也就是说，在我们看到银行出现坏账之前，实体经济部门（企业）无效投资的损失早已发生了。银行资产减记只是对这一过程的最终确认，是延迟反应而已。当前我国的银行不良资产比率仍处于较低水平（如图 1-9 所示）。但随着经济增速下台阶以及大量僵尸企业的存在，加上美国进入加息周期给中国利率上升带来的压力，未来企业还款付息能力将面临严峻考验。另外，我们的金融体系还面临影子银行、表外业务等问题，这些问题或者不在监管当局的视野之内，或者已经纳入监管范围但还未有全面认识。这些都是我们在判断银行风险时需要格外注意的。中国目前正在建立一整套兼具宏观审慎政策性质和货币政策工具性质的监管框架，将国家资产负债表纳入考虑后将使这一框架更为完整。

此外，为加强在应对危机中的财政恢复能力，政府还可以对不良资产做出更积极的管理。例如，在当前监管规则下银行减记不良贷款不会影响财政收入。而按照 NWA 方法这笔减记本质上是财富的转移，政府可以在这笔转移支付过程中适当征税，从而进一步加强财政恢复力以应对风险。

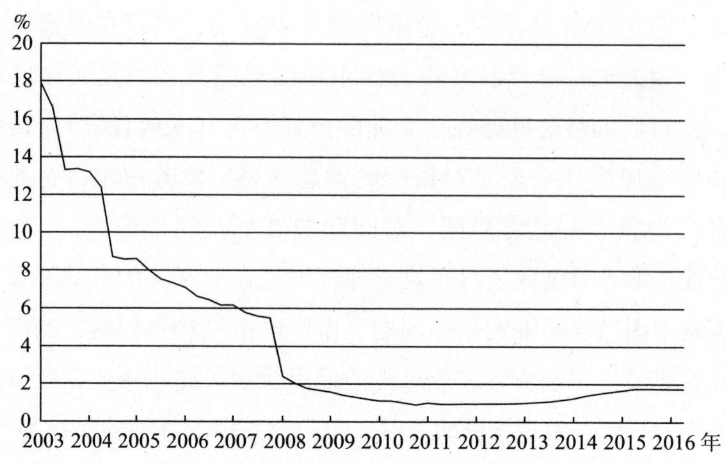

图 1-9 商业银行不良贷款比率

注：资料源自中国银监会。

4. 既要宏观审慎，又要防止对风险反应过度

加强金融稳定，既要宏观审慎，时时刻刻把防范风险放在第一位，又要客观实际，对风险的范围和程度有清醒认识，避免过度反应。这是对政策当局的严峻考验。

本轮国际金融危机之后，国际组织、中央银行、监管当局和学术界都开始广泛关注宏观审慎政策。有效的宏观审慎政策框架一般包括时间维度和结构维度两个层面，核心是必须具备逆周期调节杠杆的能力和手段。针对金融机构的顺周期加杠杆问题，巴塞尔协议Ⅲ在最低监管资本要求之上增加了逆周期资本缓冲、系统重要性附加资本等新的要求，并对金融机构流动性提出了更高的要求。针对金融市场，各国也在尝试采用逆周期和跨市场的杠杆管理，如房地产市场的贷款价值比（LTV）、股市和债市的杠杆率/折扣率规则等。中国人民银行自 2016 年起将差别准备金动态调整机制升级为宏观审慎评估体系（MPA），从资本和杠杆、资产负债、流动性、定价行为、资产质量、跨境融资风险、信贷政策执行情况七大方面对金融机构的行为进行多维度的引导。此外，自 2016 年 5 月起将全口径跨境融资宏观审慎管理扩大至全国范围的金融机构和企业，对跨境融资进行逆周期调节，控制杠杆率和货币错配风险。在具体方法上，人民银行的 MPA 具有鲜明的“中国特色”：一是在考察信贷偏离程度时，中国更重视信贷增长要满足实体经济发展的合理需要。国际上主要通过考察整体信贷和 GDP 比值与趋势值的偏离程度来确定逆周期资本缓冲，而中国考察的是信贷增速与名义目标 GDP 增速的偏离。二是国际上逆周期资本缓冲的比例对所有金融机构都是一样的，而中国还要考察每个金融机构对总体信贷偏离的影响，对总体偏离程度影响大的金融机构要求更多的逆周期资本缓冲（张晓慧，2017）。

影子银行和表外业务的过快发展，在不断拉长金融体系内部的资金运转链条，产生大量资金空转现象，这些资源未能实现有效服务实体经济的目的。从图 1-10 中可以明显看出自 2009 年以来我国金融部门内部的资金往来占比不断增加，这是影子银行不断发展的直接体现。在缺乏监管的环境下，金融部门内部的杠杆水平快速增加，很容易由局部风险引发金融部门的系统性风险。然而金融体系从整体上对实体部门的支持并未发生显著变化，新增存款、贷款和社融总量与 GDP 的比例在近 20 余年内基本保持稳定，金融危机后还略有下降（如图 1-11 所示）。由于金融部门内部链条加长，实体经济相应的融资成本也随之上升，大量无效投资也由此产生。加强 MPA 监管，实质是在金融部门内部去杠杆，防止金融部门内部的过度杠杆化，而在国家资产负债表层面则表现为更有效地为实体经济服务，降低实体经济的财务成本。

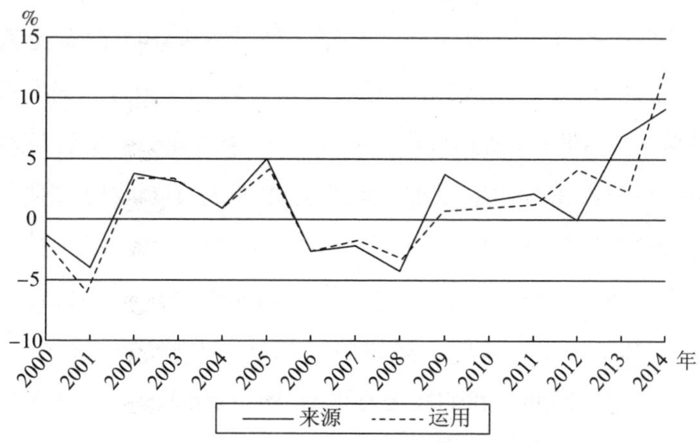

图 1-10　金融部门的金融机构往来（来源和运用）与资金来源和运用合计的比例

注：资料为中国人民银行公布的资金流量表中金融部门的金融机构往来占金融部门资金来源和运用的比例。

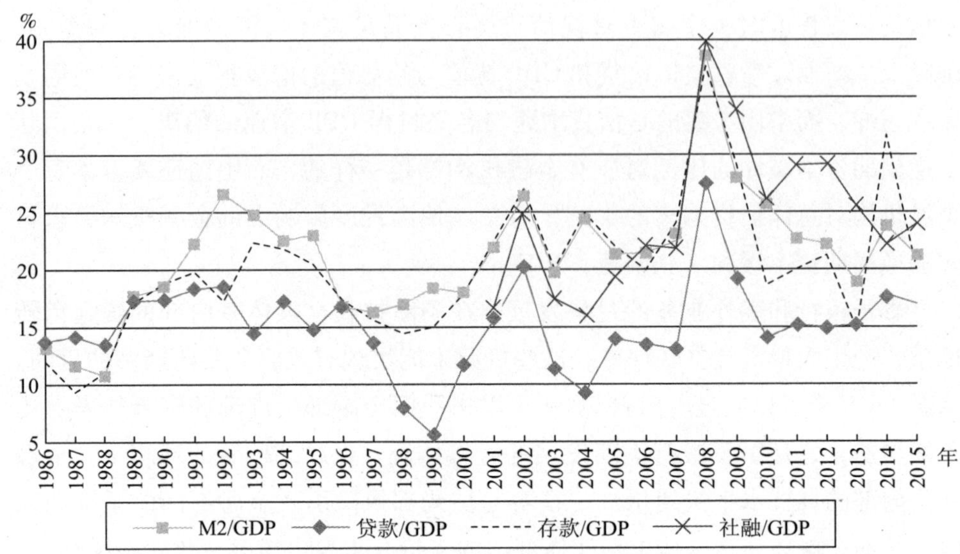

图 1-11 金融资产增量与 GDP 比值

注：资料源自中国人民银行、国家统计局。

出于防范金融风险（或危机）的需要，人民银行的 MPA（以及监管部门的“监管风暴”）是完全有必要的。问题只在于宏观（甚至微观）审慎要做到什么程度，特别是这些政策怎样和保持稳定增长一致起来。前面提到，审慎原则下的不良资产可分成两部分：一部分是借款方确实没有还款能力（财务上破产），这部分资产（或财富）已经从银行转到了企业；另一部分是银行根据审慎原则（如 MPA）所形成的不良资产，这部分的财富转移事实上并未发生。比如一些企业还本付息困难可能只是短期的（如政府加强了调控、监管或短期负债对应长期资产形成的期限错配），这时候单纯强调 MPA 就可能会不利于实体经济正常发展。换言之，如果为实现金融部门去杠杆，单纯强调 MPA，就可能难以真的降低金融风险。相反，这种做法若伤及实体经济，还会恶化金融稳定。因此，我们需要在实施 MPA 的时候，兼顾 NWA 的视角，即实体经济的财富转移或减记是否真实发生，以及由此造成的对于金融稳定的实质性影响。

注：

其中，前三项错配，即期限错配、货币错配、和资本结构错配，又可统称为资产负债表错配。

SNA 体系中不存在实物负债的概念，全部负债都为金融负债。

在 G20 新兴经济体中，只有墨西哥官方发布年度国家金融资产负债表，只有阿根廷、印度和南非发布部分部门的非金融资产数据。

由隶属中国社会科学院国家金融与发展实验室的国家资产负债表研究中心负责编制发布。

根据 SNA 体系，金融资金流量表与资产负债表中的金融资产和负债指标一一对应，可以将资金流量表看做资产负债表中相应项目的单期变化量。

银监会（2012）将影子银行定义为未纳入监管的金融活动。

参考文献

［1］白之浩［1873］．伦巴德街：货币市场记述［M］．上海：上海财经大学出版社，2008.

［2］伯南克．行动的勇气：金融危机及其余波回忆录［M］. 北京：中信出版集团，2010.

［3］曹远征，马骏．问计国家资产负债表［J］. 财经，2016（6）．

［4］杜金富，等．政府资产负债表：基本原理及中国应用［M］. 北京：中国金融出版社，2015.

［5］辜朝明．大衰退：如何在金融危机中幸存和发展［M］. 北京：东方出版社，2008.

［6］金德尔伯格．疯狂、惊恐和崩溃：金融危机史［M］. 北京：中国金融出版社，2014.

［7］凯恩斯．货币、利息与就业通论［M］. 北京：商务印书馆，2005.

［8］伊特维尔，米尔盖特·纽曼、帕尔格雷夫经济学大词典［M］．北京：经济科学出版社，1996.

［9］莱因哈特·罗格．这次不一样：八百年金融危机史［M］. 北京：机械工业出版

社，2012.

［10］李扬．要从资产负债表来控制资产泡沫［EB/OL］．http：//money. 163. com/09/0910/15/5IS2VHQJ00253NDC. html.

［11］李扬，等．中国国家资产负债表 2013——理论、方法与风险评估［M］．北京：中国社会科学出版社，2013.

［12］李扬，等．中国国家资产负债表 2015——杠杆调整与风险管理［M］．北京：中国社会科学出版社，2015.

［13］联合国，等．2008 国民账户体系［M］．北京：中国统计出版社，2012.

［14］刘春航，朱元倩．银行业系统性风险度量框架的研究［J］．金融研究，2011（12）．

［15］罗宾逊．马克思、马歇尔与凯恩斯［M］．北京：商务印书馆，1963.

［16］马克思．资本论．中央编译局，1976.

［17］易纲．《中国能够经受住金融危机的考验［J］．求是 2008（22）．

［18］银监会．中国银行业监督管理委员会 2012 年报［EB/OL］．http：//www. cbrc. gov. cn.

［19］余斌．国家（政府）资产负债表问题研究［M］．北京：中国发展出版社．

［20］张晓慧．宏观审慎政策在中国的探索［J］．中国金融，2017（11）．

［21］张晓晶，孙涛．中国房地产周期与金融稳定［J］．经济研究，2006（1）.

［22］Allen，F. & D. Gale（2007），Understanding Financial Crisis，Oxford University Press.

［23］Allen，M. et al（2002），“A balance sheet approach to financial crisis”，IMF Working Paper，No. 02/210. Bernanke，B. S. & M. Gertler（1989），“Agency costs，net worth，and business fluctuations”，American Economic Review 79：14-31.

［24］Bernanke，B. S. et al（1999），“the Financial accelerator in a quantitative business cycle framework”，in：J. B. Taylor & M. Woodford（eds），Handbook of Macroeconomics，Elsevier.

［25］Borio，C. E. V（2012），“The financial cycle and macroeconomics：What have we learnt?”，BIS Working Papers，No. 395.

［26］Calvo G. A. et al（1993），“Capital inflows and real exchange rate appreciation：the role of external factors”，IMF Staff Papers，No. 40（1）.

[27] Chang, R. & A. Velasco (1999), "Liquidity crises in emerging markets: theory an policy", NBER Working Paper, No. 7272.

[28] Crockett, A. (1997), "Why is financial stability a goal of public policy?", Economic Review, 82 (Fourth Quarter): 5-22.

[29] Cole, H. & T. Kehoe (1996), "a Self-fulfilling model of Mexico's 1994-1995 debt crisis", Journal of International Economics, 41 (November): 309-330.

[30] Diamond, D. & P. Dybvig (1983), "Bank run, deposit insurance, and liquidity", Journal of Political Economy, 91: 401-419.

[31] Dickinson, F. & F. Eakin (1936), A Balance Sheet of the Nation's Economy, University of Illinois.

[32] Drehmann, M. et al (2012), "Characterising the financial cycle: Don't lose sight of the medium term!", BIS Working Paper, No. 380.

[33] Fisher, I. (1933), "the Debt-deflation theory of great depressions", Econometrica 1 (4): 337-357.

[34] Flood, R. & P. Garber (1984), "Collapsing exchange rate regimes: some linear examples", Journal of International Economics, 17: 1-13.

[35] Frecaut, O. (2004), "Indonesia's banking crisis: a new perspective on $50 billion of losses", Bulletin of Indonesian Economic Studies, 40 (1): 37-57.

[36] Frecaut, O. (2016), "A national wealth approach to banking crises and financial stability", IMF Working Paper, No. 16/128.

[37] Frecaut, O. (2017), "Systemic banking crises: completing the enhanced policy responses", Working Paper.

[38] Glasserman, P. & H. P. Young (2015), "Contagion in financial networks", OFR Working Paper, Octorber.

[39] Goldsmith, R. W. (1982), The National Balance Sheet of the United States, 1953-1980, The University of Chicago Press.

[40] Goldsmith, R. W. & R. E. Lipsey (1963), Studies in the National Balance Sheet of the United States, Princeton University Press.

[41] Godley, W. & M. Lavoie (2007), Monetary Economics: an Integrated Approach to Credit, Money, Income, Production and Wealth, Palgrave Macmillan.

[42] Goodhart C. A. E. et al (2006), "A model to analyse financial fragility", Economic Theory, 27: 107-142.

[43] Goodhart, CA. E. & D. Tsomocos (2007), "Analysis of financial stability". LSE Financial Markets Group Paper Series No. 173.

[44] Holder, A. (1998), "Developing the public-sector balance sheet", Economic Trends, 540: 31-40.

[45] IMF (2007a), "World economic outlook: spillovers and cycles in the global economy", April.

[46] IMF (2007b), "The system of macroeconomics accounts statistics: an overview", Pamphlet Series No. 56.

[47] IMF (2008), "World economic outlook: housing and business cycle", April.

[48] IMF (2014), "Monetary Policy in the New Normal", IMF Staff Discussion Note.

[49] Krugman, P. (1979), "A model of balance of payments crises", Journal of Money, Credit and Banking, 11: 311-325.

[50] Li, Y. & X. Zhang (2013), "China's sovereign balance sheet and implications for financial stability", in: S. D. Udaibir et al (eds), China's Road to Greater Financial Stability: Some Policy Perspectives, IMF Press.

[51] Mathisen, J. & A. Pellechio (2006), "Using the balance sheet approach in surveillance: framework, data sources, and data availability", IMF Working Paper, WP/06/100.

[52] Minsky, H. P. (1986), Stabilizing an Unstable Economy, McGraw-Hill.

[53] Naughton, B. (2017) "Is China socialist?", Journal of Economic Perspectives, 31 (1): 3-24.

[54] Ng, A. (2000), "Volatility spillover effects from Japan and the US to the Pacific-Basin", Journal of International Money and Finance, 19: 207-233.

[55] Piketty, T. et al (2017), "Capital accumulation, private property and rising inequality in china, 1978-2015", NBER Working Paper, No. 23368.

[56] Revell, J. (1966), "The national balance sheet of the united Kingdom", Review of Income and Wealth, 12 (4): 281-310.

[57] Ricardo, D. (1951), Collected Works and Correspondence, Vol. 1, Cambridge University Press.

[58] Sun, T. & X. Zhang (2009), "Spillovers of the US subprime financial turmoil to mainland China and Hong Kong SAR: evidence from stock markets", IMF Working Paper, No. WP/09/166.

[59] Thornton, H. (1802), An Enquiry into the Nature and Effects of the Paper Credit of Great Britain, https://fraser.stlouisfed.org/scribd/?title_id=5329&filepath=/files/docs/meltzer/thornton1807.pdf

[60] Wang, Y. & L. Liu (2016), "Spillover effect in Asian financial markets: a VAR-structural GARCH analysis", China Finance Review International, 6 (2): 150-176.

[61] Winkler, B. et al (2013), A Flow-of-Funds Perspective on the Financial Crisis, Palgrave Macmillan.

第二篇

政　策　篇

新经济与旧体制

——五大新经济领域与传统体制机制冲突明显

阮　萌①

一、新经济及其特征

（一）“新经济”的提出

“新经济”最早出现于1996年12月30日美国《商业周刊》发表的一组文章中，随后知识经济、数字化经济、分享经济等与新经济相关的新名词相继出现。许多国家和地区也关注到了“新经济”，开始培育和发展与之相匹配的“新经济”。

党和国家领导人充分认识发展新经济的重要意义和巨大潜力。习近平总书记在2014年国际工程科技大会上明确表示，世界正在进入以信息产业为主导的新经济发展时期。习近平总书记在2015年12月的中央经济工作会议指出，新一轮科技革命和产业变革正在创造历史性机遇，催生智能制造、“互联网+”、分享经济等新科技、新经济、新业态，蕴含巨大商机。2016年3月，“新经济”首次写入政府工作报告。

我国通过大力发展新经济，完全有能力、有机遇实现弯道超车。近年来，我国许多省市在加快培育和发展新经济，一批新技术、新产品、新业态、新模式快速涌现，表现出良好的发展势头。到2016年中国已连续6年居世界发

---

① 阮　萌：中国（深圳）综合开发研究院公共经济研究所所长。

明专利授权首位，十年平均增速 21.4%；美国白宫发布的人工智能发展报告中，SCI 收录的中国相关论文增长约 6 倍，过去十年近 2 万篇顶级人工智能文章中，华人作者占比不断上升。我们跟美国一样，是全球无人机专利最多的国家。2017 年 8 月公布的全球 197 家“独角兽企业”（估值超过十亿美元的初创公司）中，中国以 23%的比例紧随美国（54%）之后，超过其后印度（4%）、英国（4%）、德国（2%）与韩国（2%）之和。

（二）“新经济”的内涵

新经济是以科技创新为核心的全面创新为引领和支撑，以体制机制改革和制度创新为根本保障，以新技术、新产品、新模式、新业态、新产业等为主要内容，代表时代先进生产力的一种新的经济结构和经济形态。加快发展新经济关键是深入贯彻创新驱动战略，增强科技创新供给，科技创新是新经济发展的生命力。发展新经济是推进供给侧结构改革一个重要内容，在去产能、去杠杆、去库存、降成本、补短板等方面都能发挥非常重要的作用。发展新经济有利于培育新动能，新技术、新产业、新业态将成为新旧发展动能接续转换的核心动力，新经济的发展壮大将为经济的调整提供时间和空间。发展新经济有利于创造新的供给和新的消费，助推消费结构升级，满足消费者日益变化的新需求，提升经济的内生性增长动力，进而突破“三期叠加”对中国经济发展的制约，顺利跨越“中等收入陷阱”。

理解“新经济”要有辩证地思维，用发展的眼光、历史的眼光看待。需要从时间、空间多维度，从要素、制度等多角度去剖析。首先是从经济的基本定义出发看新经济：经济是价值的创造、转化与实现；人类经济活动就是创造、转化、实现价值，满足人类物质文化或精神文化生活需要的活动。当前，随着新一轮技术变革，我们的生产、流通、交换、消费等环节的模式也正在发生改变，价值的创造、转化、实现方式方法也在发生变革，新的经济形态也随之产生。其次是从大时代背景下看新经济：与原有的经济形态相比，几次工业革命与当前产业革命的技术基础不同。18 世纪出现了蒸汽机等重大发明，成就了第一次工业革命，开启了人类社会现代化历程。19 世纪科学技术突飞猛进，催生了由机械化转向电气化的第二次工业革命。而当前，在这一轮科技变革和产业革命的阶段中，知识、数据、技术、管理等生产要素发挥更大作用和更加活跃，以数字经济、分享经济、生命经济、绿色经济、智造经济、创意经济为主要代表的新经济正在蓬勃兴起。最后是从我国阶段特征看新经济：当前我国科技创新正从跟随式向引领式跃升，领跑与并跑共存，建设世界科技强国和实施创新驱动发展战略的号角已经吹响，巨大需求端优势正在改变互联网时代研发模式变革，互联网、生命健康、高端制造等领域的发展实力在全球处于前列，是发展新经济的重要领域。

（三）“新经济”的特征

新经济主要有三个主要特征：

一是代表先进方向，变革速度前所未有。当前，信息技术、生物技术、制造技术、新材料技术等领域革命是新经济发展的根本动力，催生的信息经济、生命经济、绿色经济、智能经济、创意经济等新经济业态是当今世界科技和产业的发展方向。

二是涉及面广而深，跨界融合广泛深入。新经济涉及一、二、三产业，涵盖新技术、新模式、新管理等方方面面。

三是动态迭代升级，时空差异不断扩大。随着科技变革而不断演进，新经济的内容、形态、模式也在不断裂变，不同地区不同阶段的内容和表现是不同的。一方面要认清本轮科技革命和产业变革的信息化、智慧化、绿色化、融合化的核心方向；另一方面应当看到随着信息网络的深度应用，资源的空间流动汇集和虚拟集合利用达到空前水平，区域网络链接同时区域分化也很显著。

二、新经济与旧体制的冲突

不容忽视的是，在新经济的导入期，新、旧经济形态加剧摩擦，面对新技术、新产品、新模式、新业态、新产业，传统的体制机制越发显得落后、僵化、不宽容，存在既得利益集团借体制“篱笆墙”展开利益博弈、制度缺失和监管手段新人穿旧衣、政府部门管理碎片化、有限资源分散化等问题，不利于各种要素的自由流动和高效配置，不利于新经济的发育与成长。我们从生命健康、分享经济、互联网金融、跨境电商、新能源等新经济领域出发，分析处于导入期的新产业、新业态、新产品、新模式面临的传统体制机制的掣肘。

（一）生命健康领域

我国在基因、细胞治疗等领域取得了不菲的成绩。基因测序被福布斯列为中国领先世界的8大创新行业，位于深圳市的国家基因库已正式投入运营，可访问数据量和数据存储能力均达到中国第一，并名列全球前列。在细胞治疗领域，我国在细胞重编程、干细胞技术、特色动物资源等领域形成了良好的基础，论文与专利在国际上排名大幅提升，干细胞产业已经初步形成了较为完整的产业链。但是，生命健康新兴领域与原有体制机制的冲突也日益凸显。

一是管理碎片化问题。生命健康新兴领域研发成果转化具有多学科交叉、协同发展特点，产业链较长，涉及多个部门，但没有从成果转化全过程和紧迫性出发形成管理协调机制，存在管理碎片化。例如，细胞治疗技术虽列入国家精准医疗计划等国家战略，但监管机构只允许成果持续试验研究，临床应用未有时间表和路线图，使领先成果在有限转化周期不能形成现实生产力。

二是监管滞后问题。在基因测序、细胞治疗等新兴领域，全球都缺乏法规研究，缺少成熟的监管和运营经验，发达国家和地区正积极制定支持新技术、新应用的技术标准和规范，而我国管理部门监管滞后，只是套用原有的技术检验和评判标准，使新技术、新模式得不到科学合理的评价。2017年10月印发了《关于深化审评审批制度改革鼓励药品医疗器械创新的意见》，但指导我国新药研发企业申报的具体细则还在细化酝酿，美国FDA再次以突破性疗法和加快审批的二条快速通道放行批复了第2个基因修饰的个体化细胞治疗产品。

三是监管缺失问题。生命健康新技术、新业态层出不穷，技术规范和行业标准规范制定相对滞后，形成监管缺失和空白，尤其在生命信息大数据领域，出现资质缺失、质量失控等乱象，不能保证数据存储、传输、使用、分析的安全性和规范性。

四是创新资源分散问题。由于部门职能分割，国家重大科技项目“分散式”“平均性”和“区域照顾性”的制度安排，造成“举国体制不举国”，人才等生命健康新兴领域稀少资源分散，前沿重大基础设施缺位，没有形成合力，部分“并行、领跑”优势领域未能转化为产业能力，引领地位逐步丧失。

（二）分享经济领域

分享经济是全民参与的商业模式，渗透许多领域和细分市场，包括分享出行、分享空间、分享资金价值、分享知识/教育、分享饮食、分享医疗/健康、分享物品、分享公共资源、分享技能/服务等领域。我国的分享经济 2011 年前后开始活跃，2014 年呈现井喷式增长，未来分享经济在中国对经济的整体拉动作用还存在较大发展空间，有望成为我国经济增长的新动力。由于分享经济内容快速增长，监管对象变得无限庞杂和虚拟，需要调整监管方式和调整原有的治理模式。目前分享经济领域冲突主要表现在：

一是地方政府有抵触情绪。尽管中央大力推进分享经济发展，但受制传统经济的抵触，地方对发展分享经济的较谨慎。优步试图将全球结算中心落户某市，地方考虑到以出租车为代表的利益冲突等问题，拒绝与企业接触。

二是新政策探索改革力度小，甚至背离分享经济要义。中央政府对分享汽车是包容和支持的，但各城市实施落实还是出现了提高门槛变相管控、前置审核、将短时兼职定性为长期劳动协议等违背分享经济发展要义的老旧监管手段和思维。

三是私人物品市场准入与现有体制矛盾突出。分享经济的参与者主要是将资金剩余或者暂时不用的物品、时间和技能，通过服务方式收取租金有偿让渡或提供服务给别人分享，涉及私人物品用于经营。然而，对于如房产、技能，以及闲置物品的分享，涉及要求平台建立登记审查等制度、进行经营许可证等。此外，涉及消防、安全、卫生，以及经营执照等经营许可问题。

四是监管机制不适应，“一刀切”、旧法规生搬硬套客观存在。生产范式向服务范式的转变、服务供给者与享用者的身份融合是分享经济的重要特征，对传统监管模式形成巨大冲击。针对机构经营者的现行税收制度和监管制度，对自然人这一共享经济的大多数参与主体的约束很少或无约束。同时，分享经济的作为新型的经济活动应用现有法律和规范时存在模糊边界，相关的保险、政策没有涉及分享经济的内容。例如，公安的身份证、银行卡、车辆及车主信息、法院的犯罪记录信息等属于个人隐私，能否开发给平台公司还没有做相关法规依据，政策法律法规缺失都会影响分享经济的发展速度。

五是监管机制僵化，多部门协同监管机制不健全。在实际监管方面存在多部门协调难度大，缺乏常态化的监管机制。分享经济具体的运营中涉及服务提供者、平台企业等的资质、服务质量、安全等，但目前现有的政策框架内，平台企业运营的属于电信增值服务，由经济主管部门负责；具体的运营又涉及工商、交通、旅游主管、质量监管等多个部门。

六是容易陷入泛安全化误区，倒逼政府过度监管。分享经济内容之外的问题，如社会治安、食品安全、交通拥堵等社会性问题，不是平台企业或者服务提供者所能确认的，而更多的是整个社会性问题，或其他产业链条环节的监管问题。在缺乏合理的监管机制、管理架构下，往往会过度解读，夸大问题，乃至妖魔化，硬性帽子，倒逼政府采取非理性的措施。

（三）互联网金融领域

2013 年，以互联网支付和 P2P 网络借贷平台为代表的互联网金融快速发展，银行、券商、保险也以互联网为依托对业务模式进行重组改造，互联网金融的发展进入了新的阶段。我国互联网金融的市场规模庞大，互联网金融用户人数为世界第一，P2P 网贷交易额为世界第一，互联网第三方支付交易额全球领先；阿里的余额宝在短短两年内一跃成为全球第二大货币市场基金和全球最大的互联网投资理财产品。我国互联网金融在迅速发展同时，相应的机制和制度尚未建立健全，也存在诸多问题。

一是法律性质不清晰。互联网技术运用金融业并没有改变金融的本质——以信用为基础的资金融通。目前，我国互联网金融平台的法律定位、经营行为、经营范围仍存在争议，国家层面出台的一些政策将互联网金融平台定性为“信息中介”“技术平台”，导致互联网金融平台可以开展与传统金融机构同样业务，却不用承担传统金融机构信用责任成本（如商业银行资本充足率管理、存款保险制度等），形成政策套利空间，也埋下风险隐患。

二是监管体系不兼容。我国金融监管体系以“分业监管”和“机构监管”为主，决定业态丰富、机构众多的互联网金融难以纳入现有监管体系之中，宏观层面的风险缓释和化解机制也难以有效建立。在监管规则和监管主体缺位的情况下，各种具有“草根”性质的创新带来信用风险和流动性风险等隐患，严重影响金融市场秩序和社会稳定。

三是信用体系不健全。互联网金融终究是信息技术与金融创新的“化学反应”，而依托大数据技术的互联网征信体系则发挥重要“催化酶”作用。受限于我国征信法律法规不健全、央行对商业征信牌照严格管理、商业征信机构不能接入官方征信系统等多重制约，我国大数据征信发展仍然十分缓慢，互联网金融的“科技”成色明显不足，这也导致了我国互联网金融“大而不强”“大而不优”，推进我国金融业改革创新的作用发挥不足。

（四）跨境电子商务领域

随着经济全球化、信息全球化、物流全球化的发展趋势，世界经济从传统贸易方式开始向以网络化、数字化为基础的电子商务方向转变。跨境电子商务经过近年的蓬勃发展呈现出旺盛的生命力，成为推动我国外贸增长和产业结构调整的重要力量，预计 2020 年，跨境电商市场交易规模将达 12 万亿元。但现有的监管体系和通关水平等仍落后于跨境电子商务发展的迫切需要，按照一般贸易流程设计的监管模式已难以适应跨境电商多品种、小批次、频繁交易的新特征，产生了通关、退税、结汇等新难题。

一是跨境电子商务对传统贸易的海关监管方式形成了挑战。跨境电子商务具有贸易碎片化的特点，数量大且相对零散、商品批次多且价值小，增加了进出口海关申报的复杂度，导致通关管理部门工作量激增，海关监管较困难，基于传统贸易的海关监管方式已经不能适合跨境电商的监管。同时，当前口岸单一窗口体制机制建设尚不完善，口岸现场的监管部门多，管理分散，跨境电子商务的物流通关效率较低。

二是跨境电子商务与现行检验检疫工作方式冲突显现。《跨境电子商务零售进口商品清单》中规定，网购保税商品“一线”进区时，需按货物验核通关单，并对化妆品、婴幼儿配方奶粉、保健食品等商品提出了首次进口许可批件、注册或备案要求。跨境电商的供应链组织模式多为海外“扫货”，即采购团队或买手在海外商超、卖场等大量购买商品，列入《检验检疫法检目录》的代购商品只能拿到销售发票，无法取得原产地证书和检验检疫证书等材料，代购的化妆品、保健品也无法在食药监总局注册备案，达不到一般贸易方式下检验检疫的法规要求。

三是结汇、税收政策不配套。跨境电子商务结汇方面仍存在许多不规范和不便利之处，并受结汇额度限制，据业内人士估计跨境电子商务企业规范结汇的资金不超过70%。同时，因现有税务政策、流程等与跨境电子商务零售模式的特点暂不匹配，跨境电子商务按传统税务方式操作遭遇“瓶颈”，企业行为也无法规范。有关跨境电商的进口关税的征缴，实际操作中还将面临着跨境电商进口企业以化整为零，以货运分拆方式进口，把每件商品的价格控制在行邮税免缴税的额度之内，从而规避缴税。

四是跨境电商发展政策存在与现有法律法规冲突或不一致情况。目前，有关跨境电商的政策及法规都是各部委制定，以部门通知、部门规范的形式发布，法律位阶较低，存在内容不一致以及与现有法律相矛盾的现象。

五是对进口跨境电子商务海关监管的试点，在实际操作中会出现主体不明问题。海关总署2014年第56号《关于跨境贸易电子商务进出境货物、物品有关监管事宜的公告》中明确了海关对进口跨境电子商务的监管思路即“三单对接”：电子商务企业或个人、支付企业、物流企业应在电子商务进出境货物、物品申报前，分别向海关提交订单、支付、物流等信息。在当前试点的进口跨境电商零售模式下，申报主体应该是订购人，并不一定是支付人或收件人。在实际操作中，电商平台代替个人向通关服务平台发起报关数据（订单）推送。若出现报关数据和实际物品不一致的情况，因为申报主体没有在海关的监管范围内，而找不到报关责任主体。

（五）新能源领域

当前，我国在新能源不断上马，同时弃风弃光矛盾突出，在没有补贴和补贴不及时到位情形下，“全额”收购新能源电量对电网企业来说困难重重。

一是新能源补贴加剧了新旧能源的博弈。政府为新能源发电提供的定向补贴表面上解决了发电企业的盈利问题，但电网企业的上网标杆电价由发改委决定，其中，包含了对新能源发电的度电补贴。新能源的补贴过高，意味电网企业收购电量的成本增加，如果销售电价不变，二者之间的差额必然减小，从而造成企业盈利减少甚至亏损，一定程度上成为变相强迫电网企业为新能源的高成本和高风险埋单。电网企业在没有外界激励的情况下，为保障企业自身盈利，必须优先保证成本低廉的火电上网率。同时，现行补贴方式容易抑制新能源企业创新的动力，长期导致企业丧失市场竞争力，从而遏制我国新能源产业的发展。

二是电站建设与电网建设的规划、核准及建设不同步。按照国家提出“合理布局、就近接入、当地消纳、有序推进”的总体要求，我国新能源建设与消纳的基础设施——电网建设的规划、核准及建设不同步，使电力输送通道在建设进度、输送容量、输送对象上都难以满足新能源电力发展需求。

三是电网企业经营和输电的特权挤压新能源消纳空间。目前，我国电网企业既拥有独家买卖电的特权，又通过下属的电力调度机构行使直接组织和协调电力系统运行，拥有电网所有权和经营、输电权，具有垄断性，不利于市场主体自由公平交易。国内新能源发电企业普遍成本高于传统能源，且受环境和季节因素影响较大。电网企业收购激励不足，为保障企业自身盈利，电网利用“计划”方式特权，会自发转向低成本、低风险、高收益的传统能源，挤压新能源消纳空间。

四是地方政府利益保护阻力大。目前，我国的电力运行管理和改革总体是以省为实体进行管理，同时跨省跨区输送电计划未纳入国家能源战略制定中。此外，各地对接纳新新能源积极性不足，部分地方政府为保持当地经济和税收，往往选择弃光弃风来保持火电占比，从而保证地方经济数字的稳定。火电企业同时还牵扯相关行业的税收和就业，为保持社会稳定问题，地方政府对大量收购新能源电力仍采取保守态度。

三、对策建议

由此可见，只有深化改革、打造新的制度环境，新经济才能快速发展，新动能才能成长壮大，经济转型和产业升级才能取得突破性进展。从近期来看，以下四个方面的制度建设需要高度重视。

（一）从消费者利益最大化出发，处理“新、旧经济”的利益冲突

新经济的快速发展，新技术、新产品、新业态、新模式的快速扩张，将冲击原有的产业、商业逻辑和经济秩序，打破垄断分割，引发社会财富和利益的重新分配，会不可避免地遇到来自既得利益者的质疑和阻挠。在分享住宿、分享用车等多个领域，涉及私人产品用于经营分享经济领域，存在对宾馆酒店、交通出租车市场的冲击。互联网金融的发展既拓展了金融服务的边界，改变了金融生态，也给传统金融业带来巨大的转型压力。电子商务也冲击了一大片传统商业。新能源发电也与火电和水电企业、电网及地方政府存在利益冲突。

为此，推进新经济发展需要着力解决与既得利益者的冲突问题，建议从以下两个方面出发：

一是在消费者利益最大化的前提下，解决各方利益问题。从消费者利益出发，推动新技术、新产品、新模式的应用扩张，加快发展新产业、新业态，与此同时，适当考虑新经济对原有利益主体的影响，平衡新旧经济主体的利益。例如，在分享经济领域，可以借鉴美国联邦贸易委员会的经验，以一种不会妨碍创新和竞争却能保护消费者的方式来监管分享服务平台，使消费者从传统商业模式与新兴商业模式的竞争中受益，而不是如目前网约车新政一般，背离分享经济要义，将对网约车的监管回归传统出租车管理范畴。再如，正视环境污染和资源短缺等问题，通过调整补贴模式、推进配额制和绿色证书交易机制、深化电价改革、加快配售市场化等措施，加快推进新能源取代常规能源发电的进程。

二是建议建立新经济进入市场的评估体系。在出台新经济发展政策时，提前做好冲突的解决预案的推演，对新经济发展予以技术评估，保护消费者的利益，减少对原有利益主体的冲击。在新能源发电领域，借鉴德国经验，建立相应的新能源并网（集中并网或分布式并网）评估体系，在新能源电站的详细设计方案完成后，对新能源并网的影响予以技术评估或认证，确保分

布式新能源并网后电网的可靠稳定运行。

（二）从有利于新经济加快发展出发，完善新经济监管体系

新经济快速发展对监管提出了新的要求，但我国新经济监管制度创新远远滞后，大部分新经济领域采用原有的监管制度，出现模糊地带、监管漏洞，制约着新经济的发展。与此同时，在大部分新经济领域，技术标准、行业标准及相关的监管制度缺失，监管部门往往只是套用原有的技术检验和评判标准，使新技术、新模式得不到科学合理的评价，新技术应用“一放就乱，一收就死”。例如，2016 年的“魏则西事件”后，国家卫生计生委随之紧急叫停细胞免疫治疗临床应用，从中也可以看到我国在生命科学开始进入并行、领跑阶段的重要领域方向，没有建立合理的监管机制、管理条例、标准及管理架构。又如，互联网金融频频出现乱象，反映出我国对互联网金融的监管缺位、现有监管政策和监管手段不切合实际，更反映出金融监管机构没有深入把握互联网金融的本质属性和发展规律，监管机构将 P2P 业务定性为“个人借贷”，将 P2P 平台定性为“信息中介”“技术平台”，将 P2P 平台监管责任主体指定为金融监管经验和人才储备不丰富的地方政府，其实是否定互联网金融的金融属性、推卸互联网金融风险防范责任。跨境电商在海关监管和通关方式、检验检疫、税收和结汇支付等方面已具备基本的可操作规范，但按照一般贸易流程设计的监管模式已难以适应跨境电商多品种、小批次、频繁交易的新特征，产生了通关、退税、结汇等新难题。

实现动力转换和生产方式转变，关键是创新制度供给，推进体制机制深刻变革。当前全球科技革命和产业变革加速演进，新技术、新产品、新业态、新模式快速更迭，新经济发展机遇稍纵即逝，亟须顶层设计和基层实践相结合，建立适应新经济创新发展的长效监管机制。

一是根据新经济发展的需要，构建有效的新经济监管体系。对生命健康领域的创新，建议借鉴国际先进经验，采用 CLIA 监管模式、开辟医药创新特殊通道以及对细胞治疗的相关监管模式，探索建立引领型的模式，同时，加强上市再评价的功能，对新技术、新产品进行持续动态的监管，通过科学的办法将安全风险降到最低。由国家主导，全面梳理生命健康新领域的产业链，

在生命健康数据收集、数据库建立、质量控制、数据解读、疗效评价标准、健康数据安全等监管缺失环节，制定相应的技术门槛和行业标准。在互联网金融领域，借鉴欧美金融市场发达国家对互联网金融的监管普遍采用了类似公募金融的“强监管”模式，参照公募金融建立互联网金融“强监管”原则，在互联网金融平台的设立上要有一定准入门槛，对互联网金融平台要有相应的资本金、现金流、杠杆率、高管资格等运营要求，更加强化信息披露的透明性、准确性标准等。同时，基于互联网金融的跨界特征构建“混业监管”模式；基于互联网金融的创新特征发挥“自律监管”作用。

二是建立新经济产业发展的先行先试示范区。发达国家在发展新经济时，也采取先行先试的方法。例如，英国央行金融科技“监管沙盒”项目，在确保消费者权益的前提下，简化互联网机构和产品市场准入标准和流程，允许金融科技创新企业或业务的快速落地运营，并根据其在“监管沙盒”内的测试情况做出“否决”或“推广”判断，鼓励互联网金融商业模式和工具的创新。在分享经济领域，美国、英国、韩国等分享经济发展规模较大的国家都在探索建立“分享城市”，从地区层面统筹分享经济资源，实现创新资源的最优配置。为此，借鉴国内外先进经验，探索在有条件的区域，探索建立新技术新产品应用示范特区。搭建现实应用模拟场景，重点推动生命健康、无人汽车、无人机、互联网金融、分享经济、跨境电商和新能源等创新产品和服务试验发展和推广应用，在新经济市场准入、行业监管等方面综合授权、先行试点，率先建立更加弹性包容的监管制度，形成符合新经济发展的制度框架、体制机制以及多部门合作体制。国家相关部门在此基础上，加强事中事后监管，及时总结经验，全国复制推广。

（三）针对政府部门管理碎片化的问题，构建多部门协调管理机制

当前我国尚未建立起支持新经济发展的部门协调管理机制，支持“成果对接产业”的机制体制不畅，与科研成果转化为产业相关的各个部门缺乏协调，导致多头管理，企业无所适从，新技术转化为新产品、新服务处处受阻。在生命健康领域，我国基因测序、细胞治疗领域列入国家精准医疗计划和“十三五”生物产业规划的发展重点，但监管机构只允许研究成果持续进行试验研究，而临床应用迟迟未有时间表和路线图，最终致使领先成果在有限的转化周期不能形成现实生产力，研发投入也付之东流。分享经济涉及的平台企业运营的属于电信增值服务，由经济主管部门负责，而具体的运营又涉及工商、交通、旅游主管、质量监管等多个部门，存在多部门协调难度大、缺乏常态化的监管机制等问题。

为此，建议破除创新孤岛，推动关键职能部门建立服务于“国家战略”的协调管理机制。在生命健康领域，美、日、韩均不遗余力地实施国家战略，推出一系列政策创新，鼓励研究成果快速转化，如美国将创新药率先在国内上市的数量作为药监部门绩效考核指标，推出新产品“优先审评”“突破性治疗”“加快审评”和“快速通道”等多项审批制度改革举措。为此，我国应大力推进生命健康领域的“政策创新”，将加快新药审评、促进创新发展作为一项重要使命，构建适应生命健康产业发展需要的监管体系，抢占生命健康产业的制高点。又如，为激发分享经济的活力，促进市场竞争，借鉴各国在建立行业协会、完善保险体系、重塑信用机制等方面的经验，进一步完善监管体系，建立合作监管机制，推行“政府监管平台，行业协会规范平台，平台内部约束”的监管模式。

（四）聚焦“集中力量办大事”，建立推进新经济发展的部门协同机制

大部分新经济领域，从科学发现、技术发明、产业发展的全链条没有统一协调管理部门，缺乏以培育战略产业为目标的全局观和协同观，有限的资源不能有效集聚。在生命健康领域，科技研究研究、成果产业化、成果应用推广分别属于科技部、发改委、卫计委和食药总局，各部门协调不足，无法形成合力，资金、人才等资源分散，迟迟未能产生领先的技术和产品，更没有形成有规模的新兴产业。目前有关跨境电商的相关政策都是各部委各自制定，以部门通知、部门规范的形式发布，法律位阶较低，存在内容互相冲突或不一致的情况，以及与现有法律相矛盾的现象。

为此，建议参照美国的经验，以“大科学”思维周密组织重要科技领域的科技攻坚，统一规划，明确目标，在国家层面统一发展蓝图、行动计划与资金出口，从体制机制上动员公私部门合力参与，有效组织各类创新资源，形成“官产学研用媒”结合、上中下游衔接的全产业链创新协同格局。

一是在中央财经领导小组的架构下，设立涵盖“政、产、学、研、用、媒”的创新专业委员会。以集中力量办大事的新机制，形成国家共识，对关键核心领域按国家意图进行蓝图规划，围绕关键领域“三发联动”的“创新链+产业链”进行梯次接续的系统布局。

二是以大科学项目形式组织实施，在关键领域，集中资金、集中人才、集中资源、集中攻关。改变我国目前在国家重大科研项目上的人、财、物等的“分散式”“平均性”、甚至还有“区域照顾性”的制度安排。围绕面向经济发展主战场，形成“三发联动”新机制，打通从科技强到产业强、经济强、国家强的通道。

三是破除创新孤岛，推动关键职能部门建立服务于“国家战略”的协同创新机制。并围绕促进创新成果向经济价值转化进行政策创新，促进不同创新主体形成战略产业链，建立产业新生态，互为上下游，将科技成果转化为推动经济发展的新动能，催化强劲持续的科技创新“引爆效应”，构造孵化若干战略产业经济生态圈。

大力发展新经济与政府监管创新的思考

张占斌①

习近平总书记在党的十九大报告中指出："我国经济已由高速增长阶段转向高质量发展阶段，正处在转变发展方式、优化经济结构、转换增长动力的攻关期，建设现代化经济体系是跨越关口的迫切要求和我国发展的战略目标。"这是我们党对新时代经济工作的新定位、新要求，充分体现了以习近平同志为核心的党中央以新发展理念为指导、推进经济改革的坚定决心和历史担当。我们要深刻领会其精神实质，准确把握在新的历史条件下经济改革的方向和基本要求。加快建设现代化经济体系，必须坚持质量第一、效益优先，以供给侧结构性改革为主线，推动经济发展质量变革、效率变革、动力变革，提高全要素生产率，为不断增强我国经济创新力和竞争力、实现"两个一百年"奋斗目标构筑坚实基础。大力发展新经济，是贯彻新发展理念，建设现代化经济体系的的应有之义、必要一环，也成为经济质量由低向高发展的重要抓手。

一、加快发展新经济具有现实紧迫性和长远重要性

近年来，人们对新经济多有讨论。总的来看，大体可以认为新经济，是指经济全球化背景下的信息技术革命及其带动的以高新科技产业为龙头的经济，体现为新技术、新产业、新要素、新能源、新材料、新业态、新服务、新模式等的相互关联与作用，具有广阔成长空间，是经济增长的新动力。

---

① 张占斌：国家行政学院经济学部主任、教授、博士生导师。

（一）加快发展新经济是中国经济进入新常态后的现实需要

改革开放以来的近40年，我国经济保持了近10%的高速增长。这一举世瞩目的历史性成就的取得依托于诸多条件。在这一时期，我国经济发展水平总体较低，底子薄、基数小、增长空间大，人类社会已经创造出的大量技术和经验可以引进借鉴；我国拥有世界上数量最多的人口，意味着需求规模和潜力大，劳动力数量多、成本低；土地和其他自然资源成本偏低，生态环境约束较松；更重要的是，我国社会政治稳定，建立并逐步完善社会主义市场经济体制，发展开放型经济，有效利用国际国内两个市场两种资源。以上这些条件的相互配合和共同作用，促成了人类历史上未曾有过的人口大国经济长时期高速增长的奇迹，同时也使这种增长不可避免地带有数量规模快速扩张的特征并伴随着一些不平衡、不协调、不可持续的矛盾和问题。

2008年，面对国际金融危机的冲击，我们采取了稳增长的刺激政策，增长速度在全球范围内率先回升，并于2011年第一季度到达高点，此后增长速度逐步放缓。自党的十八大以来，面对新情况、新问题，党中央做出了我国经济发展进入新常态的重大判断。从支撑我国经济增长的因素和条件来看，已经或正在经历着不少重要变化，包括我国15~59岁劳动力人数从2012年开始下降，农民工进城数量减少，工资水平相应上升，劳动力低成本的优势正在减弱；房地产等终端需求和钢铁、煤炭等重要工业品相继出现历史需求峰值，增长速度明显减缓，产能过剩和产品库存过多等问题突出；土地等资源价格上升，部分城市房价高企，生态环境压力加大，有些方面接近甚至超过承受底线；随着我国要素成本上升、出口基数增大及国际市场环境变化，以往出口高速增长难以为继，必须更多依靠内需；金融与实体经济之间、房地产与其他领域之间、实体经济内部出现严重不平衡，部分领域杠杆率过高，金融风险增加，经济增长效率呈现下降态势。伴随着这些变化，我国经济结构出现重大转变，经济增长转向更多地依靠消费、服务业和国内需求，更多地依靠劳动者素质提高、技术进步和全要素生产率改进。相应地，经济发展阶段开始转换，由过去的高速增长阶段转向高质量发展阶段。为保持我国经济健康转型升级，就必须对冲下行压力，加快发展新经济，从过去的要素驱动、投资驱动转向创新驱动，将培育壮大新动能和提升改造传统动能结合起来，共同驱动我国经济增长。

（二）加快发展新经济是应对国际经济关系新变化的重大举措

世界经济格局深度调整，新兴市场和发展中国家群体性崛起，国际力量“东升西降”“南升北降”态势更加明显。2016 年，新兴市场和发展中国家对世界经济增长的贡献率达 80%，占全球经济的比重达 38.8%，较 2007 年提高 10.5 个百分点；金砖五国占全球经济的比重达 22.4%，提高 8.8 个百分点。过去 5 年，中国对世界经济增长的贡献率保持在 30%以上，在全球经济治理体系中的制度性话语权显著提升，这有利于维护我国的发展利益。与此同时，随着我国日益走近世界舞台中央，但是，世界经济不稳定、不确定因素依然很多。为应对冲击，各国都加大了结构性改革步伐，各种形式的贸易保护主义有所抬头。与此同时，我国经济在 2015 年已首次突破了 10 万亿美元大关，2017 年将突破 80 万亿美元，面对如此体量的经济体，需要统筹国际国内两个市场资源。发展新经济，有助于提振内需，扩大外需，推动经济升级换代，以应对复杂国际局势的变动。

（三）加快发展新经济是更高水平参与第三次工业革命竞争的时代要求

目前，人类社会正站在第三次工业革命门槛上。与第一次、第二次工业革命相比，我国面临的机遇条件更加充分。发达国家是我国主要经贸伙伴，去年美国、欧盟、日本占我国外贸总额的 36.4%。再加上经香港等地的转口贸易，比重更高。巩固与发达国家的经贸合作，可以稳定我国开放型经济的基本盘。同时，我国与广大发展中国家的经贸联系也日益密切。2014—2016 年，我国对“一带一路”沿线国家进出口额达 3.1 万亿美元，占同期外贸总额的 1/4 以上；对沿线国家直接投资近 500 亿美元，占同期对外直接投资总额的 1/10 左右。就互联网而言，目前我国已是世界上互联网应用最好的国家之一。中国网民已达 7.51 亿人，比整个欧盟人口还要多。在全球互联网公司市值 10 强中，中国独占 3 席。“互联网+”已经渗透到生产生活的方方面面。由于历史原因，我们错过了第一次、第二次工业革命，绝对不能再错过第三次工业革命。

（四）加快发展新经济是全面建设社会主义现代化国家的重要支撑

现代化是由传统社会向现代社会全方位转变的过程，既包括经济、政治、文化、社会、生态等领域的一系列变迁，也包括地区之间、城乡之间、社会各阶层之间利益格局的深刻变化，既充满着机遇，也充满了新的矛盾和挑战。先发国家的现代化基本上是一个自发的过程，往往在经济社会出现严重问题之后，才采取一些矫正或补救措施，在取得巨大成就的同时，也付出了巨大、惨痛的代价。国际经验表明，只有在准确把握现代化规律的基础上，通过制定和实施系统、协调的战略，妥善处理各种社会矛盾和利益关系，很好地驾驭现代化，现代化过程才能比较平稳，才能少付些代价。

改革开放后，党中央在 20 世纪 80 年代，在清醒认识基本国情和深刻分析国内外形势变化的基础上，提出了“三步走”的战略目标，即第一步，从 1981 年到 1990 年，国民生产总值翻一番，解决人民的温饱问题；第二步，从 1991 年到 20 世纪末，国民生产总值再翻一番，人民生活达到小康水平；第三步，到 21 世纪中叶，人均国民生产总值达到中等发达国家水平，人民生活比较富裕，基本实现现代化，然后在这个基础上继续前进。之后，党中央又提出了“两个一百年”的奋斗目标，并逐渐丰富现代化的目标要求，提出了“五位一体”的现代化建设总布局。

按照党的十八大提出的要求和十九大的部署，到 2020 年，中国将全面建成小康社会，现代化进入新的历史阶段。在新的历史阶段，如何更好更顺利地推进现代化，现在必须作出安排。在这种背景下，党的十九大对中国的现代化作出了新的部署，明确提出从 2020 年到 21 世纪中叶，现代化分两个阶段安排：第一个阶段，从 2020 年到 2035 年，在全面建成小康社会的基础上，再奋斗 15 年，基本实现社会主义现代化；第二个阶段，从 2035 年到本世纪中叶，在基本实现现代化的基础上，再奋斗 15 年，把我国建成富强民主文明和谐美丽的社会主义现代化强国。现在看，由于传统动能趋弱，急需新动能兴起、发展和成长，以对冲传统产业下行带来的压力，发展新经济势在必行。长远看，这也是跨越中等收入陷阱、实现社会主义现代化国家的根本保证。

二、我国发展新经济面临的主要问题和挑战

（一）支撑新经济的制度供给明显不足

目前，我国的体制机制环境还不能满足新经济发展的需要。一方面，新经济领域政府与市场的关系不清晰。政府对市场行政干预较多，知识产权保护制度和信用制度建设滞后，新经济有关的制度供给结构与需求结构不匹配，政府的管理理念不适应新经济的发展趋势和规律，制度的“适应性效率”较低，一定程度上增加了交易成本。如以新经济为代表的跨境电商行业，2016年5月，跨境电商新政实施一周，郑州、深圳、宁波等跨境电商综合试验区进口单量分别比新政前下降70%、61%、62%；新政实施一个月，绝大部分的跨境电商企业交易量都大幅下降，行业平均下降了40%~50%，影响比较小的企业也下降了20%~30%。另一方面，缺乏宽松、高效的配套制度体系。在大众创业、万众创新的大背景下，大批高新技术的中小企业陆续诞生和崛起，但融资难和融资贵问题严重阻碍了创新创业的激情，显然，在推动新技术、新产业、新业态发展和传统产业转型升级层面缺乏一套必要的融资制度体系。如具有旺盛生命力和普惠金融性质的互联网金融产业，在政府严格监管下几乎与非法集资“画了等号”。

（二）核心领域的技术创新能力相对落后

目前，中国科技创新能力特别是原创能力与发展国家还有一定差距，关键领域核心技术受制于人的格局还没有根本改变，技术创新能力相对比较落后，科技成果转化率不高，技术创新与商业模式、金融资本和创业者融合的深度不够，持续催生新的经济增长点和就业创业空间有限。在2016年5月，习近平总书记在全国科技创新大会上指出：地球内部可利用的成矿空间分布在从地表到地下的1万米，目前，世界先进技术水平勘探开采深度已达2500米和4000米，而我国大多小于500米。材料是现代制造业的基础，但是中国在现今高端材料研发和生产方面与发达国家差距较大，关键高端制造材料远未实现自主供给。尤其是，新一轮科技革命和工业革命是以现代信息技术和

智能制造为代表，包括物联网、云计算、大数据、“互联网+”、智能机器人技术、4G和5G通信技术，以及以纳米技术为代表的新材料等技术研发和应用均处于起步阶段，部分甚至处在概念的认知层面，与发达国家应用差距较大。例如，中国是世界制笔之乡，但是核心技术和零部件都是掌握在瑞士、日本、德国等发达国家手中，很大一部利润被他们攫取，每支笔留给我们的只是蝇头小利。

（三）“互联网+现代制造”的产业体系发展滞后

目前，中国已经成为世界第二大经济体、第一制造大国，但不是制造业强国。虽然在服务业上新经济运用领先世界，BAT在世界IT企业中具有举足轻重的地位，现代电子商务、物流供应、O2O、互联网金融等迅猛发展，大大促进了中国新经济的发展。但是，中国目前的“互联网+现代制造”、智能制造和智慧生产等产业才刚刚起步，以“互联网+现代制造”为主导的产业体系还远未形成。黄群慧（2016）指出我国智能制造发展还面临许多突出问题，主要有感知、控制、决策和执行等核心环节的关键技术设备还受制于人，智能制造的标准、软件、网络和信息安全的基础还十分薄弱，各类智能制造管理模式还亟待培育推广，智能化集成应用领域非常有限。众所周知，现代产业体系的创新发展主要驱动力来自制造业发展，先进制造业主导着未来世界财富分配的格局。从美国的经济发展历程来看，其“再工化”的核心本质是生产方式变革，根本特征是“互联网+工业”，工业互联网更加重视网络、软件、云计算和大数据等现代信息技术带来的工业服务方式的变革，GE公司已经是“互联网+工业”模式的典型代表。换句话说，美国一直高度重视发展以“互联网+现代制造业”为主导的产业体系的构建。

（四）监管模式不适应新经济的发展趋势

新经济的发展突破了传统的行业边界，开辟了新的领域，与此同时，监管模式和现有法律法规变得不适应新经济的发展。一方面，监管模式不能完全适应新经济的发展趋势。发展新经济需要的新规则、新理念和新治理的“软实力”缺失；监管技术手段落后，缺乏应用与监管配套的大数据、云计算和互联网技术；固化盲目的“监管思维”，严重缺乏创新性，现在很多新经济领域呈现出平台化、个性化、网络化和跨界融合化的基本特征，客观上要求监管模式和监管手段更加开放包容、协同有效。但是，目前对新经济的监管存在政府、市场与社会权界模糊，商品和要素自由流动、平等交换、公平准入等层面存在一定的市场壁垒。例如，2015 年底为响应治理 P2P 乱象，许多地方工商部门自行停止办理带有互联网金融、理财、金融信息服务等字眼的经营内容的主体登记。另一方面，法规政策严重滞后于新经济发展。一些领域的法规政策跟不上新技术、新产业、新业态的发展步伐，对《不正当竞争法》《反垄断法》等法律法规修订滞后，法规体系一定程度上成为发展新经济的羁绊。同时，也要认识到我国的信用体系、数据共享、隐私保护、研发激励等方面的法律法规不完善，部分新经济领域的标准规则还比较欠缺。

（五）发展新经济的基础设施和公共服务供给不足

目前，我国发展新经济面临着基础设施建设滞后，公共服务供给不足等一系列问题。一是政府对发展新经济的公共产品供给不足。当前，我国发展新经济的信息基础设施建设严重滞后，在加快推进大数据、云技术、超级宽带、能源互联网、智能电网等各种信息基础设施的投资严重不足，尤其是一些“老少边穷”地区建设信息高速的软硬件极度缺乏。二是新经济的核算体系和方法不完善。在我国的新产业、新模式、新业态形态大量涌现，新经济与传统经济概念边界还没有完全厘清，现行的统计评价指标体系难以科学、全面、准确地反映新经济发展成果，未能很好的地反映创新对经济增长的贡献，从而在引导研发投入、技术变革和创新驱动发展等政策层面有失精准性，在国民经济核算体系和方法上还没有实现与国际标准接轨。三是对新经济的内涵外延研究不足。新经济概念首次写入 2016 年政府工作报告，作为一种新的经济形态，新经济的内涵和外延需要更多的研究，包括发展规律、路径、整体的架构，需要更加深入地在理论和实践上做出探索。尽管目前已出台了很多政策举措，对发展新经济、培育新动能非常重要，但确实存在这些政策与新经济发展需求不配套、不协同，甚至相互冲击的问题。

三、加快发展新经济的战略举措

（一）全面深化改革，优化新经济相关制度供给

制度是造就人才、推动新技术产生的核心要素，更是加速生产要素向新经济流动的关键动力。华民和贺晟（2001）指出，新经济时代的竞争就是制度的竞争，要发展新经济首先进行制度创新，应向全面深化改革要发展动力，重点抓好以下三个层面：一是深化行政管理体制改革。深化改革要注重制度的顶层设计，提高制度的适应性效率，降低制度性交易成本，向制度要红利。应进一步简政放权、放管结合和和优化服务，充分激发市场活力和社会创造力。同时，强化提高政策的执行效率，打通政策执行“最后一公里”的障碍，为新经济发展创造宽松高效的体制机制环境。二是深化企业改革，培育新经济主体。深化国有企业改革，着力创新体制机制，加快建立现代企业制度，激发各类要素的活力，积极培育企业新型创新主体，充分发挥国有企业在供给侧结构性改革的带动作用，尽快在国有企业改革的重要领域和关键环节取得新成效，做优做强做大国有企业，打造引领新经济发展的龙头企业。同时，民营企业已成为“互联网+”“电子商务”“分享经济”等新经济的重要载体，也要深化制约民营企业发展相关制度改革，激发民企发展活力。三是深化金融体制改革。要深化金融业供给侧制度改革，加快多层次资本市场体系建设，切实推进由银行主导的信贷模式向以直接融资为主的股权投资模式转型，真正解决企业融资难融资贵问题，凸显金融为实体经济服务的宗旨，为新经济发展创造高效宽松的融资环境。

（二）实施创新驱动发展战略，提升核心领域的技术创新能力

创新驱动发展新经济，在大力推动“大众创业、万众创新”的同时，也要着力提升核心领域的技术创新能力，应着力抓好以下四个层面：一是加强基础研究和前沿技术研究，提升原始创新能力。应正确认识基础研究与前沿研究的因果关系，实施双轮驱动发展，强化基础和前沿技术研究，不断加大两个研究领域的持续性投入，力求创新投入产出效率最大化，构筑原始创新

的先发优势，用好比较优势，突破国家战略层面重大科技难题。二是聚焦创新资源，攻克核心领域科技难关。要完善优化符合科技创新规律的资源配置方式，科研队伍、经费和重点技术创新平台（协同创新中心和国家实验室）等资源适度向核心领域科技攻关项目倾斜，瞄准国家重点科技项目布局建设一批一流科技设施、国家科研与技术创新基地等。三是深化科研管理改革，充分释放科研潜力。要以科技创新、技术攻关为核心，引领科技体制、创新体制及科研经费管理体制深刻变革，破除束缚创新和成果转化的制度障碍，创建灵活宽松的科研管理体制机制环境，充分释放科研潜力，切实让科研经费为人的创造性活动服务。四是注重引智工程，打造技术创新人才队伍。当前，全球经济发展还没有彻底走出经济危机的阴霾，世界贸易和投资速度连续五年放缓，导致发达国家的高端科研人员有效需求明显不足，政府应及时顺应世界经济发展变化趋势，引进大量外籍高端技术人才，以科学高效的激励机制留住和用好国外高端科研人才，加快攻克核心领域的技术难题，为中国新经济发展提供智力支持。例如，在美国发展“新经济”背景下，对高科技人才的需求不断扩大，政府放宽了移民政策，从印度、中国、俄罗斯等大批引进人才，以充实其“人才库”。

（三）推动信息化与工业化的深度融合，积极培育“互联网+现代制造”为主导的产业体系

积极打造以“互联网+现代制造”的新经济产业体系，应着力抓好以下三个层面：一是实施制造强国战略，推进信息化和工业化的深度融合。实施工业强基工程，重点突破关键基础材料、先进基础工艺、核心基础零部件（元器件）、产业技术基础等“四基”“瓶颈”。同时，依托信息化技术实施重大技术改造升级工程，支持企业瞄准国际同行业标杆全面提高产品技术、装备制造、能效环保等水平。推进制造业集聚区改造提升，建设一批新型工业化产业示范基地，实现重点领域、重点产业向中高端的群体性突破。二是优化产业政策供给，构建以现代制造业为主导的产业融合体系。既要充分发挥产业政策的带动和引导作用，也要推进产业政策向创新政策和竞争政策转型。同时，推进制造业与互联网深度融合，加快了信息技术对传统产业的改造，

进一步推动了制造业与现代农业、服务业的融合，三次产业在融合发展中逐步实现转型升级，形成具有协同、高效的现代产业体系。三是推动“互联网+现代制造”取得实质性突破。应加强工业互联网设施建设，技术验证和示范推广，培育推广新型智能制造模式，推动生产方式向柔性、智能和精致化转变。也要加快移动互联网、物联网、云计算等信息技术的在制造业中扩散应用，重视“互联网+”对新技术、新业态和新模式在传统产业上的应用推广。还要大力发展智能机器人、3D打印、柔性制造、无人驾驶和工业自动化等智能制造产业。尤其是要充分挖掘大数据产业对“互联网+现代制造”的支撑作用，大数据已成为互联网经济中核心的生产要素和新经济发展中的重要引擎。

（四）创新监管模式，全面提升新经济的治理能力

全面提升新经济的治理能力，必须依赖监管的新理念、新技术和新治理，应聚焦以下三个方面：一是创新监管方式，不断提升新经济的治理能力。应以五大新发展理念为指导，积极探索创新包容有效的审慎监管，强化底线思维，提高新经济领域的风险防控水平，构建更加包容创新、科学灵活的审慎监管制度。从监管技术层面，应积极利用大数据、云计算和互联网等现代信息技术手段，加强对新产业、新业态的运行监测和研究分析。二是加快由“管理”向“治理”转变。应克服单向性管理的弊端，加快由政府的单一管理主体向国家、社会和市场共同治理转型，充分发挥多元化治理主体的优势，注重从审批前准入到准入后的全链条监管。积极探索发展新经济试错容错机制，创造相对宽松的新经济发展环境。三是加快修订完善新经济发展领域中的法律法规。应重点完善我国的信用体系、数据共享、隐私保护、创新激励、知识产权保护等方面的法律法规，加快对《不正当竞争法》等市场管理法体系的修订和完善，积极营造适宜新业态、新模式、新产业成长的法治环境，使创新要素在更充分的市场竞争中流动，全面提高创新绩效。

（五）积极发挥有效政府作用，加强发展新经济所需的基础设施建设和公共服务供给

发挥有效政府的作用保障基础设施建设和公共服务供给，应重点抓好以下三个方面：一是加快新经济发展所需的基础设施建设。从世界新经济发展的历史来看，正是由于20世纪70年代美国政府正确选择了半导体的数字化发展战略和及时建设信息高速公路，使美国的新经济实现了长达10年高质量增长。据此，应加快推进我国信息高速公路建设工程，实现城乡宽带网络全覆盖。同时，要加大数据、云技术、物联网、能源互联网、智能电网、工业互联网等各种信息基础设施的投资，弥补我国信息基础设施建设的“短板”。二是增加高端人力资本供给。一方面，应大力发展高等教育，通过建设国际一流的科研院所、一流的大学和一流的国家实验室，增加人力知识资本供给，提高整个国家知识的存量和流量。另一方面，重视高技能人才培养。深化国家职业教育改革，弘扬新时代的“工匠精神”，加快理论性人才培养模式向应用型模式转型，切实转变学生就业观念，提高高技能人才的收入和社会地位，让技术创新和知识创新驱动着新经济的发展。三是应加强对新经济理论和实践层面的深入研究。一方面，应通过研究逐步厘清新经济与传统经济边界，为进一步完善现行的统计评价指标体系，完善国民经济行业分类奠定理论基础，进而引导科学、全面、准确地反映新经济发展成果，引导生产要素积极向新经济流动。另一方面，加强新经济内涵和外延的深入研究，也需要在理论和实践上深入探索新经济发展的规律、路径、态势、整体架构和发展趋势。尤其是强化对政府出台较多的政策举措与新经济发展需求不匹配、不协同等问题的研究，使制度和服务的供给尽可能顺应新经济未来发展的大势。

四、发展新经济的路径设计与体系建设——以成都为例

2017年11月，成都市召开了新经济发展大会，提出发展新经济，是成都推动城市战略转型、经济变道超车、重塑竞争优势的重大抉择。同时，会议也提出了成都市新经济发展的战略目标、实施路径、聚焦“六大经济形态”、构建七大“应用场景”的发展战略规划。我们调研认为，成都市的探索值得关注。

（一）实施五种基本路径设计，有力支撑新经济发展战略目标

成都市新经济大会提出发展的战略目标是：到2022年，基本形成具有全球竞争力和区域带动力的新经济产业体系，成为新经济的话语引领者、场景

培育地、要素集聚地和生态创新区，建成最适宜新经济发育成长的新型城市。同时，结合成都市的基本要素禀赋、人文环境和新经济发展所需“硬件”提出了五个实施路径。五个路径都带有一个“新”字，可见，成都市注重创新发展，这是对党的十九大报告提出的“创新是引领发展的第一动力，是建设现代化经济体系的战略支撑”积极践行。

（1）坚持以新技术为驱动。众所周知，新经济的萌芽离不开核心技术的突破，离不开领先的科学技术和前瞻的产业选择。只有在关键技术实现突破，才能强化在价值链上的主动权，遵循了新技术驱动新经济发展的客观规律。成都市聚焦前沿技术，打破转化壁垒，让科技成果尽快转化为现实生产力，是引领城市新经济发展的英明抉择。大会提出力争到 2022 年科技综合实力进入全国前列，R&D 经费支出占比达 4.3%左右，科技进步贡献率达 67%以上。由此看来，重视新技术、重视成果转化、重视研发投入，也就很好把握了新经济发展的核心要素。

（2）坚持以新组织为主体。从美国新经济发展实践来看，经济范式的转变在使生产模式转变的同时，也带来企业组织模式的额变革，企业生产模式的变革客观上个要求组织模式创新，即新组织的构建适应新经济发展的需求。成都市推动各类创新组织、创新企业迅速成长，培育扶持一批“独角兽”企业，聚集一批新经济领域高端领军人才也遵循这一发展规律。提出力争到 2022 年全市新经济企业达到 10 万家以上，其中，“独角兽”企业 7 家以上，潜在“独角兽”企业 60 家以上，科技创业者规模突破 28 万人。毋庸讳言，新组织是新经济发展的重要载体，也是实现其战略目标的有力保障。

（3）坚持以新产业为支撑。产城融合、协同发展是符合城市崛起发展的大势。大会提出力争到 2022 年高新技术产业增加值占规模以上工业比重达 50%以上，形成电子信息万亿级产业集群和生物医药、汽车装备、智能制造、轨道交通、节能环保、文化创意 6 个千亿级产业集群。成都顺应新产业发展趋势，推动工艺流程、产业场景、创意设计和生产要素组合再造，大力发展高新技术产业，打造一批新经济聚集区。这样成都就牢牢把握住了以信息产业为代表的高新技术产业——新经济的主导产业，以高新技术装备的制造业和服务业成为新经济的主体产业的发展大势和规律，新产业支撑新经济蓬勃发展。

（4）坚持以新业态为引擎。随着互联网的普及，"互联网+"将信息技术的创新成果深度融合于经济社会各领域之中，企业内部价值链和外部产业链环节的分化融合、行业跨界整合，形成新型的企业、商业乃至产业的组织形态。技术裂变催生的新业态创造了新需求，形成了新的发展引擎。成都紧紧把握这一技术发展内在规律，积极推动信息技术与工业化、城镇化、农业现代化加速融合，建立"互联网+"创新联盟，大力发展互联网金融、精准医疗、互联网教育、IP 经济等新业态。力争到 2022 年电子商务交易规模超过 2.2 万亿元，大型企业电子商务应用率达到 100%。可见，坚持以新业态为引擎彰显了成都市的决策智慧。

（5）坚持以新模式为突破。经济发展模式就是一种生产力增长机制、运行规则的表现形式，不断创新发展模式的目的就增加生产关系与生产力发展的适应性。成都加速发展平台服务模式，创新发展共享服务模式，积极引入共享经济企业在蓉设立分支机构。力争到 2022 年大数据应用更加广泛，共享经济规模显著增强，打造一批交易额过百亿的示范平台。据此，坚持以新模式为突破是科学的抉择，遵循了新经济发展的内在发展规律，持续为新经济发展传递新动能。

整体看来，新产业、新业态、新模式是表现形式，新技术、新组织是驱动力量，共同构成集成、协调、系统的成都新经济发展路径。五个路径设计是科学的、全面的、系统的、富有前瞻性的，是推动成都经济发展质量变革、效率变革、动力变革的强劲支撑。既符合新经济发展的客观规律，又契合建设现代化经济体系的新时代要求。

（二）聚焦"六大新经济形态"，构建全球竞争力和区域带动力的新经济产业体系

成都基于自身的资源禀赋、人才储备、产业基础和比较优势，提出重点发展的数字经济、智能经济、绿色经济、创意经济、流量经济、共享经济的"六大新经济形态"，涵盖了新经济发展的主要业态，形成了成都市新经济发

展的空间格局，代表了当前新经济发展的重点和全球新经济的发展方向。

（1）着力发展数字经济，建设全球软件制造基地。成都着力加快发展资源型数字产业：抓好数据资源的深度开发利用，加快推进大数据、云计算、物联网技术向各行业融合渗透；加快发展技术型数字产业：率先开展 5G 网络试点，大力推进信息终端、下一代互联网 IPv6 芯片和系统设备等关键产品的研制和产业化；加快发展服务型数字产业：重点发展电子商务、数字金融、智慧物流等生产性服务业。从新经济发展趋势来看，把握好数字经济的发展就牵住了新经济发展的“牛鼻子”，数字经济是新经济的重要组成部分，数字经济是利用互联网融合提升经济效率、催化新技术新业态，既包括以云计算、大数据等新一代数字技术为基础的增量市场，也包括与传统产业转型升级相结合盘活的生产消费存量市场。可以说，数字经济裂变的新动能新业态是新经济发展的重要引擎。

（2）着力发展智能经济，建设综合性国家科学中心。成都市大力推动智能制造：深入实施《成都制造 2025》和“互联网+”行动计划，加快推进智能制造关键技术装备、核心支撑软件、工业互联网等系统的集成应用，提升重大成套装备集成能力和智能化水平。大力推动智能服务：着眼人工智能规模化应用，大力发展智慧物流、智慧金融、互联网医疗和智慧办公、智慧家居等产业。大力研发智能产品：建设综合性国家科学中心，加快发展脑科学、虚拟现实、工业互联网、增材制造、卫星导航等产业。从欧美发达国家新经济发展实践来看，智能制造是新经济发展的主攻方向，制造业的高级阶段就是智能制造，以智能制造为主导的现代产业系是新经济高质量发展的重要支撑。智能经济正在深刻改变人类生产生活方式和思维模式，着力发展智能经济，建设综合性国家科学中心，成为成都破局新经济的重要路径之一。

（3）着力发展绿色经济，打造国家级新材料高新技术产业基地。党的十九大报告指出，要推进绿色发展，加快建立绿色生产和消费的法律制度和政策导向，建立健全绿色低碳循环发展的经济体系。成都市正式秉承这一精神理念，积极推动绿色资源的转化利用：加快在清洁能源储能和转化利用上取得突破性进展，积极构建城市能源互联网，建设清洁能源受端城市和市场化示范基地。大力发展绿色产业，打造国家级新材料高新技术产业基地。积极推动绿色生活：大力培育绿色消费文化，建设绿色消费体系，积极发展绿色交通、绿色休闲、绿色餐饮、绿色住宅等绿色业态等。可见，成都着力发展绿色经济，既是全面贯彻新发展理念的实践，也是新经济可持续发展的保障。

（4）着力发展创意经济，着重培育具有“蜀”味的原创 IP 经济。成都市大力促进知识创造：着重培育具有“蜀”味的原创 IP 经济，推动技术上有创新性和独占性、重点推进音乐制作、影视动漫及网络视听等领域产业发展。大力推动创意设计：聚焦数字创意设计，办好国际非遗节、创意设计周、音乐产业博览会等精品活动，建设中国数字创意之都和国际音乐名城。聚焦文化创意设计，加快发展工业设计、城市设计、出版设计、新媒体设计等产业，建设西部文创中心。要大力发展创意体验：促进创意生活产业发展，萃取天府文化特质和创新载体，加快发展文化体验、文博旅游，开展具有成都味、天府范的文化创意体验活动。由此可见，成都大力发展创意经济，不仅拓展和丰富新经济的发展内涵和外延，更是推进新经济多元化发展、跨界融合、富有地域特色的新经济产业体系构建的有力之举。

（5）着力发展流量经济、建设国际交通信息枢纽和国家门户城市。成都市提升流量承载力：以内陆自贸试验区建设为重点，结合创交会、西博会等重大展会活动，加强跨境电子商务、离岸金融结算、创新创业等国际经贸合作，增强国际高端资源要素的吸附力和整合力。提升流量控制力：加快推进“总部成都”建设，高度重视轻资产和高能级项目招引，提高对高端信息流、资金流、知识流、人才流的控制力。提升流量运作力：主动融入“一带一路”，高水平建设国际空港枢纽、国际铁路枢纽、国家级高速公路枢纽，打造全国重要的信息通信节点、数据中心和国际信息港，提高资源要素集聚使用的广度、深度、便利度。可见，成都高度重视流量经济发展，通过流量盘活存量，逐步提升成都对高端生产要素的吸附力和整合力，是为新经济持续发展蓄积动能、输送养分、信息融通的有效保障。

（6）着力发展共享经济、努力建设共享经济发展的策源地和领先城市。

成都市大力发展生产性服务共享经济：通过众创、众包、众扶、众筹等多种方式，推动创新资源、创新能力和流通资源共享。大力发展生活性服务共享经济，精准把握分众化需求，垂直细分衣、食、住、行生活服务领域，开发面向商贸流通、教育、医疗等领域的新型共享应用软件和平台。大力发展公共性服务共享经济，进一步打破信息壁垒、制度障碍，重点推动政府闲置资源和能源、交通、通信等领域公共设施资源共享。简言之，共享经济是一种“不求拥有、但求所用”，旨在盘活经济剩余的新经济模式，既符合当前供给侧结构性改革的要求，又激发了消费者的潜在需求，已经形成中国经济发展的一股新动能。成都市着力发展共享经济，重视激活城市经济剩余，即提高资源有效利用率和生产服务供给能力，又能实现社会价值和经济价值最大化。

总体来看：成都利达新经济形态布局、重点、发展导向是符合全球产业结构转型升级和新经济发展演进逻辑的。随着这些产业在成都生根发芽，成为主导产业，形成好的产业生态，逐步形成具有成都特色的新经济产业体系，对带动成都新经济迈向新台阶具有特殊的意义。

五、推动监管方式从“管理”到“治理”的升级

加快发展新经济、实现新旧动能接续转换，也需要创新政府监管方式，为其成长保驾护航。党的十八大以来，党中央、国务院着力推进简政放权、放管结合、优化服务，深化监管体制改革，成绩显著。在肯定成绩时也要清醒看到，政府监管还面临以下几方面挑战：

一是从“管理”到“治理”的理念尚未完全形成。在市场经济条件下，政府监管制度改革在价值导向上应体现为从规制到治理的政府理念变迁，即由人治转向法治、由统治转向治理、由规制转向服务，打造阳光透明、程序规范、诚实信用、便民高效、服务为本、责任明确的治理型政府，政府管理重心要由管制功能转向服务功能、激励功能、导向功能和调节功能。目前看，以治理为导向的政府工作理念还没有完全形成。

二是政府监管的标准化工作才刚刚起步。政府监管标准化就是将标准化

思维、理念和技术植入政府监管全过程，既要提升行政审批效能，又要约束部门和官员手中的自由裁量权，最大程限降低交易成本。目前这方面工作刚刚起步，各地政府行政审批项目清单、收费清单、责任清单等都差异过大，相关审批流程、监管还没有形成统一标准，监管方式方法更是五花八门。

三是整体政府的综合统筹协调任重道远。整体政府，是指不同级次的政府、同一级次政府的各个部门均能在同一政策目标引领下，协同一致行动，形成最大合力。目前，我国政府监管中还存在明显的部门不够协调、上下不够联动问题，需引入更多整体和系统思维，以加强合作、形成协同的工作方式，向社会提供一套无缝隙的公共管理服务。

四是对新问题新需求难以及时回应。与新经济一日千里的发展势头相比，现行政府监管体系还很滞后，如一些新型企业可能面临难以归类问题，政府对这些新型企业业务流程、业务形态十分陌生，更不要说准确识别其风险点和加强监管了，这使得政府对新经济监管既可能过度、也可能过宽，出错可能性大大增加。另外，政府监管对于互联网、大数据等新技术的应用也明显不足，监管效能有待进一步提升。

党的十九大指出，要实现国家治理体系和治理能力现代化。从管理到治理，虽只有一字之差，但内涵与意蕴却大不相同。“管理”是单向的、强制的、刚性的，而“治理”则强调多元化、网络化、协商、共治。随着新经济的广泛兴起和快速发展，政府必须创新监管模式，从管理到治理，从审批前准入为主到准入后进行全链条监管，从传统的手工管理到全面适用互联网、大数据等新技术，实现政府监管方式转型升级，为新经济成长提供制度保障。

一是贯彻实施“大道至简、弹性监管”原则。对新经济监管的首要问题是态度与原则。新经济与传统经济有很大不同，不宜简单套用已有监管思维与做法。近期跨境电商“新政”被紧急叫停就是一个生动例子。因此，对于新经济，各部门首先应承认其“新”，承认其可能超出了已有认知范围，承认现有监管规则可能不适用，在此基础上再讨论如何监管。历史经验表明，任何新生事物的成长，需要一个宽松环境，有容忍度。因此，政府监管应贯彻“大道至简、弹性监管”原则，形象讲就是温度适宜。对有些一时看不准的东西，可先观察一段时间，将广阔空间留给各类市场主体，政府不要轻易出手。当然，那些经过实践证明可能造成严重不良后果的，则要严格加强监管，果断出手。

二是从“管理”到“治理”推动监管方式转变。即使是看得准的新生事物，如基于“互联网+”和分享经济的新业态，也要探索新监管之道。新经济不仅“新”，且参与者众多。面对新经济，原来由政府主导的自上而下的垂直型管理要转变为政府与市场、政府与社会组织协同共治的扁平化治理。一要推进形成平台化治理。在互联网经济中，平台作为一个节点，既是交易平台、数据平台，也是信用平台和消费者保护平台，呈现出多中心生态景观。既有以商品交易为核心的阿里和京东平台，以社交为核心的微信和微博平台，还有以版权处理为核心的乐视和爱奇艺平台和以撮合为核心的滴滴和优步平台。这些平台形成了一些参与者共同认可的重要规则，影响力和带动性很强，参与各方接受度很高。因此，政府对新经济监管中要重视平台作用，政府管平台，平台管个体，形成平台化治理。在与平台协作和互动中，将其中一些具有普适性的规则上升到法律法规层面，对一时看不准的东西，则可由平台为主继续探索。二要发挥好行业协会作用。例如，2008 年成立的中国互联网协会调解中心，自成立以来已调解了大量民事纠纷案件，仅在 2014 年，就受理了各地委托的涉及网络知识产权侵权案件 3087 件，调解成功率达 54. 95%。这说明在新经济时代，政府监管除了要有传统的、自下而上的政府层级结构的权力线之外，还要与各类合作伙伴建立起横向的行动线，这是新时期提高政府监管绩效的要点所在。

三是创新政府监管技术手段打通各类“信息孤岛”。《促进大数据发展行动纲要》指出，大数据已成为“提升政府治理能力的新途径”。对新经济监管创新要重视大数据技术的应用，构建起一套“用数据说话、用数据决策、用数据管理、用数据创新”的新机制。一要争取全面实现政务活动网络化、虚拟化、信息化，特别是涉及企业、群众日常需要办理的事务，应尽快全部在网上运行。二要逐步实现计算机对数据的自动流程化管理，做到身份数据化、行为数据化、数据关联化、思维数据化和预测数据化，在数据汇集的基础上发现规律，发现风险点和薄弱环节，进而增强监管的针对性和有效性。三要努力打通各类“信息孤岛”，实现数据按需、契约、有序、安全式开放，形成跨部门数据共享机制。为此，要尽快研究数据开放与共享方面的立法问题。

四是在“放、管、服”基础上深化监管体制改革。在市场经济条件下，政府职责之一是创造和维持规范有序的市场秩序和公平合理的竞争环境。一要积极推进综合监管。继续推进市县两级市场监管领域综合行政执法改革，落实相关领域综合执法机构监管责任，建立健全跨部门、跨区域执法联动响应和协作机制，实现违法线索互联、监管标准互通、处理结果互认，消除监管盲点，降低执法成本。二要实施公正监管。当前，要抓紧建立随机抽查事项清单、检查对象名录库和执法检查人员名录库，制定随机抽查工作细则。三要促进市场主体公平竞争。要在降门槛、同规则、同待遇上下功夫，更好激发非公经济和民间投资活力。要重典治乱，依法打击各类侵犯知识产权、制售假冒伪劣、非法集资、信贷欺诈、电信诈骗等行为，维护健康的市场环境。

（国家行政学院经济学部冯俏彬教授、孙飞博士后、戚克维博士对本文也有贡献）

参考文献：

［1］国家统计局．2016年上半年国民经济运行情况［R］．国家统计局网站，2016-07-15.

［2］马建堂．上半年GDP增长6.7%得益于新经济突起［N］．新京报，2016-07-20.

［3］董微微．国外新经济理论的研究进展［J］．技术经济与管理研究，2014（8）．

［4］刘崇义．试论美国“新经济”发展模式［J］．财经科学，2001（2）．

［5］习近平．为建设世界科技强国而奋斗［N］．新华网，2016-06-01.

［6］李佐军．推进供给侧改革加快发展新经济［N］．经济日报，2016-04-06.

［7］Hatibovic Dzemal. American new economy：Achievements and problems［J］．Medjunarodni Problemi，2002，544.

［8］贾元熙．中国加快发展“新经济”新媒：将成重要增长引擎［N］．参考消息

网，2016-03-14.

［9］方海平．跨境电商新政满月交易量减半大量资本撤出［N］．证券时报网，2016-05-18.

［10］向晓梅．发展新经济引领民营经济做优做强做大［N］．南方时报，2016-04-11.

［11］温源．互联网金融乱象如何治［N］．光明日报，2016-06-16.

［12］华民，贺晟．新经济与经济发展的制度选择［J］．世界经济与政治，2001（10）．

［13］道格拉斯·C. 诺斯. 制度、制度变迁与经济绩效［M］．上海，格致出版社，上海三联出版社，上海人民出版社，2008.

［14］刘树成，李实. 对美国“新经济”的考察与研究［J］．经济研究，2000（8）．

［15］国家发展和改革委员会．中华人民共和国国民经济和社会发展第十三个五年规划纲要［M］．北京，人民出版社，2016.

［16］蔡跃洲．大数据引发新经济增长周期［N］．中国社会科学报，2015-08-26.

［17］张占斌，冯俏彬．创新政府监管方式助推新经济发展［N］．光明日报，2016-07-29.

通过立法保障，发挥市场在科技创新中的主导作用，大力发展新型科研机构，培育“知识市场”

樊建平①

一、科研院校理应是科技创新的主力之一，但依附政府的“知识生产”过程呈现高度的行政化特征，创新效率低下，与国际比差距不断拉大

从占有的科技人才及科技资源，尤其是财政科技资源来看，科研院校当之无愧理应是“知识生产”的主力军；但是实际上却没有发挥相应的功能，广东省院校有效发明专利占全省比例尚不足10%。

传统事业单位接受政府垂直领导，在财务、人事、资产等方面本质上与政府部门一样管理，自主权不够，资源配置和考核评价高度行政化，千篇一律，没有形成“知识的市场”。

人事方面，一般在院校领导选聘时，国外大学和科研机构的理事们会花费近一年的时间寻找合适的领导人，传统事业单位则由相关政府组织或人事部门任命。由于管辖的各层干部多，一个单位换届平均耗时1周或半个月，候选人的选择范围和选择时间的差别也很大。由于是按行政配置，几届下来，行政化特征越来越明显。

财务方面，事业单位基本拷贝政府的系统进行管理，严格实行详细的预算制，而科技创新往往具有较大的不确定性；由于人均拨款数和市场之间有很大差距，部分单位竞争性经费超过80%，这些单元的行为非常像企业，但

① 樊建平：中国科学院深圳先进技术研究院院长。

必须在传统事业单位框架下运行，领导人除要具备科研、经济和管理能力外，还必须具备一定的政治能力。事业单位对工资、资金使用等有相关的规定，对地处不同地区的科研院校实行统一管理就显得更加不合适。

资产管理方面，传统事业单位的自有资金严格按事业单位相关财务执行，不允许在确保资金安全的前提下通过金融机构进行运作，投资渠道不畅，无形资产与有形资产一样处于严格监管状态，转移转化难以实现。而国外有名的大学科研机构很大一笔收入是资产所得（如哈佛大学、斯坦福大学等基金收入占学校的 1/3）。

业务发展方面，在人才引进和前瞻布局等领域，只要涉及财务、资产、人事等相关的事情，一般都需要层层汇报审批，缺乏自主性和灵活性。

二、完善科技生产关系、培育“知识市场”并建立相关法律体系是实现创新驱动发展、迈入知识经济时代的前提和保障

30 多年前，当生产力发展明显受到不适用的生产关系束缚时，我国实行市场经济发展战略，通过《公司法》及相关法律体系，将企业从政府部门分离出来，逐步形成市场经济，极大地解放了企业家的积极性与创造力，使中国经济总量达到世界第二位。

基于特殊历史环境下对知识分子的保护以及科技创新尚没有突出显示出生产力特征的现实，计划经济时代将科研人员安排在作为“上层建筑”的“事业单位”，用类政府的行政方式进行管理是合适的。

但是，在依靠科技创新驱动转型发展的今天，科技技术的生产力属性日趋凸显，催生并促进科学技术密集型生产力的发展，“知识市场”的消费市场、生产资料市场和服务市场都显现出知识经济的雏形；科技创新的行政事业化管理体制弊病日益凸显，社会生产力的发展倒逼着生产关系，使其必须做出调整，科技发展必须要有新的体制保驾护航。

在多年来一轮一轮的科技改革中，改革重点往往放在国有资金的分配和研究所分类上，加上人才方面这几年实施的“千人计划”和“万人计划”，

创新的核心要素基本都涉及了。科技体制改革本质上是完善科技生产关系以适应社会生产力的发展，创新效率的提高在于资源配置的科学性和功能发挥的高效性，在于科技从业人员积极性的激发。现阶段改革的关键已经转为支撑人才和科技活动的载体（企业、研究单元和大学等）本身，创新主体的活力不够，特别是国有的大学和科研机构，科技创新最核心的两个要素“人”和“财”的管理模式在之前的改革中反而被不经意地固化，传统大学和科研机构依然采用事业单位管理模式，即与政府管理非常类似的模式。

与商品经济一样，知识经济存在和发展的决定性条件，即生产资料和劳动产品属于不同的所有者（团体）或者独立的经济利益主体，这些触及创新机构的治理体系这个科技生产关系中的核心部分，如果没有从根本上进行体制改变，改革很难有大的作为。

解决科技、经济“两张皮”和创新效率低下等问题，科研事业单位企业化转制并非唯一出路，在政府和企业之间还有第三类组织——SLI（社会法人机构），也是目前国际通用的做法。当前的科技改革是否可以效法 1978 年的经济改革，先发展一批体制外的 SLI 式科研机构，通过竞争和倒逼，促进整个科技界的改革？

诺贝尔经济学奖得主罗纳德·科斯把中国的改革开放的成功，定义为“边缘地带的革命”。何为边缘革命？也就是说，中国政府至上而下设计的改革，基本上都很难取得成功，反而是一些边缘地带的自发的变革，取得了巨大的成功，并以“鲇鱼效应”的方式，逼迫了国家其他领域的改革，并导致了全局改革的成功。同样，科斯认为，深圳经济特区的建立和巨大成功，对于中国全局性的改革，起到了也是类似乡镇企业之于国企那样的作用。中国改革的成功，往往都是由意想不到的“边缘地带”来推动、来倒逼、来示范的。广东的新型科研机构很可能是下一个“边缘地带”。

三、建议广东率先立法，大力引导、规范、保护各类新型科研机构依法高效创新发展，培育壮大知识市场

20 世纪 70 年代初，为应对经济转型和产业升级对技术的需求，我国台湾

地区借鉴日本、韩国的科技创新的经验，以“立法”形式成立了面向经济主战场，独立运作的财团法人“台湾工研院”，由其承担引进、开发新技术和向民间转移成果的重任。相对而言，台湾地区政府在创办工研院时，遇到了与我们目前类似的问题。台湾通过立“法”的形式为工研院的独立发展提供法制保障，将科研力量引向市场，从而有保障的实现技术商品化。

笔者建议，在广东率先设立“SLI 法”并围绕其完善相关法律体系，厘清政府、科技机构、市场等不同主体在创新中的权责利边界，像 30 多年前解放普通劳动生产力一样，解放和发展科技生产力，为科技机构的独立市场化运营从法律上提供根本的保障，使其在知识经济的市场中如同企业在商品经济的市场中一样可以依法自由发展。

SLI 法律体系的建立和知识市场的形成不一定能够快速有效地盘活现有的官办科研院校内的科技资源，但一定能激活市场；各类非官方举办的新型科研机构会如雨后春笋般应运而生，发展壮大。

30 年前，以《公司法》为核心的企业相关法律体系建立，极大地促进了一大批企业的诞生和成长，以深圳为例，官办的如中兴和招商局，尤其是后者重新焕发活力，先后创办招商银行、平安保险、招商地产等；民办的则诞生了华为、比亚迪、大族激光、腾讯、迈瑞等等；合资或者引进的如华侨城、创维、康佳、富士康、万科等。相信随着 SLI 法律体系的建立，经过 10~20 年的发展，形成一个知识的市场，一定可以重复当年的企业发展盛况，在广东汇集和涌现一批世界一流的大学和科研机构，成为知识经济时代发展的原动力甚至直接就是实验室经济的市场主体，不断涌现出“知识市场”中的华为和腾讯。

加快创新型国家建设
充分发挥创新支撑现代经济体系建设的作用

吕　薇①

党的十九大提出，中国特色社会主义进入新时代。其主要特征是社会主要矛盾转化为“人民日益增长的美好生活需要和不平衡不充分的发展之间的矛盾”；经济发展由高速增长阶段转向高质量发展阶段。贯彻新发展理念，建设现代化经济体是党的十九大提出的重要战略任务。

一、创新对现代经济体系的支撑作用逐步显现

现代化经济体系与传统发展模式的本质区别，是发展模式和动力的转变。发展方式从数量型向质量型发展转变，从速度型向效率型发展转变；经济增长动力从依靠要素投入转向依靠要素生产率提升。党的十九大报告提出，创新是引领发展的第一动力，是建设现代化经济体系的战略支撑。

经过多年的发展和积累，特别是党的十八大提出实施创新驱动发展战略以来，我国的创新发展进入新阶段，正处于从数量积累向质量升级的关键时期。目前，全社会研发经费支出总量居世界第2，占GDP的比重达2.1%，居发展中国家首位，超过OECD国家的平均水平；重大科技成果不断涌现，载人航天和探月工程、载人深潜、深地钻探、超级计算、量子反常霍尔效应、量子通信、干细胞等重大创新成果相继问世；高速铁路、水电装备、特高压输变电、杂交水稻、第四代移动通信（4G）、对地观测卫星、北斗导航、电

---

① 吕　薇：国务院发展研究中心创新发展研究部部长，研究员。

动汽车等重大装备和战略产品取得重大突破，部分产品和技术开始走向世界。创新型国家建设取得明显成效，我国创新在国际上的地位逐步提升。根据世界知识产权组织的全球创新指数，2016 年我国进入前 25 位，2017 年跃升为 22 位，成为唯一进入创新型国家行列的发展中国家。创新对国家现代化经济体系的支撑作用逐步显现，主要表现在以下几个方面。

1. 以创新实现发展方式和动力的转变

党的十八大实施创新驱动发展战略以来，随着供给侧改革的推进和经济结构的调整，创新对经济增长的带动作用明显增强。尽管 GDP 增长速度放缓，但新经济和知识产权增长加快，远超过经济增长。“十二五”期间，我国节能环保、新一代信息技术、生物、高端装备制造、新能源、新材料和新能源汽车等战略性新兴产业快速发展。2015 年，战略性新兴产业增加值占国内生产总值比重达 8%左右，产业创新能力和盈利能力明显提升。2016 年战略性新兴产业增加值比上年增长 10.5%，增速比规模以上工业高 4.5%。2017 年上半年规模以上工业战略性新兴产业和高技术产业增加值同比分别增长 10.8% 和 13.1%，分别高于整个规模以上工业 3.9%和 6.2%。其中，信息技术服务业同比增长 21.0%，利润同比增长 81.9%；人工智能、机器人、无人机、城轨、新能源汽车、光电子器件等新兴工业均保持高增长，电子设备制造业上半年投资同比增加了 27.4%，远高于制造业 5.5%的平均值。目前，我国新一代信息技术、生物、新能源等领域一批企业的竞争力进入国际市场第一方阵，高铁、通信、航天装备、核电设备等国际化发展实现突破，一批产值规模千亿元以上的新兴产业集群有力支撑区域经济转型升级。商事制度改革和一系列大众创业、万众创新的政策，有效激发市场活力和社会创造力。2017 年上半年我国新登记注册企业达 291 万家，同比增长 11.1%，日均新登记企业数量达 1.6 万家。大数据经济、智慧经济、分享经济、创意经济等新产业、新模式和新业态不断涌现，2016 年万事达卡财新 BBD 中国新经济指数（NEI）平均值超过 30%。知识产权数量快速增长，2016 年发明专利申请增长 21.5%，PCT 申请增长 44%，商标注册增长 28%，计算机软件著作权登记增长 39%。由此可见，解决发展动力问题，要依靠创新转换发展动力，实现发展方式根本转变。

2. 以创新推进实体经济转型升级，提高产业竞争力

创新要素向企业集聚，企业创新能力逐步增强。企业的R&D经费支出占全社会75%以上，R&D人员占比超过70%；在国内职务发明专利授权中，企业占比超过60%；产品创新、工艺创新、模式创新等创新模式多样化，企业的创新活动不断增加。根据国家统计局和科技部开展的企业创新调查结果，2013—2014年调查的645553家企业中，有创新活动的企业占41.3%，其中，有技术创新活动的企业占24.2%；工业企业中有技术创新活动的占31%，服务业的技术创新企业占14%。涌现出一批创新型企业，在国际上的地位不断提升。2016年《全球创新1000强企业研究报告》显示，全球研发支出最高的1000家上市公司中有130家中国企业。但总体来看，我国企业的研发和创新活动仍不够普遍，呈现二元结构，少数创新型企业与多数跟随企业并存。2015年规模以上工业企业R&D支出不到主营业务收入的1%。与发达国家相比，我国企业的创新能力和管理水平还存在较大差距。制造业大而不强，核心、关键技术不足，大部分企业仍处于产业价值链的中低端，中高端芯片、数控机床等还依靠进口。根据世界银行的一项研究，在34个制造业比例较高的国家中，我国企业的管理水平仅居第20位。同时，存在资源错配的问题，制造业的盈利能力远低于房地产和金融等行业，资本的配置具有脱实向虚的倾向，企业的创新能力和动力不足。面对新一轮科技革命和产业变革，必须进一步提高制造业和实体经济的创新能力。

3. 创新促进结构调整和增加有效供给，满足人民日益增长的美好生活需求

随着城乡居民收入的不断增加和总体实现小康，广大人民群众的消费需求快速升级，多样化、个性化发展，消费对经济增长的贡献不断提升，2016年达64.6%。消费与创新互相促进。一方面，随着中等收入人群的增加，市场消费不断升级。总体来看，消费需求从满足基本生活为主转向以发展需求为主导，消费结构中医疗保健、交通通信、教育娱乐文化等服务性消费持续扩大，2016年城镇居民家庭服务消费比重已经超过40%；消费需求正在实现从量到质的升级，消费者对消费品及服务的种类、品质、安全、效能等方面

的要求不断提升。企业根据需求的变化，适时创新，丰富市场的供应。另一方面，新技术发展和商业模式创新促进消费升级和模式变化，绿色消费、信息消费、智能消费等成为可能。如互联网技术的发展，促进电子商务和信息消费的发展。目前，我国移动电话用户 13.7 亿户，其中，4G 移动宽带用户 9.1 亿户，我国有网民 7.51 亿，互联网普及率为 54.3%，超过全球平均水平 4.6%。我国移动支付用户规模达 5.02 亿人，总量居全球第一；电子商务市场交易规模超 20 万亿元，居全球之首。信息消费正在深刻改变社会生活，移动支付、共享单车、网络约车、互联网出行、网上购物、在线教育、数字家庭、人工智能等信息消费快速增长，在全球居领先地位。据统计，我国信息消费规模由 2013 年的 2.2 万亿元迅速增长至 2016 年的 3.9 万亿元，年均增幅高达 21%以上，为同期最终消费增长速度的 2.3 倍。2016 年网购消费相当社会消费品零售总额的 12.6%。但我们应该看到，我国仍存在低水平供给能力过剩与中高端有效供给不足的现象，不能满足人民群众对环境安全、食品安全、信息安全等消费方面的要求。例如，许多消费者到国外抢购中高档消费品和奶粉等安全食品；我国的个人信息保护还有许多漏洞，网络诈骗时有发生，给人民群众的财产甚至生命安全造成危害。我国是世界最大的市场，消费需求增长和升级的空间较大，要坚持面向消费需求的创新，增加有效供给，满足不断升级和多样化的居民消费需求。

4. 优化区域创新要素布局，打造区域经济增长极，促进地区协调发展

建设各具特色的区域创新体系是国家创新体系的重要组成部分。我国构建区域创新体系的政策重点是以试点示范为抓手，以体制机制改革为重点，因地制宜地营造有利于创新的制度和政策环境。在国家层面，开展建设自主创新综合示范区。2008 年第一批 3 个城市，即北京中关村、上海张江和武汉东湖自主创新示范区；目前已扩大到 10 个以上，包括深圳、苏南、安徽合芜蚌自主创新示范区等。2015 年全国又开始推进全面创新改革示范区，有 8 个试点城市、省份和区域，自 2006 年以来，在部委层面，国家科技部和发展改革委员会分别开展了创新型城市的试点工作。截至目前，国家科技部布局 60 多个试点城市，东中西部、大中小城市兼顾。目前，我国的区域创新能力普

遍提升，形成北京、上海、深圳等具有特色的创新中心和一批创新型城市，带动区域经济的发展。特别是一批国家级高新技术产业园区成为地区经济发展的增长极。2016 年 146 家国家高新区生产总值为 74.4 亿元，占全国 GDP 比重达 11.8%，工业总产值达 20.5 万亿元，同比增长 10.3%。但地区间差距较大，东南沿海地区的创新要素集聚度和创新能力远高于中西部地区。例如，在 2015 年综合科技进步水平指数排位前 10 名的地区中，有 7 个东部沿海省市，2 个长江沿岸省市。

总体来看，创新在我国现代经济体系建设中正发挥越来越重要的作用，对经济发展的带动作用逐步增强。但与主要创新型国家相比，我国的创新能力仍有差距，主要是原始创新能力不足，关键核心技术存在短板，激励创新的体制机制不健全，创新环境不能适应创新驱动发展的需要，创新质量和效率有待进一步提高。

二、深化体制机制改革，加快创新型国家建设

2016 年颁布的国家创新驱动发展战略纲要提出建设科技强国的目标，2020 年进入创新型国家行列，2035 年跻身创新型国家前列，2050 年建成科技强国。党的十九大报告中提出，加快建设创新型国家，并将其纳入国家现代化经济体系统筹考虑和部署。总体来看，党的十九大报告从科技创新战略布局、创新体系建设和环境创新营造三个方面勾画建设创新型国家的战略重点，明确未来发展方向，以提升创新对新型现代化经济体系的支撑作用。

1. 以全球视野谋划和推进创新，加强前沿科技布局，提升创新能力

经过多年的积累，我国的创新发展进入新阶段。创新能力从过去以跟跑为主，进入跟跑、并跑和领跑并存的阶段，引进技术难度加大，必须增强自主创新能力，提高原始创新能力，增加技术供给能力。从全球来看，新一轮科技革命和产业变革加速推进，主要创新型国家在科技创新方面展开新一轮的竞争，我们必须抓住新机遇，实施创新驱动发展战略，培育我国经济增长新动能。

进一步优化研究开发的支出结构，加强基础研究、应用基础研究和共性技术研究开发，提高产品和工艺技术开发投入的效率。一是面向国际科技前沿加强战略部署，增加前沿技术供给，提高原始创新能力。瞄准世界科技前沿，强化基础研究，实现前瞻性基础研究、引领性原创成果重大突破。二是聚焦国家重大战略需求，加强需求导向的基础研究，加快科技攻关。例如，围绕质量强国、航天强国、网络强国、交通强国、数字中国、智慧社会等国家重大战略需求，加强应用基础研究。三是构建产业共性技术平台，加强产、学、研合作，为产业技术进步提供技术支撑。四是突破产业核心关键技术的补短板，提升产业整体竞争能力。五是聚焦实体经济，促进企业创新，提高产业竞争能力。大力推进制造强国战略和创新创业，针对转型升级的需要，以信息技术、绿色技术、智能技术等加强传统产业的改造升级，提升传统产业竞争力；积极培育新兴产业，形成新的经济增长点。

改进科学研究项目的决策机制，提高基础研究质量，发挥基础研究支撑原始创新的作用。实行“自上而下”与“自下而上”相结合，自由探索和需求导向相结合，增加面向需求的基础研究支出，提高基础研究对创新的支撑作用，确保国家战略得到有效落实。改进科学研究的评价机制，实行分类评价和分类管理。对自由探索的研究项目以同行评议为主；对满足国家战略需求的研究项目，以目标评价为主。实行科学研究项目与人才培养相结合。发挥科研人员的自主性和创造性，管理上体现鼓励创新、容忍失败的创新文化，创造科学家自由探索的研究环境。多策并举，促进基础研究成果的利用和转化，提高原始创新能力。

政府主要在市场失灵的领域发挥作用，如在基础研究、共性技术、国家重要战略领域、公共服务平台加大投入；加强基础设施平台和服务平台的建设，政府搭台社会唱戏。例如，以 PPP 方式建立科技合作平台，加强互联网基础设施建设等。同时，政府在营造创新环境方面，具有不可替代的作用。

2. 完善国家创新体系，增强协同创新能力，提高创新体系的效率

党的十九大报告强调建设以企业为主体、市场为导向、产学研“深度融合”的技术创新体系。经过多年努力，我国的产学研合作取得了可喜发展，

但仍然有一些体制机制因素阻碍产学研合作和科研成果转化为生产力。因此，要继续进深化科技体制改革，合理确定大学、科研院所和企业在创新体系中的地位，进一步完善科研组织体系，建设一批支撑高水平创新的基础设施和平台。建立大学、科研机构和企业之间的合作与技术转移机制。完善财政支持的科研成果转移、知识产权管理等制度，构建有效的产学研合作机制，发挥各自的优势，促进产学研深度融合，进一步提高科技为经济服务的能力。完善成果转化机制和政策体系，进一步落实科研成果转化的收益分配政策，培育和发展专业技术转移机构，鼓励创新创业，促进科研成果实实在在的转变为生产力。同时，加强对中小企业创新的支持，充分发挥中小企业在科技创新体系中的生力军作用。

营造各具特色的区域创新体系，着力打造区域创新中心，引领带动区域创新能力。从国际上来看，创新中心大都是由一个城市群构成的，而不是单一城市。例如，美国加州的硅谷座落在旧金山湾区，与旧金山和洛杉矶形成了城市群，优势互补，形成了以硅谷为中心的世界创新中心。由此可见，每个城市在创新中心中的作用不尽相同，创新要素和科技基础设施也不尽相同，形成优势互补和相互支撑的创新中心。因此，作为创新中心城市群的每个城市并不一定都要建设完备的科技基础设施，关键是营造有竞争力的创新环境。一是要建设开放的创新体系，有效利用国内外的创新资源；二是要加强区域内的协调，打破城市间的行政壁垒，消除创新要素流动的障碍，加强创新中心城市群的协作和共享。在自主创新综合示范区和全面创新改革地区试点的基础上，总结可推广、可复制的经验，进一步推进区域创新环境建设，实现创新驱动区域协调发展。特别要在具备条件的地区，打造具有国际影响力的区域创新中心，集聚全球高端创新要素，形成全球科技创新的引领者和创新网络的关键枢纽。

3. 进一步改善和营造有利于创新的生态环境

进一步营造创新文化。党的十九大报告特别提出倡导创新文化。一方面，要全面提升公民科学素质。广泛开展科学普及教育，不断提升劳动者科学文化素质，加快科学精神和创新文化的传播，进一步夯实创新发展的群众和社会基础。另一方面，要营造宽容失败的机制和氛围，鼓励和保护敢于创新、勇于创新，不怕失败的精神。

营造公平竞争的市场环境和法治环境。强化知识产权保护，维护创新者的合法权益，促进知识产权创造和运用；进一步完善标准、检验检测和认证体系，充分发挥标准促进技术进步和推广新技术的作用。严格公平执法，减少行政干预，建立公平竞争的市场秩序，为各种所有制、各种规模、各种技术路线的企业提供公平获得创新资源和参与市场竞争的机会，真正形成优胜劣汰的竞争机制。

进一步完善企业创新政策，降低企业创新成本，增强企业投入创新的能力和动力。扩大普惠性政策范围，提高政策公平性。一是对知识产权保护、人才供给、金融支持、研发加计扣除等企业呼声较高的政策，加大政策实施力度，降低政策门槛。二是加强鼓励创新的需求侧政策。进一步完善和落实政府采购、首台套首批次采购政策等；加快全国性政府采购市场建设；改进政府部门和国有企业的公共采购竞标定价规则，对一些具有较大社会效益的创新产品，建立反映外部成本效益的财税政策。三是进一步降低企业特别是小微企业的税费负担。加快发展多层次资本市场，适应各阶段创新企业的融资需求，为创业投资提供更多的退出渠道。抓紧建设适合中小企业的区域性股权交易市场，减少民营中小型银行的准入限制。

传统的管理体制不能适应新经济的发展，发展新经济，需要创新治理方式。转变政府的市场监管模式，针对新技术、新产业、新模式和新业态的特点，有效发挥市场和社会组织的作用。政府要简政放权，减少行政干预，实行放管服相结合。一是营造公平竞争的市场和法治环境，使不同规模、不同所有制、不同技术路线的企业能够公平竞争。二是放开市场准入，更多发挥标准的作用，以环境、安全、质量标准等作为市场准入的门槛，公平执法，防止地方保护导致劣币驱逐良币。制定标准的主体要多样化，标准制定过程要吸收各方利益主体参与，适应技术、经济、社会发展需要，适时科学制定和动态调整标准。三是对商业模式创新和新业态开放包容，先准入，后规范，允许先行先试，加强事中事后监管，及时总结规律，动态调整监管措施，不能用传统的管理办法，不能过早利用现行制度管、卡、关，制约新技术、新模式和新业态的发展。四是探索行业自律和发挥平台责任的监管模式，发挥平台的监督作用，增强平台的治理责任，限制大平台垄断；发挥社会组织的监督作用，如行业协会自律作用，第三方评估等。

4. 人才是最重要的创新要素，创新需要多层次人才

党的十九大报告提出培养造就一大批具有国际水平的战略科技人才、科技领军人才、青年科技人才和高水平创新团队。战略科技人才是具有战略眼光，能在我国科技创新布局中看清方向，提出战略性建议的人才；科技领军人才是具体执行科技项目，带领团队创新突破的领军者；科技青年人才是面向未来，培养后继者，实现创新发展人才队伍的可持续性；高水平创新团队是着眼创新链条各环节的需要，实现从研发到产业化各环节顺畅协调和合作的人才队伍，包括科研人才、技术转移人才、有创新精神的企业家和高技能人才。

创新需要各种层次的人才，不仅需要科学家和工程技术人才，还需要大量高素质的一线管理人才和技能人才。因此，要增加人力资本投入，培养创新需要的多层次人才。特别是在产业转型升级的阶段，各类劳动力的转型升级尤为重要。要建立适合各类人才的多层次人才政策。一是要培养适应创新需求的多层次人才。目前，我国的科研人员和工程师的数量居世界前列，但人才结构不尽合理。一方面，战略科学家和高端领军人才不足，另一方面，生产一线需要的高素质管理人才和技能人才短缺。因此，要优化教育结构，培育少数全球顶尖的研究型大学，建设一批高质量的应用型大学和职业教育。面对产业转型升级的需要，加强持续教育和在职培训，促进劳动力的转型升级。二是要建立分层次的人才激励机制。改进人才评价机制，整合现有多头管理的各类人才计划，增加用人单位在引进人才上的话语权，发挥市场选人和评价人才的作用。在收益分配上充分体现知识和创新的价值，调动各类人才的创新积极性。健全和改进职业资格认证体系，鼓励和培育工匠精神。

5. 进一步推进开放创新，加强国际合作，有效利用全球创新资源，提高创新质量和效率

开放创新是当前全球创新发展的大趋势。主要表现在以下几个方面，一

是随着经济全球化和快速科技进步，知识、人才、信息、技术等各种创新要素加速在全球范围内流动和配置，哪里环境好，创新要素就向哪里流动。二是创新投入和活动全球化。自全球金融危机以来，世界经济进入深度结构调整，创新成为重要的发展动力。越来越多的国家开展创新活动，全球创新格局呈多中心、多极化发展趋势。中国的研究开发支出居世界第二，创新综合能力跃升至全球创新指数第22位。三是新技术、新知识快速增长，越来越多突破性创新在交叉领域形成，创新链上各环节不可能在一个企业、一个地区，甚至一个国家完成，开放和合作创新成为必然选择。因此，传统的封闭、独立、线性创新方式正在转向开放、合作、网络化的创新模式。目前，我国开放创新的模式不断升级，利用国际资源的方式正在从“引进来”为主转向“引进来”与“走出去”相结合。

党的十八大提出创新驱动发展战略，要以全球视野谋划和推动创新。国家“十三五”科技创新规划提出“实施科技创新国际化战略，全方位融入和布局全球创新网络”。以全球视野来谋划和推动创新主要包括三层含义。一是从全球科技发展和产业竞争的角度进行创新布局。当前，新一轮科技革命和产业变革的巨大能量正在不断积累，围绕传统产业升级和新兴产业的国际分工格局正在酝酿形成。面对重大机遇，谁能在科技创新方面占据优势，谁就能掌握未来发展的主动权。我们必须密切关注和紧跟世界科技发展的大趋势，进行科技和创新布局，赢得主动、有所作为。二是坚持开放创新，加强国际合作，有效利用国际科技资源。由于技术复杂度增加，要素成本提高，研发成本也大大上升，迫切需要在更大范围开放创新、有效整合，运用全球创新要素，提高创新能力和质量。三是掌握和运用国际规则，保障全球谋划和推进创新。随着开放创新、合作创新和创新资源配置的新模式不断涌现，新的规则和制度正在逐步形成。我们既要研究、掌握和运用国际规则，推进开放创新，又要参与全球的创新治理，提升制定国际规则的话语权，保障国家和企业在开放创新中的合法利益。

开放创新分为以下两个层次。一是企业层面的开放式创新，主要指企业层面创新模式的开放性。企业通过利用内部和外部科技资源加快创新，提高创新能力。二是国家层面的开放创新体系，即营造开放创新环境，促进创新要素跨区域流动和创新成果应用的国际化，提高新技术应用的规模效益，提高创新效率。国家层面的开放创新体系为企业的开放式创新提供要素和制度保障，国家创新体系的开放度决定了企业开放式创新的效率。

构建国家开放创新体系，重点在以下三个方面。一是制定与国际接轨的创新政策，消除阻碍创新要素流动的人才、资金管理制度，吸引全球创新要素和有效利用两种资源、两个市场。加强各国之间的交流和借鉴，因地制宜制定鼓励创新的战略、政策和措施，促进科技政策与教育政策、金融政策、贸易政策等相互配合；建立公开、公平、公正的国际规则，减少贸易、投资和标准壁垒，促进和保障创新要素在全球自由流动。二是分层次开展国际合作，搭建多样化的国际创新合作平台，实现互利共赢。既要加强国家层面的科技合作和人员交流，也要鼓励企业层面开展市场导向的技术引进、转移与合作创新。要注意加强与国际社会开展科技合作，解决全人类共同面对的问题，如粮食安全、气候变化等，促进共享创新发展成果。世界各国的创新能力存在较大差异，应以包容和共享的精神，加强发达国家与发展中国家的交流，加强对发展中国家人才、技术等的援助，防止各国之间因创新能力差异形成新的创新鸿沟。三是积极参与全球创新治理的规则制定。建设创新型世界经济需要完善全球创新治理、共享创新发展成果。通过制定环境、安全、质量等标准，促进符合科学发展、可持续发展、包容性发展要求的创新，鼓励负责任的创新，有效保护知识产权，促进技术扩散与应用，减少开放创新可能带来的负面影响。增强我国在全球创新治理中的话语权，从国际规则的被动接受者，成为国际规则制定的参与者，在国际创新治理中发挥应有的作用。

新经济条件下中国企业社会责任现状及其对企业创新的影响

王海峰　兰　赛①

尽管该领域的学术研究取得了明显的进展，但在具体实践上，中国企业社会责任的参与度依然明显落后国际水平。对企业是否应当从事企业社会责任活动的问题，大部分中国企业缺乏主动参与的动机。本文从企业的角度，借助“察觉—动机—能力”（AMC）模型，探讨了中国企业从事企业社会责任活动的战略意义。具体讨论以下两个方面的问题：首先，从竞争战略层面，讨论了中国企业从事企业社会责任活动的驱动因素和战略实施。其次，从企业创新层面，探讨了企业从事社会责任活动对企业创新的影响并提出了影响机制的模型。

一、中国企业社会责任

企业社会责任（Corporate Social Responsibility，CSR），根据利益相关者理论，是指“在市场经济体制下，企业的责任除了为股东追求利润外，也应该考虑利益相关者，即影响和受影响企业行为的各方的利益”[1]。研究显示，中国企业在企业社会责任方面依然处于起步阶段[2]。在 CSR 方面取得突出成绩的大部分中国企业都是传统意义上就被国家赋予更多社会责任的国有企业。其他的企业，要么是还没有意识企业从事企业社会责任活动在战略上的重要

① 王海峰：北京大学汇丰商学院硕士研究生，兼创新创业研究中心研究员；兰　赛：北京大学汇丰商学院创新创业研究中心主任，助教授。

性，要么就是仅仅被动地响应社会的期待，应付了事，而这种心态又会造成严重的代理问题[3]。社会责任活动在中国企业之间，也存在较大的差异和波动。针对中国企业的社会责任方面的活动的一项最近研究显示下列趋势：

首先，尽管越来越多的中国企业开始接受企业社会责任的理念并且从事相关活动，但是距离国际标准还有较大的差距。尽管中国企业开始从企业社会责任领域的旁观者变成初学者，但是，至今只有屈指可数的企业在这方面达到了跟随者、领导者乃至于模范领袖的地位。其次，国有企业在企业社会责任实践中占主导地位，民企和外企相对较落后。国企中，又以央企和金融行业企业扮演的角色尤其突出。再次，中国企业所从事的社会责任活动更多地聚焦在社会议题，而非环保议题上。企业更关注对政府政策的响应、员工福利的保障及社区发展，对环境污染，废弃物处理等议题关注较少。社会责任活动发展不均衡现象明显。最后，中国企业的社会责任表现波动很大，呈现时间和空间上的不一致性。时间上的“非一致性”。例如，企业在首发上市过程中会通过频繁的社会活动增加曝光率，树立良好的企业形象以提高过会率。但是在上市后却很难维持这种较高水平的社会表现。还有一些企业，特别是大型国有企业，在面临较强监管压力的时期里能够积极地履行社会责任，但一段时期后就会降低表现水平。这是企业将履行社会责任当作“门面功夫”的典型表现。

总体而言，中国企业现在的社会责任活动水平已有显著的提升，但与国际水平相比依然有不小的差距。因此，在未来中国企业的发展中，如何理解积极从事社会责任活动的潜在好处及具体如何从事社会责任活动，是十分重要的。

本文第二部分，我们从 AMC 模型出发，分析中国企业从事社会责任活动的“察觉—动机—能力”的现状。第三部分，阐述企业在新经济条件下，从事社会责任活动对其创新表现的影响。最后一部分进行总结。

二、从 AMC 模型的角度分析中国企业社会责任活动现状

1. AMC 模型

“察觉—动机—能力”（简称 AMC）模型来源于动态竞争理论[4;5]，是关

于企业如何制定战略决策和行动的分析框架。模型提出了企业战略决策的三个前提因素：①对其他竞争企业行动的察觉。②响应竞争性行动的动机。③响应竞争性行动的能力。简单的说，AMC 模型指出一个企业的战略决策会受其对竞争企业行动的是否察觉的影响，同时在察觉之后企业只有在认为响应这些竞争性行动是必要的、可行的时候，才会做出战略行动，从反面来看，这也意味如果一个企业对竞争性行动无动于衷，那么要么企业认为这些竞争性行动不值得响应，要么企业在做了详细的分析之后认为自身无力响应。

具体到企业社会责任活动，尽管 CSR 本身并不能成为直接的竞争性行动，但是这个领域的投入无论是在国内还是国际上，在竞争中起越来越重要的作用。这一点得到了很多研究的支持[6-8]。与 CSR 相关的商业决策也越来越趋近一种战略响应。传统的动态竞争理论只关注由竞争对手带来的威胁，但是在 CSR 相关的活动领域，公司还需要面对来自政府、工会和其他利益相关者的压力[7]，如果没能响应这些群体的要求，企业将在竞争中滑向不利的态势。因此，有组织的、制度化的企业社会活动可以构成一种竞争优势。在此基础上，我们认为 AMC 模型就可以很适合用来分析企业在 CSR 问题上，是否采取行动及采取何种行动的动因。

2. 对企业社会责任行动的“察觉”

我们之前已经提及，中国企业才刚刚对参与企业社会责任活动有了意识，并且开始从旁观者向初学者转变。关于中国企业社会责任最突出的现象莫过于国企的支配性地位。众所周知，由于政府的支持，国企相比私企和外企，一般来说有更多的闲余资源和较小的盈利压力，因此他们更有可能承担 CSR 的成本并且从事相关的活动。但是，我们需要注意的是闲余资源只是积极从事 CSR 活动的必要而非充分条件。国企积极参与企业社会责任现象背后真正的原因更可能是政府在起作用，尤其是对央企。我们必须看到，中国的国企传统上就要被政府赋予更多的社会责任，近年来中国各级政府也出台了 CSR 相关的政策[9]，这种制度环境才可能是中国企业，尤其是国企越来越多从事企业社会责任的真正原因。

中国这种自上而下的企业社会责任政策的推行方式，有利有弊。从好的方面来说，有利于国企较快地采纳 CSR 并且从事相关实践，成为其他类型企业树立榜样。从不好的一面来说，由于这种推行方式并没有使企业真正意识参与社会责任活动能带来的潜在收益，企业只是在被动地履行政治义务，而不会将 CSR 纳入其战略考虑中，政策推广的结果可能导致敷衍了事、虎头蛇尾。中国企业社会责任表现的巨大差异和波动性可能就是这种结果的反映。因此，为提高中国企业的社会责任意识，提高其对参与企业社会责任活动收益的认识，有必要向企业推广从事企业社会责任活动的具体案例和分析。

3. 从事企业社会责任行动的“动机”

AMC 模型里的“动机”指出了一个公司是不是愿意对竞争性活动做出响应。类似地，在企业社会责任的语境中，“动机”指一个企业是否愿意分配注意力和资源来从事 CSR 相关的活动。对假设的利益最大化的企业，接受 CSR 并采取相关行动是建立在这些行动能为公司带来实在的收益的前提之上。

到目前为止，大量的文献研究了企业社会责任活动（CSR）对企业绩效（CFP）的影响，结果有正有负，尚无定论。现有研究还指出了一些可以影响企业社会责任活动对企业绩效作用的因素包括企业的长期战略定位[10]，消费者意识[11]，利益相关者影响能力[12;13]等。对此，我们必须清楚，CSR-CFP 的关系可能并不是简单的线性关系，它有可能是一个 U 形的关系[12]。主要原因在于企业从事的社会责任活动可能需要相当长的时间才能取得收益，补偿之前付出的巨大成本。考虑这一点，我们接下来主要讨论企业社会责任能带来的潜在收益。

从理论研究和实证资料来看，中国企业从事社会责任活动的决策，既包括一般意义上竞争优势的考虑，又包括中国市场语境下的特有情况。驱使中国企业参与 CSR 活动的因素是多方面的，包括差异化战略的需要、维护与利益相关者的良好关系、全球化以及可持续发展的需要等。下面，我们将依次从这几个方面来具体阐述：

第一，中国的企业正面临越来越大的竞争压力，随着劳动成本的上升，原来的低成本竞争战略难以维系，走差异化的道路成为中国企业长期发展的必然选择。企业社会责任可以为一个公司的产品提供良好的差异化特质[14]，公司优异的 CSR 表现能向市场中处于信息不对称的消费者发出可信的信号，通过发信号机制帮助消费者区分优等商品和劣等商品[15]。例如，食品公司可以对更健康、更环保、更安全的食物征收更高的价格。而且，研究还发现，对创新能力相对较弱的公司和行业，积极参与企业社会责任活动可以帮助公司提高业绩[16]，这一结果暗示了 CSR 可以在竞争中起替代创新所发挥的功能。今天，大量的中国公司在创新表现方面都处于落后地位，因此，以 CSR 为基础的差异化战略不失为一种有效的竞争策略。

第二，CSR 可以帮助企业管理其与不同利益相关者的关系[17]，提高相互之间的社会信任并减少交易成本[13;18]，进而提高公司的财务表现。并且，良好的社会关系网络可以为公司提供更多的商业机会，也能消除一些潜在的风险[19]。相反，如果公司忽视与利益相关者们的关系建设，有可能导致公共危机，进而对公司的竞争优势产生不利影响。近年来，中国一些生产危险化工产品的公司屡屡被当地居民告上法庭，引起很大的社会关注，并对公司产生负面的社会影响和盈利压力。这些公司在运营过程中对当地社区的欠考虑，可以作为典型的负面案例。

第三，全球化带来的需要。中国加入 WTO 之后，很多中国公司开始纳入全球产业链。为了在全球范围内保持竞争力，就需要遵循一些国际准则，如 ISO 26000，GRI-G3 guideline 等。从某种意义上来说，遵从 CSR 活动标准能在国际商贸中提供可信度。同时，中国的很多公司也作为跨国公司进入了国际市场，开始面对当地政府在 CSR 方面政策要求，还需要与当地有丰富的 CSR 经验的公司展开竞争，这些都驱使中国跨国公司更快、更好地参与企业社会责任活动。

第四，中国是一个自然资源并不富余的国家，尤其是从人均自然资源的角度来看，因此，可持续发展至关重要。中国企业需要采取可持续发展的战略来应对中国迈向长期繁荣所带来的压力，企业的发展要转向能源、资源节约，并且将长期发展纳入战略考虑。对很多公司来说，可持续发展带来了可观的成本，但是与此同时也带来了不小的竞争机遇。从这个角度来说，可持续发展，不仅有利于公司，还有利于国家，可以成为企业接纳 CSR 并积极参与的动因。

总体上，中国企业应该更好地理解企业社会责任活动带来的潜在收益，理解其带来的竞争优势，从差异化战略、维护与利益相关者关系、全球化、可持续发展等角度全面看待企业社会责任。

4. 企业从事社会责任行动的“能力”

在 AMC 模型中，除了察觉和动机，能力也一样影响企业的战略决策。只有当一个企业认为自己能够从企业社会责任活动的投资中创造价值时，在这些活动上投资才有意义，同样，这里隐含企业是利益最大化的假设。有两类能力在企业利用 CSR 去创造价值的过程中，最为突出：

第一，企业管理与利益相关者的关系的能力。如前所述，以企业社会责任为基础的差异化战略只有在目标群体能接收企业社会责任行为带来的关于企业产品和服务的信号的时候，才是有效的。实证研究表明，只有当消费者意识较高时，企业的价值才与 CSR 投入正相关[11]。良好的与利益相关者的关系同样能够帮助企业缓和潜在的危机[19]，如产品质量问题带来的公关危机。因此，如果企业能够与不同的利益相关者建立友好互信的关系，并且能与利益相关者们形成良好的沟通，将大大地提高企业从 CSR 活动中创造价值的能力。

第二，企业可持续发展的能力也很重要。企业在 CSR 上的投入往往不能给公司带来直接的效益，反而需要较长的时间才能收到效果。因此，一个公司如果要参与 CSR 活动，最好同时拥有一个长远的战略[10]，这样才能取得良好的效果。相应地，企业也要在运营中强调可持续性，设计具有可持续性的商业模型[20]，只有这样，企业才能更好的从社会责任活动的投资中获利。

总体而言，不是所有的中国企业都具有从 CSR 活动中创造价值的能力，每个企业都应该合理地评估自己的能力和资源基础，从而做出合适的关于企业社会责任的决策。从另一方面来看，如果企业能够主动地、积极地投入资源和精力去培养相应的能力，企业就可以在不久的将来利用 CSR 为自己创造更大的价值。

三、企业社会责任活动对企业创新表现的影响

在当前新经济的环境下，创新、绿色环保、知识驱动等成为企业发展越来越重要的动力来源。在这样的背景下，正确认识企业社会责任的理念，积极践行企业社会责任，不但能够帮助中国企业正确认识企业与社会的关系，发挥企业的社会价值，同时也能帮助企业提高创新表现，在新经济时代获得竞争优势。

创新一直被认为是能为企业创造长期价值的关键来源[21]。在过去几年里，越来越多的研究开始关注企业社会责任表现与企业创新的关系[22]。现有的关于这一关系的研究主要有两个局限：首先，一个是没有考虑企业社会责任概念的多维度性。不少研究者把企业社会责任简单地处理成环境保护的议题。为了深入理解企业社会责任与企业创新之间的关系，我们就需要将 CSR 这一概念分解成更细的维度。其次，尽管研究企业社会责任与企业创新的论文有很多，但缺乏对具体影响机制的讨论。我们从理论和实证研究出发填补这一空白。

从利益相关者理论和资源基础理论的视角，我们提出了企业社会责任影响企业创新表现的机制模型：企业从事社会责任活动可以帮助企业积累无形资源包括人力资源、外部企业声誉、企业文化和企业的社会网络等，而积累的这些无形资源对创新的提高至关重要。同时，不同领域的企业社会责任活动表现不同程度的影响。我们深入研究了六个企业社会责任活动的子维度：雇员关系，多样性管理，公司治理、社会关系，环境问题和产品质量。影响机制模型如图 2-1 所示：

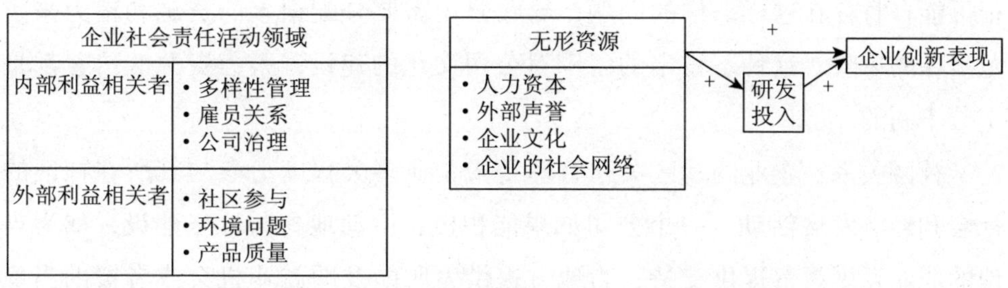

图 2-1 企业社会责任如何影响企业创新表现的模型

1. 企业社会责任活动对无形资源的影响

雇员关系：公司通过实施各种不同的人力政策来管理与雇员的关系包括给职工自主权，薪酬调整，在职教育，职业发展计划，灵活的组织形式，退休计划，解雇安置等。这些政策和实际的措施可以给公司带来很大的好处，因为他们可以鼓舞员工，降低员工的离职率和缺席率，提高员工的生产能力和工作效率，还能提高职工对公司的忠诚度，从而可以留住企业现有的人才，并吸引潜在的外部人才[23; 24]。良好的雇员关系管理不但可以直接带来高素质的企业人力资本，还可以帮助促进良好的公司文化的产生。

多样性管理：多样性管理是指公司在提高员工背景的多样化方面做出的努力包括性别多样化，专业多样化，族群多样化等。通过多样化管理，公司可以从更大的劳动力市场吸引人才，减少性别和族群歧视[25]，从而吸引更高素质的人才，有利于公司的人力资本的积累。以往的研究证明，多样化的缺乏会导致职工较高的离职率和缺席率[26]，对公司的生产效率带来直接的负面影响。同时，一个公司如果在公司外部也采纳多样化管理的思路，就能扩大自己的供应和销售渠道[27]，建立与消费者和供应者更好的关系，提升公司的外部社会网络。

公司治理：企业在公司治理领域的关系管理是指公司为了控制公司内部腐败、贿赂、财务不稳定性、政治不稳定等问题所做的努力。一般来讲，公司为了控制类似的问题，需要推出一套严格的内控体系，使公司内的氛围更正式、更制度化，从而可能会抑制公司内自由的、无拘束的交流。更为重要的是一个在控制公司内部政治不稳定、财务不稳定等方面投入很多的公司，很可能自身存在这样那样的问题，导致公司需要分配很多的资源和精力来防范潜在的风险，这种不稳定的氛围对公司文化的建设，人力资源的培养都是十分不利的。

社区关系：企业的社区关系管理是指企业多大程度上参与其所在社区的社会和经济发展活动。一个公司如果能积极、主动地参与社区建设，如为当地的职业发展教育提供支持，为地方提供力所能及的就业机会或者援助当地落后的地区[28]，这些举措将能够帮助公司建立良好的外部关系，帮助企业社会网络的培育和社会资本的积累。社区参与也能够帮助企业建立社会信任、社会链接、社会声誉，甚至获得地方上的有利政策支持。

环境问题：企业通过废弃物管理，关注气候变化议题、关注自身资源利用情况，以及采取新型的环保标准等措施来管理其与外界自然环境的关系。这种外部关系管理可以通过帮助公司建立更好的外部网络而使公司受益。由于环境的问题的高度社会关注，一个公司的环保表现往往与其社会声誉紧密联系在一起，公司在这个领域的积极参与对维护其社会声誉大有益处[29]。

产品质量问题：这个维度的企业社会责任关系主要指公司在确保产品质量、产品安全和产品创新等方面做出的努力。一个公司如果在产品质量问题上表现积极，就会向消费者和社会释放公司能力良好和社会参与积极度高的信号，而这又能反过来促进企业的声誉和消费者基础[30]。公司也能从这些举措，如积极获取消费者反馈，响应国家对产品品质的最新要求等，获得关于如何提高产品质量的外部知识，尤其是市场反馈的知识，从而能加快产品和流程创新[31;32]，更好地响应消费者的需求。

如上所述，不同维度的企业社会责任可以影响企业的人力资本、企业文化社会声誉、社会网络等无形资源，而这些无形资源又能对企业的创新表现能够产生显著的促进作用。

2. 无形资源对企业创新的影响

无形资源被认为比有形资源对企业的创新更为重要[33]。例如，企业的无形资源决定企业对知识的吸收能力和转化能力[33]，进而可以显著影响企业的创新能力。根据资源基础理论，企业绩效不同是资源禀赋不同的结果，尤其是更加难以获得、培养和积累的无形资源[33;34]。在众多的无形资源中，研究者们认为，人力资源、企业声誉、企业文化和外部网络等，对企业竞争优势的培养具有战略意义[35-37]。

人力资源：人力资源是指员工的知识、技能和内嵌于公司的一些能力[38;39]。研究表明旨在提高企业人力资源的举措能够对公司的创新能力有积极的影响[40;41]。例如，人力资源的提升可以提高公司的吸收能力，尤其是针对链接公司内部知识和外部知识的人力所做的提高[31]。高质量的人力资源能够能更好地鉴别和吸收有用的外部知识，从而促进公司内部知识的积累，公司内外知识的交流[42]。

企业声誉：良好的企业声誉有利于企业更好地将各个利益相关者带入企业的活动中来，利益相关者对企业活动的积极参与又能为企业带来良好的反馈和更多的外部知识渠道[43;44]。例如，作为企业社会声誉的重要组成，企业品牌或者受人尊敬的企业形象，可以帮助企业更好地吸引人才，加强企业的区分度，提高员工参与创新型活动的能力和热情[45;46]。

企业文化：企业文化是指内嵌于企业并且存在组织个体的思想和行动中的态度、知识和信仰[30]。企业文化可以将该企业组织中的个体与其他组织中的个体区分开来。企业个体之间共享的语言、文化方便了日常的交流，促进了合作，互信和创新的氛围[47;48]。研究显示，企业文化在企业创新中起关键作用：企业文化是企业突破式创新的重要驱动力[49]。

社会网络：企业的社会网络是指企业中个体超越正常组织和商业要求的那些关系[30]。这些个体之间的关系可以分为内部个体关系和外部个体关系，前者对企业内部的协同效应的发挥十分重要，后者则有利于企业处理与供应商、消费者、政府、甚至竞争对手之间的关系。这两种社会关系通过促进信息共享在企业新产品、新技术、新流程等的开发中扮演了重要的角色[50]。有学者证明组织内成员间的关系通过交流、交换与创新相关的信息，对公司的创新表现起显著的正向促进作用[51]。

综上，企业社会责任有利于公司无形资源的积累，而积累的诸如人力资源、社会声誉等方面的无形资源又显著促进公司的创新表现，所以，我们认为，企业社会责任可以提高企业的创新表现。鉴于不同子维度的企业社会责任活动对无形资源的促进作用不同，不同无形资源的积累对企业创新表现的影响也不同，所以我们还认为，不同子维度的企业社会活动对企业创新表现的影响不同。

根据我们对美国1991—2014年2816家上市企业的企业社会责任活动及其创新表现的情况的实证研究发现，作为整体的企业社会责任对企业的创新有显著的正向影响，雇员关系管理、多样性管理、产品质量控制等三个维度的企业社会责任活动对创新的促进作用也得到了数据的支持，而社区关系建设、环境问题等维度对创新的作用则不显著。同时，与预测一致，公司治理领域的企业社会责任活动不利于公司创新，我们认为这个一方面反映了过于严格的公司治理和僵硬的公司制度不利于创新，另一方面可能也反映了公司内生的一些不稳定的问题需要公司分配太多的资源和精力去解决问题，从而可能不利于公司创新。

四、总结与展望

本文站在企业的角度，利用“察觉—动机—能力”（简称AMC）模型分析了新经济条件下，我国企业的企业社会责任活动的现状，阐明了企业如何结合市场中其他企业的社会责任活动和自身的能力与资源基础，将企业社会责任纳入战略考量的范畴。其中，“察觉”层面上，企业需要更多的引导去认识社会责任活动的范围和边界，以及所身处的制度环境带来的压力。“动机”层面上，我们讨论参与CSR能为企业带来的竞争优势包括差异化、建立与利益相关者的关系、可持续发展与全球化等。最后在“能力”层面上研究了企业要从社会责任活动中为企业创造价值所需要的能力，主要有利益相关者管理和沟通能力和可持续发展的能力。AMC模型帮助我们理清了企业要不要参与社会责任活动背后的三个战略驱动因素：对竞争威胁的察觉，响应竞争威胁的动机和能否响应的能力。具体到CSR的语境中，社会责任活动的投入并不能为企业带来直接的竞争优势，但从长远来看，这个领域的投入带来的影响也不容忽视。因此，对我国企业依然缺乏对 CSR 的深入认识的现状，我们认为政府及行业协会等应该更多的宣传并引导企业从事社会责任活动，而不是坐视企业被动地响应监管层面和来自其他利益相关者的压力。以社会责任为基础的企业战略和商业模型，尽管前期投入大，见效慢，但从可持续发展的角度来看，是值得尝试和探索的途径。

同时，文章还进一步分析了在新经济的背景下，企业从事企业社会责任活动对其创新表现的影响，从理论和实证研究的角度论述了不同维度的企业社会责任活动对企业创新表现的不同影响，并且提出了影响机制的模型。企业社会责任活动对企业的无形资源的积累包括人力资源、声誉、企业文化和社会网络的建立等有重要的促进作用，这些无形资源又都是企业提高创新能力不可或缺的重要组成。根据研究结果，企业如果能积极参与雇员关系建设、提高员工的多样性并且重视企业产品问题，将能够显著提高其创新表现，而过于严格的公司治理则可能起相反的效果。从整体来看，企业从事社会责任活动对其在知识和创新驱动的新经济背景下，具有竞争和创新两方面的有利作用。

参考文献

[1] Edward F. R.. Strategic Management: A stakeholder approach [J]. Boston: Pitman, 1984, 46.

[2] Chen J., Huang Q., Peng H., et al.. Research report on corporate social responsibility of China [M]. Springer, 2015.

[3] 肖红军，张俊生，李伟阳. 企业伪社会责任行为研究 [J], 2013.

[4] Chen M. J.. Competitor analysis and interfirm rivalry: Toward a theoretical integration [J]. Academy ofManagement Review, 1996, 21 (1): 100-134.

[5] Chen M. J., Miller D.. Competitive dynamics: Themes, trends, and a prospective research platform [J]. The Academy of Management Annals, 2012, 6 (1): 135-210.

[6] Boulouta I., Pitelis C. N.. Who needs CSR? The impact of corporate social responsibility on national competitiveness [J]. Journal of Business Ethics, 2014, 119 (3): 349-364.

[7] Campbell J. L.. Why would corporations behave in socially responsible ways? An institutional theory of corporate social responsibility [J]. Academy ofManagement Review, 2007, 32 (3): 946-967.

[8] Nidumolu R., Prahalad C., Rangaswami M.. Why sustainability is now the key driver of innovation [J]. IEEE Engineering Management Review, 2015, 43 (2): 85-91.

[9] Gao B., Dietmar R., Edele A.. Overview of CSR policy development by local governments in China. Beijing: Economics and Management Press, 2012.

[10] Wang T., Bansal P.. Social responsibility in new ventures: profiting from a long-term orientation [J]. Strategic Management Journal, 2012, 33 (10): 1135-1153.

[11] Servaes H., Tamayo A.. The impact of corporate social responsibility on firm value: The role of customer awareness [J]. Management Science, 2013, 59 (5): 1045-1061.

[12] Barnett M. L., Salomon R. M.. Does it pay to be really good? Addressing the shape of the relationship between social and financial performance [J]. Strategic Management Journal, 2012, 33 (11): 1304-1320.

[13] Barnett M. L.. Stakeholder influence capacity and the variability of financial returns to corporate social responsibility [J]. Academy ofManagement Review, 2007, 32 (3): 794-816.

[14] Porter M. E.. Towards a dynamic theory of strategy [J]. Strategic Management Journal, 1991, 12 (S2): 95-117.

[15] Ndofor H. A., Levitas E.. Signaling the strategic value of knowledge [J]. Journal of Management, 2004, 30 (5): 685-702.

[16] Hull C. E., Rothenberg S.. Firm performance: The interactions of corporate social performance with innovation and industry differentiation [J]. Strategic Management Journal, 2008, 29 (7): 781-789.

[17] Freeman R. E., Mcvea J. A stakeholder approach to strategic management [J], 2001.

[18] Jones T. M.. Instrumental stakeholder theory: A synthesis of ethics and economics [J]. Academy ofManagement Review, 1995, 20 (2): 404-437.

[19] Fombrun C. J., Gardberg N. A., Barnett M. L.. Opportunity platforms and safety nets: Corporate citizenship and reputational risk [J]. Business and Society Review, 2000, 105 (1): 85-106.

[20] Nidumolu R., Prahalad C. K., Rangaswami M. R.. Why sustainability is now the key

driver of innovation [J]. Harvard Business Review, 2009, 87 (9): 56-64.

[21] Griliches Z: Productivity, R&D, and the data constraint, R&D and Productivity: The Econometric Evidence: University of Chicago Press, 1998: 347-374.

[22] Rexhepi G., Kurtishi S., Bexheti G.. Corporate social responsibility (CSR) and innovation - the drivers of business growth? [J]. Procedia-Social and Behavioral Sciences, 2013, 75: 532-541.

[23] Berman S. L., Wicks A. C., Kotha S., et al.. Does stakeholder orientation matter? The relationship between stakeholder management models and firm financial performance [J]. Academy of Management Journal, 1999, 42 (5): 488-506.

[24] Kitazawa S., Sarkis J.. The relationship between ISO 14001 and continuous source reduction programs [J]. International Journal of Operations & Production Management, 2000, 20 (2): 225-248.

[25] Thomas D. A., Ely R. J.. Making differences matter [J]. HarvardBusiness Review, 1996, 74 (5): 79-90.

[26] Robinson G., Dechant K.. Building a business case for diversity [J]. The Academy of Management Executive, 1997, 11 (3): 21-31.

[27] Richard O. C., Su W., Peng M. W., et al.. Do external diversity practices boost focal firm performance? The case of supplier diversity [J]. The International Journal of Human Resource Management, 2015, 26 (17): 2227-2247.

[28] Hess D., Rogovsky N., Dunfee T. W.. The next wave of corporate community involvement: Corporate social initiatives [J]. California Management Review, 2002, 44 (2): 110-125.

[29] Brammer S. J., Pavelin S.. Corporate reputation and social performance: The importance of fit [J]. Journal of Management Studies, 2006, 43 (3): 435-455.

[30] Hall R.. The strategic analysis of intangible resources [J]. Strategic Management Journal, 1992, 13 (2): 135-144.

[31] Leonard-Barton D.. Wellsprings of knowledge: Building and sustaining the sources of innovation [J], 1995.

[32] Romijn H., Albaladejo M.. Determinants of innovation capability in small electronics and software firms insoutheast England [J]. Research Policy, 2002, 31 (7): 1053-1067.

[33] Del Canto J. G. , Gonzalez I. S. . A resource-based analysis of the factors determining a firm's R&D activities [J]. Research Policy, 1999, 28 (8): 891-905.

[34] Barney J. . Firm resources and sustained competitive advantage [J] . Journal of Management, 1991, 17 (1): 99-120.

[35] Balkin D. B. , Gomez-Mejia L. R. . Explaining the gender effects on faculty pay increases: do the squeaky wheels get the grease? [J] . Group & Organization Management, 2002, 27 (3): 352-373.

[36] Grant R. M. . The resource-based theory of competitive advantage: implications for strategy formulation [J] . CaliforniaManagement Review, 1991, 33 (3): 114-135.

[37] Surroca J. , Tribó J. A. , Waddock S. . Corporate responsibility and financial performance: The role of intangible resources [J] . Strategic Management Journal, 2010, 31 (5): 463-490.

[38] Nahapiet J. , Ghoshal S. . Social capital, intellectual capital, and the organizational advantage [J] . Academy of management review, 1998, 23 (2): 242-266.

[39] Coff R. W. . Human capital, shared expertise, and the likelihood of impasse in corporate acquisitions [J] . Journal of Management, 2002, 28 (1): 107-128.

[40] Lund Vinding A. . Absorptive capacity and innovative performance: A human capital approach [J] . Economics of Innovation and New Technology, 2006, 15 (4-5): 507-517.

[41] Michie J. , Sheehan M. . HRM practices, R&D expenditure and innovative investment: evidence from the UK's 1990 workplace industrial relations survey (WIRS) [J] . Industrial and Corporate Change, 1999, 8 (2): 211-234.

[42] Carter A. P. . Knowhow trading as economic exchange [J] . Research Policy, 1989, 18 (3): 155-163.

[43] Debresson C. An Entrepreneur Cannot Innovate Alone; Networks of Enterprises Are Required. The meso systems foundation of Innovation and of the dynamics of technological change. Paper presented at the DRUID conference on systems of innovation [J], 1999.

[44] Tsai W. . Knowledge transfer in intraorganizational networks: Effects of network position and absorptive capacity on business unit innovationand performance [J] . Academy of Management Journal, 2001, 44 (5): 996-1004.

[45] Fombrun C. , Shanley M. . What's in a name? Reputation building and corporate strategy

[J] . Academy of Management Journal, 1990, 33 (2): 233-258.

[46] Hall R. A framework linking intangible resources and capabiliites to sustainable competitive advantage [J]. Strategic Management Journal, 1993, 14 (8): 607-618.

[47] Russo M. V., Fouts P. A. . A resource-based perspective on corporate environmental performance andprofitability [J] . Academy of Management Journal, 1997, 40 (3): 534-559.

[48] Sharma S., Vredenburg H.. Proactive corporate environmental strategy and the development of competitively valuable organizational capabilities [J] . Strategic Management Journal, 1998: 729-753.

[49] Tellis G. J., Prabhu J. C., Chandy R. K.. Radical innovation across nations: The preeminence of corporate culture [J] . Journal of Marketing, 2009, 73 (1): 3-23.

[50] Thompson M., Heron P.. Relational quality and innovative performance in R&D based science and technology firms [J] . Human Resource Management Journal, 2006, 16 (1): 28-47.

[51] Maurer I., Bartsch V., Ebers M.. The value of intra-organizational social capital: How it fosters knowledge transfer, innovation performance, and growth [J] . Organization Studies, 2011, 32 (2): 157-185.

论加强我国产业共性技术研究体系的建设

吴金希①

中国已进入依靠创新实现高质量发展的新时代，高效率的创新体系是创新驱动发展战略的根本保证。产业共性技术往往是复杂、多学科集成技术，是连接基础研究和应用技术开发的桥梁。产业共性技术供给不足是当前我国创新体系的一个短板，其根本原因是认识上的模糊和体制上的缺陷。在关键共性技术攻坚克难和服务广大中小企业技术升级等方面，公立产业技术研究院具有不可替代的战略地位。未来，我们一定要克服短期应付思维，解决资源分散、拼凑粗放的管理方式，树立长远的战略目标，努力做到产学研深度融合、军民深度融合，在决定国家未来经济命脉的战略新兴产业等领域，建设一批高质量、可持续的产业技术研究机构，为高质量创新发展提供体系保障。

一、引言

当前，我国已经是全球制造大国和科技大国，但是，我们还称不上制造强国和科技强国。尽管我国科技人员数量、发表论文数量、技术发明和专利申请数量等指标已经在世界上名列前茅，但是，科技成果对经济社会发展的支撑作用还不强、创新型制造还不够多，科技成果转化率仍低。另外，中国制造“大而不强”是共识。在“工业基础、自主创新、绿色发展等方面还有较大差距”，在“核心零部件、基础原材料、控制系统”等方面依赖进口，遭

① 吴金希：清华大学社科学院战略新兴产业研究中心主任，清华大学长聘副教授，研究员，博士生导师。

遇“锁喉痛”[1]①。

当前，在我国创新体系中存在以下几个亟待解决的矛盾：

第一，过去十年，虽然我国研发经费增长很快，占 GDP 的比重已超过 2.1%，研发经费总量仅次于美国，位列世界第二[3]，但是，我国研发经费主要投入到了应用研究领域，在基础研究和应用基础研究领域投入比例仍然偏低。

第二，产学研结合不紧密的问题仍比较突出，科研院所专业化分工不够，低水平、同质化竞争现象普遍。而且，近年在世界一流大学、一流科研院所指标考核和指引下，大学和科研院所重返“象牙塔”的趋势明显，对学术单位考核和评价有过分看重论文、基础研究和“纵向课题”的倾向，国内学术单位对企业、尤其是广大中小企业的服务不够。借用一句流行语言，可以说，广大中小企业对高质量共性技术供给的需求与我国创新体系领域的不协调、不平衡的矛盾是制约我国迈向创新型国家的一对主要矛盾。

第三，由于受历史传统与现行体制机制的影响，在一些需要通过集中力量办大事、实行“一体化”创新的领域，我们普遍取得了令人瞩目的成功，如航天工业，高铁，核工业，这些产业因为涉及要素较多，需要国家全力支持和投入，后发国家的单个企业往往无能为力，我们采用举国体制反而取得了成功。而在一些市场竞争比较激烈、技术路径千变万化、颠覆性技术日新月异的领域，如半导体技术、汽车及零部件技术等，我们往往发展的不如人意，一直处于追赶和被动应付局面。

本文的核心观点是产业技术研究院是创新型国家必不可少的体系性能力和基础。产业技术研究院与大学、国家实验室、企业研究院定位不同、职能各异，不能互相替代。我国共性产业技术研发和供给体系的薄弱是我国创新体系的短板。针对不同的产业特点，创建高水平的产业技术研究院是补齐这个短板的有力抓手。迄今为止，决策者仍然没有从战略高度认识产业技术研究院建设的重要性，寄希望松散的创新联盟、创新中心、大学科技园、孵化器等来代替产业技术研究的建设和长期投入，是不可能达预期目标的。在我

① 据报道，中国目前仍然是知识产权收益赤字国。2015 年，中国知识产权国际收入仅为 10.8 亿美元，而美国高达 1246.7 亿美元，是中国的 115 倍。

国，扎实推进产业技术研究院体系的建设，任重而道远。

二、什么叫产业技术研究院？其功能到底是什么？

在一国创新体系中，不同创新主体承担的角色、定位各不相同，如图 1 所示。一般而言，大学重在基础研究和原创性理论发现，企业重在产品和服务等应用端研发设计，而国家实验室往往聚焦国家和公众所面对的国防、卫生和环境挑战，是大科学的象征。尽管他们之间业务有交叉，但是受职责所限，这些机构很难投入足够多的资源从事竞争前（Pre-competition）产业共性技术研究。

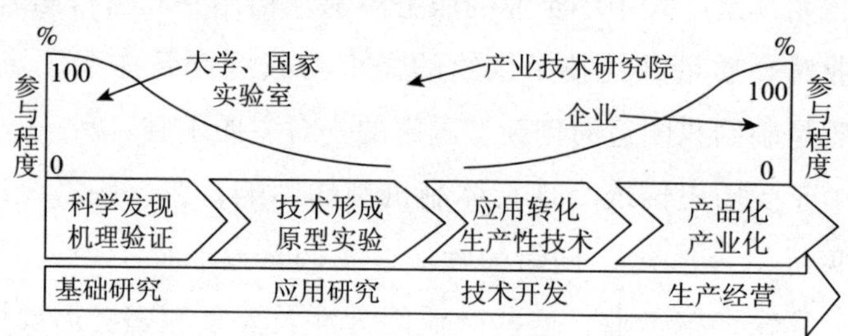

图 2-2 产业共性技术研究院的定位和使命

产业共性技术研究一头连大学和研究机构的基础研究，一头连市场的实际技术应用，解决的是创新体系中“死亡之谷”的问题，它对科技成果转化和产业转型升级至关重要。但是，因为这种共性技术具有外部性，单个企业，尤其是广大的中小企业往往不愿意承担这个风险，或者没有能力承担这个责任。另外，大部分产业共性技术不完全是基础研究，也不完全是应用研究，它往往是多学科交叉，属于复杂性、根本性和集成性的创新，研发周期较长、投入人力物力较多、风险相对较大，适合“大兵团”集团长期作战，这往往是偏重教育和基础研究的高校所不愿意或者无能力承担的。

因此，面向应用的产业共性技术研发院就变得不可或缺，这种机构与大学和国家实验室不同，其主要职责在于将具有应用前景的科技成果工程化和商品化，提升整个产业的创新能力和竞争力。如果说大学实验室侧重基础研究和教育、国家实验室主要解决国家重大科技战略需求的话，产业技术研究院则是一国科技成果转化为现实生产力的核心力量。从科技成果转化的链条来看，在基础研究和成果的社会化应用之间存在巨大的空白，需要大量的投入和系统的再创新，其中，产业技术研究院在其中起不可替代的重要桥梁和纽带作用。只重视大学和国家科学院，而忽视产业技术研究院建设必然导致科技成果转化不畅。

因为其公共性和外部性，这样的机构往往由政府出资设立，为区域内企业提供公共技术服务。二战以后，无论是新兴工业经济体还是发达国家都非常重视公立产业技术研究院的建设，以解决产业关键技术研发和科技成果转化过程中的共性问题，如，德国弗朗霍夫应用技术研究院（Fh. G）、中国台湾工研院（ITRI）、美国国家标准与技术研究院（NIST）、日本工业技术研究院（AIST）、荷兰应用科学研究院（TNO）、澳大利亚科学产业研究院（CSIRO）、加拿大国家研究委员会（NRC），韩国科学技术研究院（KIST）等。他们为提升所在地区产业竞争力起了重要作用，成为不可或缺的区域创新引擎。

当然，由于历史传统、发展轨迹不同，世界没有一个放之四海而皆准的创新体系。在产业共性技术研究方面，除了公立产业技术研究院外，其他的机构也承担过相同或相近的功能。例如，美国实力雄厚的工业实验室①。尤其是二战以后，美国企业在大多数产业领域在全世界都形成了一定的垄断优势，因此他们有资源和实力建设行业内一流工业实验室，这些实验室实力强大，其研究的范围甚至超越了应用研究，而走向了应用基础，甚至是纯基础研究。典型的如贝尔实验因为出色的基础研究而获得了6项诺贝尔奖。

一般而言，企业内部的工业实验室没有义务承担产业共性技术研究开发，但是，由于美国工业实验室实力是如此强大，加之美国强有力的反托拉斯法律约束，促使这些企业主动将产业关键共性技术成果外溢到整个产业界，带动整个产业技术能力的提升，客观上，这些私立的工业实验室承担了部分公立产业技术研究院的职能。

---

① 历史上，大企业在内部设立工业实验室制度诞生19世纪末的德国化学工业，继而在美国发扬光大，这是发达国家极其重要的科技制度创新，被称为“发明的工业化”。20世纪初，美国大企业就已经设立了超过500家工业实验室，这些实验室带动了美国创新能力极大提升，典型的如贝尔实验室、康宁公司实验室、IBM研究中心、施乐公司PARC实验室等。

典型的案例是晶体管的案例。众所周知，晶体管技术是第三次产业革命的关键技术，没有晶体管的发明就不会有当今的IT产业，但是，晶体管这项关键技术却是AT和T公司的贝尔实验室于1947年12月发明的。由于AT和T在通讯领域形成了垄断性优势，为了避免受美国反托拉斯法的惩罚，贝尔实验室迅速将晶体管技术廉价转移给行业竞争对手，甚至日本同行，促进全世界半导体产业的迅速发展。

因此，二战以后，美国创新体系可以用图2-3简单示意，实力雄厚的工业实验室承担了部分产业技术研究院的职能，因此，公立产业技术研究院在美国创新体系中的地位和作用不如在发展中国家的地位突出①。

但是，与发达国家大企业有雄厚的实力建立工业实验室不同，对广大的后发国家的众多企业而言，它们大多属于产业的跟踪模仿者，没有足够的资源建设并维持一个高水平的企业实验室，国家集中资源建立一个服务区域内众多中小企业的公立产业技术研究院变得不可或缺。

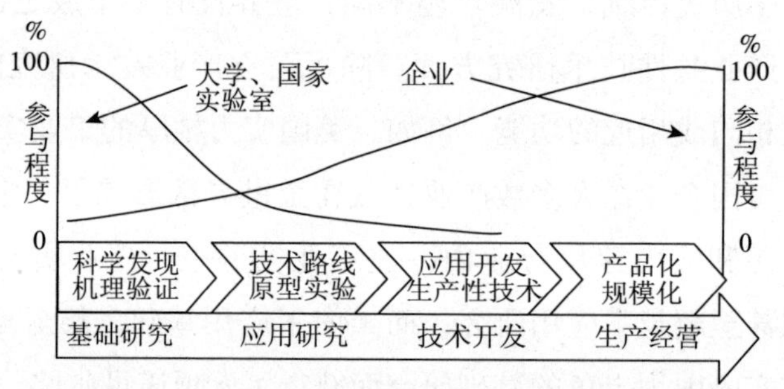

图2-3 企业基础研究能力较强型创新体系

过去，我国受计划体制的影响，建立了规模庞大的工科大学体系，工科大学的重要职能就是承担产业共性技术的研究和培训，很多工科大学与国内大中型企业联系密切，为他们解决生产经营中的技术问题，因此，我国传统

① 20世纪70年代，硅谷崛起之后，美国大企业实验室体系受到削弱和挑战，风险投资的优点是能够迅速将创新的种子转化成生产力，最大限度地激发了创业者的积极性，但是风险投资并没有解决创新的“种源”问题，一轮一轮的金融泡沫动摇了企业进行复杂技术研发和根本性创新的动力，私营企业越来越不愿意为产业共性关键技术进行投入，这曾经引起美国有识之士的忧虑[4]。2008年金融危机以后，奥巴马政府在其再工业化战略行动中着重强调了美国要建设一批带有产业技术研究院性质的制造业“创新中心”，就是希望弥补创新种源不足的问题。

工科大学也承担部分公立产业技术研究院的职能，其模式可以用图 2-4 加以简单示意①。

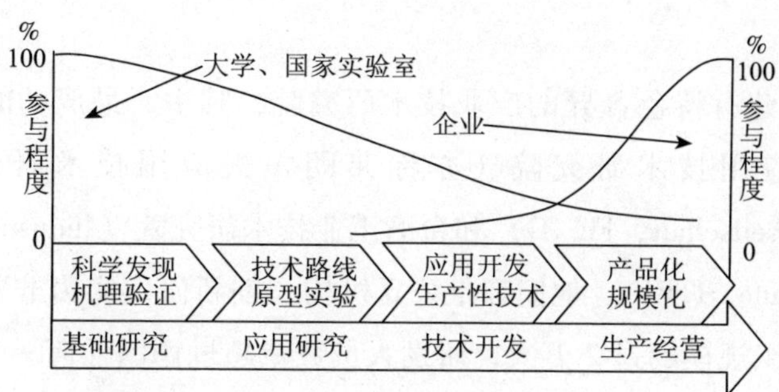

图 2-4 大学应用研究能力较强型创新体系

一国创新体系最糟糕的情况如图 2-5 所示，大学只专注基础研究，企业专注应用研究，中间呈现一个巨大知识鸿沟，处于象牙塔的大学远离产业实际，只关心纯科学研究，而产业界研发能力弱小，没有足够的人力物力和技术资源从事共性技术研究。很多发展中国家盲目照搬美国模式，建设创新体系过程中陷入要么大学、要么企业的二元困境，产学研创新体系的鸿沟越来越大②。

因此，对广大发展中国家而言，集中优势资源建立高水平的公立产业技术研究院就变得极为重要。它一头连大学和国家实验室的基础研究成果，一头连区域内的众多中小企业，成为重要的技术服务平台，为提升整个区域的技术能力服务。

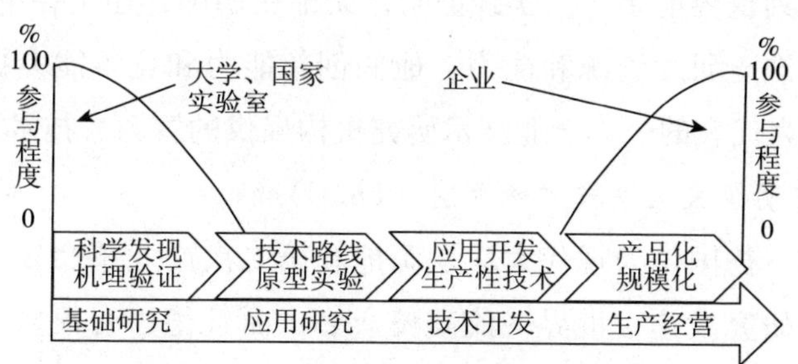

图 2-5 死亡鸿沟巨大型创新体系

① 不仅是工科大学，计划经济时代隶属于各工业部门的“大院大所”也承担了共性产业技术研发职能。

② 这种现象不仅存在发展中国家，19 世纪末 20 世纪初英国衰落的一个重要原因就是英国大学和产业界失去联系，导致英国制造在国际市场失去竞争力，甚至被人称为“英国病”，参见[5]。

三、两个成功的产业技术研究院案例

世界各国建有特色各异的产业技术研究院，其中，最成功的典型当属德国弗朗霍夫应用技术研究院（亦称弗朗霍夫应用技术研究协会，The Fraunhofer-Gesellschaft，Fh. G）和台湾工业技术研究院（Industrial Technology Research Institute，ITRI）。他们都是公立机构，创新研发实力非常强。现在德国 Fh. G 的组织规模超过 2 万人，研发人员数量超过德国任何一个大学的科研人员数量，遍布德国每一个联邦、市镇。而中国台湾地区的 ITRI 则拥有 6000 多人的高水平研发团队。

几十年来，它们的目标定位不是做基础研究和发表学术论文，而是做产业的开路先锋，专注产业关键技术应用开发和产业化，把共性技术研发出来、甚至做成生产线让企业参观、采纳，他们对各自的区域创新体系和高端制造业发展起了不可或缺的支撑作用①。

德国之所以在工业制造领域长期保持世界一流的竞争力，不仅是因为它拥有西门子、奔驰、宝马等世界知名大企业，更重要的是拥有成千上万的制造业“隐形冠军”[6]，它们是德国制造领先世界的根本保证。中国台湾地区也是一样，台湾大企业不是很多，但是，台湾中小企业形成的产业集群竞争力连续十几年位列世界前茅[7]。实践证明，无论在德国，还是在中国台湾地区，中小企业往往缺乏研发资源和能力，他们创新能力和竞争能力提升的背后是 Fh. G 和 ITRI 为代表的公立产业技术研究机构提供的智力、技术和人才支撑。

1. 德国弗朗霍夫应用技术研究院（Fh. G）

众所周知，德国作为现代大学发源地和第二次产业革命领导者，工业基础雄厚，科技研究发达，世界一流高校众多，而且德国有很多享誉世界的顶尖科学研究机构，如马普学会、赫尔姆赫兹国家研究中心等，为什么德国还

---

① 2011 年 6 月，奥巴马政府提出了《确保美国在先进制造业的领导地位》的政策建议报告[8]，该报告重点提到了 ITRI 和 Fh. G 经验。有人总结德国应对 2008 年金融危机经验时认为，“政府参与产业研发”的 Fh. G 模式是德国制造业长期保持国际竞争力的关键[9]。

要发展应用技术研究机构呢？就是因为德国认识到公立产业技术研究机构对德国制造、德国创新体系的不可或缺性，基础研究不能代替工业技术开发。

Fh. G 成立于二战以后，从成立之日起，其使命就是专注产业关键技术开发，为产业界提供多学科集成解决方案。据 2014 年年报[10]，目前，Fh. G 拥有 24500 名科研人员和工程师，年度研究总经费达 21 亿欧元。超过 70%的研究经费来自工业合同和由政府资助的研究项目，近 30%经费是由德国联邦和各州政府以机构资金的形式赞助。其下属的 69 家研究所及其它独立研究机构分布于德国各地。Fh. G 已成为德国乃至欧洲产业竞争力的重要源泉，其特色机制包括以下几个方面：

（1）坚持非营利的公共研发组织性质。德国法律规定，Fh. G 不是企业，它不能以为本组织谋取商业盈余为主要目标，这保证了 Fh. G 的公共性，有利于提高其对企业的服务能力。目前，Fh. G 有 40%的研发合同来自 500 人以下的公司，50%收入来自于中小企业[11]。

（2）专注应用技术研发。在德国的国家创新体系中，Fh. G 因专注于应用技术研究而独树一帜，“研究的实际用途始终是 Fh. G 所有活动的核心”[12]。这一点与著名的马普学会（MPG）、赫尔姆赫兹国家研究中心（HGF）、莱布尼兹科学联合体（WGL）不同，它们专注基础研究。Fh. G 定位如图 2-6 所示。

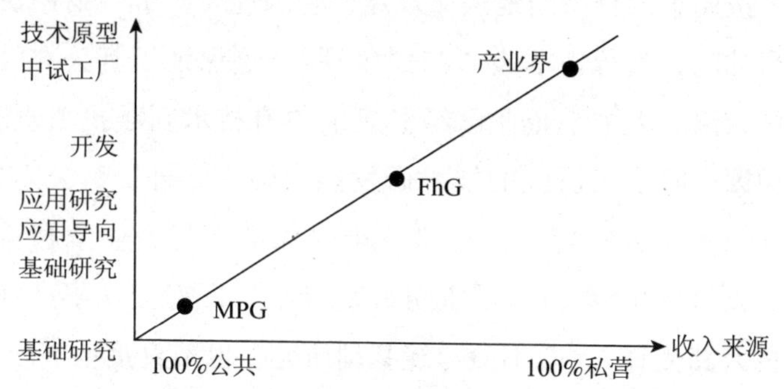

图 2-6　Fh. G 的定位（资料来源：Fh. G 官方网站）

2. 中国台湾地区工业技术研究院（ITRI）

ITRI 始建 1973 年，四十年来，它始终以成为“世界级研发机构、产业界的开路先锋”为使命，专注关键技术研发和新产业孵化，紧密地将国际产业发展趋势与中国台湾地区当地企业的技术需求结合起来。在半导体、电脑及其零配件、汽车引擎、平板显示材料技术等领域担当了台湾新技术的引进者和开拓者。历史上，它成功孵化出 165 家高技术公司，培育 70 多位较大规模高技术公司的 CEO；超过 19000 人的工研院院友走出去奋战在台湾高技术产业第一线。据统计，台湾现在有几十种 IT 产品世界占有率第一，包括主机板、显示器、圆晶代工、扫描仪、网卡、集线器等，这些都离不开台湾工研院的技术支持。可以毫不夸张地说，没有台湾工研院就没有台湾 IT 产业的今天，有人甚至称其为中国台湾地区高技术产业的“看得见的脑”[13-14]。

当前，拥有 6000 多名员工的中国台湾工研院已经成为名符其实的世界一流的产业技术研发机构，年度预算超过 6 亿美元，每天申请专利超过 5 项，其中 70%属于国际专利。在通信与 IT，电子与光电技术，材料与纳米技术，绿色能源与环境技术，机械与系统技术，生物医学与药学技术等前沿技术领域形成了世界级的研发能力，屡获国际一流发明大奖，被业界称为“改变游戏规则者”[14]。

与德国 Fh. G 一样，中国台湾工研院的成功也得益制度约束下的专注，这表现在两个方面：首先是定位的专注。中国台湾工研院不是政府的一个机构，也不是企业，按照中国台湾当地法律规定，它的性质属于“财团法人”，是不能以营利为目的的，其行为不能“与民争利”，这保证了其公立性和服务性。据调查，中国台湾广大中小企业已经形成了“有技术问题找工研院”的良好氛围，究其原因，除了工研院的技术研发能力强大之外，其公立性是重要因素。试想，如果不是公立定位，工研院难以保证不与企业争利益和争市场，其服务职能会大打折扣①；其次是业务领域聚焦，即专门从事产业技术开发，做“产业界的开路先锋”，既不参与纯基础研究，也不直接从事产品经营，主要承担企业“做不了、不愿做”的产业共性技术研发。

① 相比较而言，大陆很多研究机构公私不分，往往将容易转化的成果据为己有，自己转化，甚至拥有若干上市公司牟利，而把不容易转化的成果推介给社会，这影响了这些机构服务中小企业的能力。

四、中国政策与实践的局限：分析与思考

由于理论认识不清晰，在国家创新体系建设中，我们无论在政策制定还是实践中，对共性产业技术研究院建设往往失之偏颇、效果不佳。

改革开放以前，我国承担产业共性技术研究的单位主要是工科院校和原工业部门所隶属的研究机构，即所谓的“大院大所”。但是，随着 90 年代末我国实行科研院所市场化改革改制后，原隶属于各工业部的数百个公共研发机构，以及地方千余个研究单位全部转制为企业，在推向市场后，这些科研院所短期行为明显，产业共性技术供给不足的矛盾开始显现。

中国科学院虽然是国家级科技研究单位，拥有百余个研究所，研究人员达数万名，但是中科院的定位主要在于基础研究和国家大科学研究，这与面向产业的应用技术研究是有很大距离的。当前，中科院下属研究所贪大求全现象比较普遍，存在过度“市场化”问题，导致低层次研究和重复研究，弱化了中科院的战略使命。

近年来，我国建设世界一流大学步伐逐渐加快，大学发展围绕国内外各种排名指标转。国际上，SCI 论文和诺贝尔奖是国际一流大学主要的竞争指标。大学越来越倾向基础研究，与中国产业实践的脱节是一个不容回避的事实。尤其是过去承担部分共性产业技术研究的工科院校的理科化，实属可惜，它们承担产业共性技术研发的意愿在弱化，离我国产业发展的实践越来越远，这其实不太符合现阶段我国发展的国情。

在一国创新体系中，基础研究非常重要，但是基础研究和产业化之间还存在应用基础研究和应用研究，以及模型化、试生产、规模量产等关键环节，这些中间环节不仅资金需求量大，而且研发、试生产周期长、风险大、支撑要素繁多，这些科研活动往往不能帮助大学教授快速发表 SCI 论文。当前，越是一流大学，越无暇顾及科技成果进一步转化，重归象牙塔现象比较明显。近年随着“双一流”建设考核任务加重，地方大学也纷纷加入 SCI 论文发表的滚滚洪流中，地方大学也开始远离地方中小企业。

当前，无论是在大学还是在科研院所，我国创新体系呈现明显的“两头热、中间冷”的不正常现象，一头是基础研究，一头是“双创”。各个单位都在比拼显示度较高的SCI论文和所谓的“诺奖级成果”，“双创”活动也热火朝天，但是产业共性技术这个中间桥梁被有意无意地忽略。

此外，自改革开放以来，为促进产学研合作，我国仿效西方发达国家，建立了很多科技园，开发区，生产力中心，火炬中心等，它们或多或少地起了科技成果转化的作用。但是，总体上来看，这些机构本身没有太多的研发力量，更多地以一种临时性的“平台”或者“虚体”的形式出现，往往呈现散、小、弱等特点，起不到应有的科技成果转化的作用。

最近十年，为响应自主创新国家战略，国家发改委依托大学、科研院所和企业，为127个“国家工程研究中心”挂牌；科技部也成立了232个“国家工程技术研究中心”。但是，实践中，这些“中心”都过于依附现有科研机构，成为原单位锦上添花项目，昙花一现、有头无尾，并没有形成可持续发展的体制机制。

2015年，随着“中国制造2025”战略实施，工信部牵头成立了“动力电池创新中心”“国家增材制造创新中心”等若干个“国家创新中心”，北京、江苏等地方也建设了19家省级制造业创新中心，其实质也是希望补齐产业共性技术研发的短板。但是，如果在体制机制方面不做出全面改变，难免会成为过去“国家工程技术（研究）中心”的翻版，最终变得不可持续①。

还有，我国部分省市过去几年也成立了若干地方性的产业技术研究院，希望解决区域创新体系中的技术供给问题。但是，由于对产业技术研究院性质了解不够或者资源投入不足，加之运营体制不顺，这些机构普遍存在使命感缺乏、研究方向目标不明确、人才难留、资金没有保障等问题。

总之，理论认识模糊导致我国政策实践的扭曲，我们一直没有建立定位

---

① 据笔者对2016年成立的某“国家创新中心”的初步观察，该中心依托于某高校研究团队，联合了五所大学和十余家重点企业，并成立公司进行经营，立志将创新中心打造成高市值上市公司。这种运作模式有可能成为“国家工程技术研究中心”的翻版，难以做到专注、公立，和可持续发展。这种模式既不同于德国Fh.G模式，也与美国奥巴马政府为了再工业化而打造的制造业创新中心的运营模式大相径庭，以2015年美国成立的数字化制造与设计创新研究院（DMDII）为例，其运营模式是典型的公私合作（PPP）模式，美国国防部是研究院的主要出资者，其管理特点是：“政府投入、职业经理人管理、会员共享科研成果”[15]。

清楚、目标清晰、运作高效的产业技术研究院，这不能不说是非常令人遗憾的。上述机构名目繁多，但是由于政策短视、机制设计不合理，导致难以达预期效果。

五、几点政策建议

当前及未来相当长的一段时间，我国仍然处于工业化发展的中后期，因此，长期需要大量高质量的关键共性技术供给。产业共性技术研究机构一头连基础研究机构和大学，一头连产业界、尤其是中小企业，它们是一国创新体系不可或缺的重要支撑，是一种组织性、体制性和战略性的创新力量。无论是大学、国家实验室、企业研究院，还是技术联盟、风险投资，它们都不能代替公立产业技术研究院。缺少产业共性技术研究机构，就难集中优势创新资源攻坚克难、突破产业发展的技术“瓶颈”，也不能很好解决我国产学研结合不紧密的问题，更不利于中小企业转型升级，最终导致我国创新体系中的不协调、不平衡的问题越来越大，创新领域的“死亡之谷”越来越深。

因此，我们一定要从战略上认识这种体制机制的重要性。针对上述分析，我们特意提出如下具体的政策建议：

（1）围绕“中国制造 2025”和战略新兴产业等战略布局，在石墨烯、碳纤维等新材料，汽车电池、半导体、航空发动机、能源互联网等关键技术领域，建设一批高质量、能长期发挥作用的产业技术研究院。要尽快按照产业技术研究院的定位和职能要求重塑当前在建的制造业创新中心，积淀研究能力、优化管理模式，突出其公立性，加强成果转移转化、为产业界提供更多高质量的技术供给。

在各省已经建成的地方性产业技术研究机构中，加大政策指导和扶持力度，各级持续增加投入，将地方性产业技术研究院做出特色，着重提升服务当地企业的能力，不要热衷搞什么“世界一流”研究院。

（2）全面深化改革、加强现代院所制度建设。继续分类改革国家科研院所，激活现有资源，尤其要发挥中国科学院和中国工程院的作用，鼓励有关院所专注国家产业共性技术研究。在面向产业的研究机构的体制建设上，要虚心借鉴台湾工研院和德国弗朗霍夫研究院的先进经验，探索创建现代院所制度，倡导官助民办的 PPP 运行机制，既防止行政化色彩过浓的倾向，又防止研究院与民争利、过度市场化的倾向，始终保持其创新能力和公益性。

（3）要珍惜并发挥工科大学的传统优势，在“双一流”建设中，加大共性产业技术研发成果在一流大学评定指标中的权重，引导工科大学持续专注共性技术研发。

另外，要根据不同行业特点因地制宜成立国家产业共性技术研发基金，采取项目招投标制度，吸引国内外科研院所投入资源精力，解决我国技术瓶颈。同时，也要鼓励央企技术成果向民企转移转化，打破技术垄断。

总之，我们要十分清醒地认识我国创新体系的不足和短板，未来几十年，我国与发达国家的创新竞赛将是长期的、艰苦的，不是一蹴而就的。我们一定要做长期打算，不要被各种暂时的排名和表象所惑，要结合我国创新实际，脚踏实地地全面深化科技体制改革，始终不渝地优化我国的创新生态体系。

主要参考文献

［1］胡鞍钢．中国成世界技术创新之国［EB/OL］．http：//theory. people. com. cn/n1/2017/0214/c40531-29078294. html.

［2］刘瑾．“中国制造 2025”可期可待［EB/OL］．http：//finance. sina. com. cn/roll/2017-05-05/doc-ifyexxhw2474670. shtml.

［3］王志刚．我国总体已接近世界创新国家第一集团［EB/OL］．http：//news. xinhua08. com/a / 20171223/1741870. shtml.

［4］马克·斯特菲克等，吴金希等译．创新突围［M］．北京：知识产权出版社，2008 年．

［5］樊春良．美国是怎样成为世界科技强国的［J］．学术前沿，2016（08）下：38-47.

［6］［德］赫尔曼·西蒙（Hermann Simon）．隐形冠军：未来全球化的先锋［M］．吴君，刘惠宇，刘银远，等，译．北京：机械工业出版社．

[7] World Economic Forum. The Global Competitiveness Report [EB/OL]. http://reports. weforum. org/global-competitiveness-index.

[8] President's Council of Advisors on Science and Technology. Report to the President on Ensuring American Leadership in Advanced Manufacturing 2011 (7) [EB/OL]. http://www. whitehouse. gov/sites/default/files/microsites/ostp/pcast - advanced - manufacturing - june2011. pdf. Sep. 20, 2012.

[9] Roland Berger Strategy Consultants. Moving Up the Value Chain [R]. 清华大学经济管理学院"德国模式与中国经济"论坛，北京，2013-3-21.

[10] Fraunhofer Annual Report 2016: Embracing Digitalization [EB/OL]. http://www. fraunhofer. de.

[11] Marie-Louise Eriksson, Lars Nikelasson, Erik Arnold. International Comparison of Five Institute Systems [EB/OL]. 2008, http://www. fi. dk. 2012-9-20.

[12] Fraunhofer-Gesellschaft. 60 Years of Fraunhofer-Gesellschaft [EB/OL]. http://www. fraunhofer. de. 2012-9-20.

[13] 台湾工研院. 工研院简介 [EB/OL]. http://www. itri. org. tw, 2012-11-2.

[14] 台湾工研院. 工业技术研究院 2011 年年报 [EB/OL]. http://www. itri. org. tw, 2012-11-2.

[15] 李广宇，吕文博，王祎枫. 制造业创新中心：中国制造 2025 的加速器[EB/OL]. http://www. sohu. com/a/124292714_ 463971.

产业政策推动产业创新发展：深圳实践与经验

王艳梅①

深圳经历37年的变迁，从“深圳速度”到“深圳质量”，体现深圳产业发展的智慧。产业政策作为产业创新发展的重要推手，深圳有自己独特的逻辑与思考，形成了独具特色的深圳实践与经验。

一、深圳产业政策推动产业创新发展的思路框架

深圳推动产业创新的产业政策主要有供给侧和需求侧两大类。供给侧产业政策，致力打造鼓励企业投入研发的经济、政治和法规环境。需求侧产业政策，主要通过引导国内市场、对接国际市场，营造有利于产业创新成果市场化的需求环境。深圳产业政策的框架思路如图2-7所示。

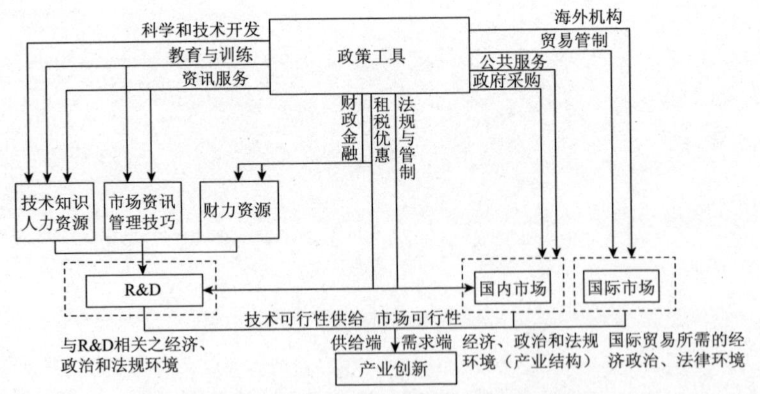

图2-7 深圳产业政策的框架思路

① 王艳梅：深圳市南山科技事务所所长。

二、深圳供给侧产业政策推动产业创新的实践

资金资本、人力资本和管理能力，是与产业创新能力息息相关的供给侧要素。因此，供给侧产业政策的着力点有三个方面：一是增强承载技术知识的人力资本；二是提高信息与创新的管理能力；三是增加创新投入的财力资源。深圳供给侧产业政策工具通过不同途径赋能上述着力点，提升产业创新能力。

1. 人力资本政策

目前，深圳强化人力资本的路径有三个方面：首先是直接针对从事科学和技术开发工作的从业人员给予资金扶持，如 2008 年开始实施的“高层次人才计划”和 2012 年开始实施的“孔雀计划”，截至 2017 年 10 月底，深圳已累计认定国内外高层次人才 9604 人，国内高层次人才数量是 2009 年的 5.1 倍，海外高层次人才数量是 2012 年的 14.8 倍。其次是提高人才教育与人才培训服务供给，如 2012 年的《关于加快职业培训促进就业的实施意见》和 2016 年的《高技能人才创新培养计划重点项目实施方案》。2017 年，深圳市发放培训补贴及培训券 1.5 亿元，惠及 28 万人，高技能人才公共实训基地年服务量突破 1.5 万人次，继续教育年服务量突破 2 万人次。最后是强化人才资讯信息的双向交流，支持举办各类人才交流活动，如 2017 春晖杯创赛全球人才交流会在深圳举行，来自英、法、美、德、日等 14 个国家和地区的知名高等院校的留学创业人员。

深圳主要人才政策

2007 年，《深圳市人才发展“十一五”规划》提出放大深港人才交流与合作的独特优势，全面创新深圳人才机制。

2008 年，实施高层次专业人才“1+6”政策，按杰出人才、国家级领军人才和地方级领军人才和后备级人才四个不同层级，给予住房优惠、配偶就业、子女入学、学术研修津贴等优惠。

2011年，深圳市制定实施《中长期人才发展规划纲要（2011－2020年）》，提出未来10年人才发展的4项主要任务：优先引进培养使用高层次创新创业人才；重点开发支柱产业和战略性新兴产业人才；发展壮大社会事业重点领域专业人才队伍；统筹建设经济社会发展需要的其他人才队伍。

2011年，深圳实施海外高层次人才的"孔雀计划"。

2012年，深圳市出台《关于加快职业培训促进就业的实施意见》

2016年，《关于促进人才优先发展的若干措施》包括20个方面81条措施共178个政策点，其中新增86个，强化70个，重申22个，涉及高精尖、紧缺专业等各类人才的培养与引进、创客之都的建设、人才评价和流动机制的完善、人才安居保障、人才服务等内容。

2016年，深圳市出台实施《高技能人才创新培养计划重点项目实施方案》，提出从2016年起，每年新建市级高技能人才培训基地25个左右、新建深圳市技师工作站15个左右、新建市级技能大师工作室4个左右。

2017年，深圳市制定实施《深圳经济特区人才工作条例》，实现"人才"立法，对人才工作体制机制相关规定进行突破或者创新的规定，将目前人才工作中成熟的、需要长期适用的政策、做法通过立法予以固化的规定，为今后人才工作提供法律依据。

2. 提高科技研发的管理能力

鼓励各种类型组织创新发展，尤其是具有高效能的科技研发管理模式，是深圳提高整体产业创新管理能力的新路径。这一方面受益香港组织创新的影响，另一方面是深圳受困高校资源约束而产生的内生需求。这其中，最典型的两类组织是新型研发机构和行业协会。

新型研发机构，主要是指以多主体方式投资、多样化模式组建、市场需求为导向、企业化模式运作，集高层次人才团队技术研发与产业化为一体的创新机构。它跳出了传统的行政管理科研的模式，参照企业管理的体制机制，激发了高层次人才的创新活力。1996年12月，清华大学和深圳市政府合作建立深圳清华大学研究院，揭开了新型研发机构建设的序幕。2012年，《深圳市促进科研机构发展行动计划》明确提出："吸引高层次人才落户深圳，建设一批互联网、生物、新材料、新能源、文化创意和新一代信息技术等领域的国际化、高水平科研机构”。2016 年，《关于促进科技创新的若干措施》中进一步明确支持力度：“支持各类主体创办新型科研机构。鼓励海外高层次人才创新创业团队发起设立专业性、公益性、开放性的新型研发机构，予以最高 1 亿元的支持”。

科技类社会组织，为创新驱动和科技发展提供咨询、中介和技术服务是最具有创新力度组织形态之一。2004 年，深圳启动社会组织登记管理改革，大幅简化登记程序，突破行业协会“一业一会”的限制，为社会组织“松绑”，社会组织数量快速增长。同时，深圳各区通过专项资金等形式，向社会组织购买服务的数量和范围不断扩大，加大力度培育和扶持一大批有影响的社会组织。2016 年，深圳出台的《关于支持企业提升竞争力的若干措施》提出：“充分发挥行业协会作用，……，支持行业协会和产业联盟等建设公共技术研发平台、产品设计中心、检测认证中心等，加大政府购买服务力度……支持行业协会举办各类高端会展，组织企业参加境内外重点展会，帮助企业拓展市场。”

3. 直接的资金支持

深圳通过财政支持、科技金融和租税优惠等方式对企业研发活动给予资金零支持，并且不断深化上述三领域改革，始终走在全国前列。

财政支持上，改革财政科技资金管理制度。这也是《关于促进科技创新的若干措施》开篇第一条政策。其中，增强科技计划项目承担单位的自主权的内容中，大幅提高资金直接奖励标准，开国内先河。《若干措施》提出：“项目资助资金不设置劳务费比例，允许按规定在劳务费中开支‘五险一金’；提高人员绩效支出比例至资助金额 50%；会议费、差旅费、国际合作与交流费可自行相互调剂使用。事后资助项目、股权投资项目资金不再限定具体用途，由承担单位自主用于研发活动。”人员绩效支出比例政策举例来看，地方财政支持经费 100 万元的科研项目，深圳的课题组成员可获得的劳务和绩效奖励为 50 万元；按照各地的管理办法，上海约为 40 万元，在其它地区可能最多 20 万元。

科技金融上，深圳基本建立了包括银行信贷、证券市场、创业投资、担保资金、融资租赁和政府创引导基金等覆盖创新全链条的多元化科技金融体系。并在此基础上，积极探索实践新兴科技金融工具，比如在初创期，为小微企业提供微信贷营销和产品服务包括结算服务、工资贷、人才贷、互保金贷款、创始人个人融资服务等；在成长期，提供包括贸易融资、订单贷款、应收账款质押贷款、税金贷、成长贷、研发贷、知识产权质押贷款等金融产品。

租税优惠上，在支持企业研发投入的方面深圳地税取消了前置审核，税收优惠即报即享。这是深圳地税在落实高新技术企业等税收优惠政策的一项重大改革。数据显示，2017 年 1060 户企业享受总计 229.22 亿元的研发费用加计扣除优惠，加计扣除优惠占同期全市研发投入额的 28%，优惠减免金额连续 9 年排名全国地税部门第一。

三、深圳需求侧产业政策推动产业创新的实践

需求侧的产业政策主要通过引导市场需求打造有利于创新的市场环境。因为市场壁垒的不同，国内市场和国际市场的需求侧产业政策的作用途径各有侧重。

1. 国内市场

深圳在推动国内市场时，主要采用政府采购、公共服务和法规管制的方式。例如，2016 年，深圳市印发《政府采购支持创新产品与服务暂行办法》，提出通过首购、订购、批量集中采购、评审支持、订单融资等政策手段，支持采购创新产品与服务；同年，深圳市出台《创新型产业用房管理办法》，为满足创新型企业发展的空间需求，由政府主导并按政策出租或出售的政策性产业用房，完善产业用房的公共服务；2018 年，深圳拟出台《深圳经济特区知识产权保护条例》[①]，以立法支持来保障改革创新。

① 已完成公开意见征集。

2. 国际市场

深圳在融入国际市场时，主要采用支持海外机构发展、贸易便利化等间接性手段。具体来看，在支持海外机构发展方面，一是重点打造十大海外创新中心，支持企业和机构全球创新资源高度密集地区，规划建设 10 个海外创新中心，构建国际协同创新平台，聚集全球创新能量，首批 7 个海外创新中心将分别建设在美国旧金山湾区、西雅图、波士顿、英国伦敦、法国伊夫林省以及加拿大多伦多等地；二是投资引导基金参与设立规模为 100 亿元的市级“丝路”基金，支持企业开展海外并购；三是对企业购买海外投资保险给予补贴。

在贸易便利化方面，着力扶持外贸综合服务企业的发展；鼓励银行机构对重点外贸综合服务企业提供出口退税周转资金支持；支持企业开拓内销和外销市场，推动加工贸易创新发展；推动全市保税区域转型升级，积极引进供应链、融资租赁、离岸金融、离岸贸易等总部企业，大力发展保税研发、国际中转、跨境分拨等现代服务业。未来在粤港澳大湾区的发展机遇下，深圳将进一步强化与香港在金融人才、金融规则、监管机制等方面加强对接，突出深港两地合作与金融开放。

四、深圳市产业政策创新未来的着力点

未来深圳拓展哪些新的政策路径才能继续巩固这种政策力量传导，持续推动产业创新呢？

1. 借力双创，实现政策突破

深圳作为“双创”高地，已经成为“双创”政策探索的先锋军，激励深圳面向中小微企业探索更具有针对性的微观政策。自 2017 年以来，国家各部委就“双创”政策前后七次征求深圳市意见和建议，并将深圳首创的创投孵化器模式纳入到国家双创推广模式。未来深圳将继续借力“双创”，摸索实践为中小微企业服务的创新性政策，进一步完善大、中、小微企业全面覆盖的政策体系。

2. 傲立产业发展潮头，加快政策布局

现阶段，以人工智能为基础的无人经济傲立产业潮头。深圳的无人机、无人驾驶、无人超市等无人经济走在全国前列，同时上海、北京的企业也在向深圳聚集。这样的发展格局与深圳已有的新兴产业体系密不可分。因为深圳形成了以生物、互联网、新能源、新材料、文化创意、新一代信息技术、节能环保七大战略性新兴产业和海洋、航空航天、生命健康、军工及机器人、可穿戴设备和智能装备等五大未来产业构成的新兴产业体系。这些产业奠定并支撑了深圳无人经济的发展，但是深圳推动这些产业发展的政策力量在向无人经济领域传导时，势必会出现力量衰减并面临诸多新挑战。首当其冲的是制度和监管。其一，针对战略性新兴产业的政策仍有待突破，如生命健康领域的监管依旧僵化。其二，无人经济中的管理制度和监管仍然滞后，深圳现在还没有无人驾驶的测试环境，国家无人机的飞行管理条例刚刚发布征求意见稿。因此，面对新兴产业和无人经济，深圳有必要进一步加快政策布局，实现产业创新、政策支持和行业监管的同步联动，避免政策与监管掣肘。

3. 包容性发展，探索共享模式下的创新发展之路

以移动支付为基础的共享经济，已成为我国引领全球经济创新发展的新潮流。但是共享经济还处于发展初期的探索阶段，如何在发展过程中维持良性运转，考验城市管理的智慧。深圳出台了很多规范，但也面临很多困惑，如，如何在快速发展中保证和规范共享经济所提供产品和服务的安全和质量。未来，深圳面对共享经济，仍须在包容性发展的理念下不断地权衡创新和规范之间的尺度，精巧把握政策分寸，呵护共享经济的发展。

第三篇

产　业　篇

互联网革命重塑经济体系、知识体系与治理体系

——对信息技术革命颠覆性影响的观察①

梁春晓②

20世纪末以来的信息技术革命，已经深刻影响到当下每一个人。最直观的体会，就是智能手机带给我们生活的便利。一部手机，不仅能完成最一般的实时交流功能，还可以整合生活、学习、工作和娱乐等多项需求。然而，在享受信息技术带来便利的同时，需要更深刻地认识到信息技术给整个社会带来的颠覆性影响，分析其对当下生产形态、分配形态和消费形态以及人们生活方式产生的影响及其基本逻辑，由此，才能认识到信息技术对于推动人类社会发展、定义时代主题的基础性意义。

一、互联网发展的三个阶段

从信息技术的视野出发，人类的所有技术，无非两类，一类是信息技术，另一类是其他技术。广义的信息技术，是人类传播信息的手段、技艺和方法，包括文字、印刷、广播、电视等传统手段，当然也包括当下渗透人们生活之中的互联网。信息技术在人类的发展过程当中，起到了至关重要的作用。即使我们将今天称为“互联网时代”，实际上依然低估了互联网对整个社会的影

---

① 本文整理自2017年5月20日作者在修远基金会、《文化纵横》杂志“探索二十一世纪问题”理论研讨会上的发言。

② 梁春晓：阿里研究院高级顾问，信息社会50人论坛理事，苇草智酷创始合伙人，原阿里巴巴集团副总裁、高级研究员、阿里研究中心主任。

响。20世纪90年代互联网热刚兴起之时，大多数人倾向于认为，互联网作为一种技术在整体上仍处于工业社会的框架之下，其主要作用是优化提升工业生产，但并不会对工业时代的模式、体系产生根本性影响。当时人们可以预见到的是：互联网会让工厂生产与商场管理更有效率。结果呢？人们在期待互联网会让消费者在诸如沃尔玛这样的大型商场购物更加方便之时，却怎么也想象不到，仅仅不到20年时间，沃尔玛模式就在被淘宝模式颠覆掉。

实际上，直到三五年前，许多互联网界人士才真正意识到，对于互联网革命，可能要从百年大计的视野重新理解，要将它作为一个世纪性命题加以思考。

互联网革命的意义，不亚于两百多年前的那场工业革命。由那场工业革命开启的工业化进程，重塑了人类社会，影响和塑造了人类社会两百多年来的学科划分、知识体系和话语体系。今天，在互联网革命的影响下，工业时代以来产生的基本社会结构和政治形态，都可能被重塑。今天的互联网革命，带来的不仅仅是工业体系内单一技术的升级，更是推动了技术创新的浪潮，催生了一系列技术创新群——人工智能、虚拟现实、无人驾驶、区块链、比特币等。这些技术大都基于互联网创新生成和发挥作用，又同时会对人本身的存在方式产生影响——无论是物质生活还是观念理想层面。在这样强大的力量推动之下，原有的构成工业社会的一些基本概念，如公司、知识产权等，所指向的内涵正在发生深刻变化，它们能否继续以传统定义的形式存在下去，在今天已经是必须认真直面的问题。

从互联网自身的发展逻辑观察，互联网发展大致有三个阶段。第一个阶段，是基础技术的创新，如基站的建设，门户网站、手机逐渐普及等，在中国这个阶段大概发生在2000年前后；第二个阶段，是基于互联网的商业创新，在中国的标志性现象是淘宝、支付宝的出现，随之涌现出一大批崭新的互联网商业模式和崭新的互联网企业。现在中国市值最大的两个公司阿里巴巴和腾讯，就是这一波商业创新的标杆。今天，开始进入第三个阶段即基于互联网的社会创新，这个阶段的重要标志就是“互联网+”开始成为一种普遍现象，互联网行业涌现出来的很多新技术、新产品、新模式，突破了互联网行业这一范围，向社会各个领域全面扩展，逐步具有全社会的普遍性意义，开始深度改变人类的社会形态。

二、互联网革命重塑生产结构与社会结构

在思想方法层面，互联网革命给予我们一种重新认识人类社会的视角。如果以一个极其简化的模型来看待人类社会，可以发现它包含两个部分，一是节点，二是连接。所谓节点，包括人、组织、村庄、工厂、国家这些实体，而联结这些节点的各种各样的交往方式，包括聊天、访问、旅行、交易，也包括现在的打电话、上网、微信等，都可以视为是连接。回顾人类社会的演化历史，我们可以发现，在技术的演化过程中，一段时期内的突破重点会集中在节点上，如电影的出现，印刷术的发明，计算机的出现等。之后，随着节点本身的进化，会促进连接的升级，如教育体系的出现、互联网的出现等，都是建立在新节点的普遍运用之上。而连接方式的升级，反之又会促进节点的进化，如当前在互联网影响下出现的云计算、人工智能、超能电池等。从这一角度来观察，过去六十年，人类先在节点上获得突破，如计算机的产生，而大概在三十年前进入了连接技术的突破阶段，如互联网的扩展。未来三十年，我们很有可能会在节点上实现更大的突破。也就是说，作为一种深度连接方式的互联网技术，会反过来推动节点性技术的突破。

因此，为了充分认识互联网革命对人类物质生活的深刻影响，我们今天必须关注其对生产结构、社会结构的重新塑造。互联网革命的一个主要特征，即在于重新定义了基础设施、生产要素和社会结构。

首先，互联网革命催生了新基础设施。原来的基础设施，是人们所熟知的、产生于工业时代的“铁工机”（铁路、公路、机场）这样的交通设施和公用设施。今天的基础设施，进一步扩展和演变到“云网端”（云计算、互联网、智能终端），人们手中的智能手机也开始成为新基础设施的一部分。

其次，互联网革命催生了新的生产要素。原来讲生产要素主要是土地、劳动力、资本、企业家才能等。如今，数据正逐步成长为一个新的而且至关

重要的生产要素。现在，很多互联网公司之所以能创造巨大价值、获得巨额估值，主要依据就是其掌握和运用的巨量数据。数据有可能超越土地、资本、劳动力等传统生产要素，成为最具价值的生产要素。

最后，互联网革命催生出新的社会结构。我们社会原来的结构形态，主要产生于大工业时代的产业分工和市场体系。但是，产业分工和市场体系自身都存在巨大限制，如资源、制造基地和市场在时间、空间层面的隔离与不平衡，会产生高额成本，同时也会受到规模限制。而互联网的最突出的特征，就是可以推动大规模协作与共享。在互联网条件下，这种大规模协作与共享的方式的好处，超过了传统的产业分工和市场体系。比如，淘宝上每天的访客人数接近两个亿，每天产生的交易数量超过两千万元，商品规模超过十亿件——仅 2016 年“双十一”一天就产生了一千多亿元的交易额。有淘宝之前，全世界最大的实体市场是义乌小商品市场，但即使全世界最大，也就只有 7 万多个店铺，天然地受到实体空间的限制。今天，仅在淘宝平台上，就有上千万个店铺。要突破实体空间的天然限制，需要线上与线下的对接与协作，而数以亿计的超大规模的协作，必然引发生产、交易、消费结构的质变。这种大规模协作和共享模式，突破了工业时代以来的产业分工和市场结构，影响极其深远。这些影响，在今天也还只是初露端倪，在未来还会逐步显现其摧枯拉朽的威力。

上述三个新要素，是我们理解当下经济和社会形态的关键。以 2017 年开始爆发性成长的共享单车为例，如果没有新的基础设施，没有基于大数据的数据挖掘和分析能力，没有大规模协作和共享，就不可能出现这样的新生事物。滴滴打车也是如此。我们把此种新的经济形态称为共享经济或者分享经济，说明它的经济形态已经超出了以所有权、使用权为基本概念的简单界定。

从创新角度来看，分享经济有三个重要特质：第一，它是基于互联网平台的，包括滴滴打车、共享单车都基于互联网平台。第二，它是大规模参与的，参与的主体数量都是数以百万计、千万计甚至数以亿计。第三，它是基于数据的智能匹配的。为什么十年前、五年前不可能出现共享单车？因为那时还没有现在这么发达的智能终端（智能手机），没有现在这么发达的移动互联网，没有现在这么便利的移动支付。听说有投资人想要在菲律宾推出共享单车，但是，菲律宾连基础的移动互联网都不完善，也没有网上支付这些先决条件，如何实行共享经济？因此在看到这些新生事物出现的同时，更要看到这些新生事物所附着的基础条件，没有新基础设施、新生产要素和新社会结构的涌现、发展和完善，这些以互联网为基础的新生商业模式是很难生成、成长和壮大的。

新基础设施、新生产要素和新协作结构，正在对现在的经济结构产生深刻影响，正在颠覆传统的“三次产业”划分方式。传统意义上的第一产业、第二产业、第三产业，是横向分工的概念，按照分工环节进行产业划分，种麦子的称为第一产业，把麦子磨成面粉的称为第二产业，把面粉做成包子卖出去的称为第三产业。但是现在，出现了许多按照这种产业体系无法归类的问题，如按照传统归类方式，理发属于第三产业，移动网络运营商也是属于第三产业——天差地别的两种行业却属于同一产业。如果我们继续以这种归类方式作为经济统计、政策制定的依据，一定会遮蔽我们对现实巨变的认识和理解。显然，传统的一、二、三产业的划分已经很难刻画出当下的产业结构特征，已经开始失效。

要正确描绘当下的经济结构和产业形态，就不能固守横向分工的旧视角，而必须关注随着互联网革命而来的纵向结构。什么是纵向结构？现在，要观察和定义一个企业，不能像过去那样分析它处于哪一段生产环节之中，而是应该分析它处于什么样的生产层面之上：处于最底层，发挥基础性作用的，可以称为基础设施行业，中国移动就是信息时代的基础设施行业的代表，提供移动互联网基础设施；处于中间层面的，是平台行业，平台掌握和运用数据，非常关键，淘宝、天猫、滴滴都是此种意义上的平台；最上层，可以称为自由连接体，是可以随时随地自由连接、自组织的各种各样商业实体与社会实体。自由连接体可以直接面对市场，响应市场发展，它既可以是小微企业，也可以是个人。随着社会的发展，无论是在供给端还是在需求端，越来越多的个人从原有的组织、体制、体系中脱离出来，成为游离或半游离状态，彼此之间可以进行自由联结、组合，产生出无数种可能性。未来也许超过一半以上的年轻人，都不会加入任何一个固定的组织，而是成为这样的自由连接体。据报道，最近在一个高校所做的关于大学生就业意向的调查中显示，“95后”的大学生中有百分之五十以上选择毕业以后不就业——不考公务员，也不到公司做职员。不就业不等于不工作，也可以自由连接体的方式在家、在任何一个地方工作。这种状态下，一个人也可以同时是作家，出版人，学者等多重身份，可以以多重身份自由连接，即所谓“斜杠人生”。现在，此种自由就业状态的人越来越多，这也要求我们重新认识就业问题。

这一切都说明，技术变革引发商业模式变化，商业模式变化引发市场生态变化，市场生态变化引发组织变化，组织变化又会带来对人的能力的需求的变化。互联网革命带动的社会变化在这个意义上，是全方位的。

三、互联网革命重塑知识体系与治理体系

为了应对变局，引领变局，我们必须改造自身的知识结构，重塑我们的治理能力。

在农业时代，人类知识积累的速度非常缓慢，慢于人类年龄增长的速度。这意味着，年长者的经验对于年幼者是有效的，年长者天然拥有知识上的权威。而当我们进入工业时代，知识增长加快，年轻人拥有的知识未必比年长者少，家长经验和知识权威的有效性，面临学校体系竞争，也受到教育层次较高者的挑战，受过良好教育的青年一代反对老一辈人知识权威的现象时有发生。

今天，在信息大爆炸的互联网时代，知识的代谢和更替非常迅猛，年轻人相对于年长者反而更容易接受和掌握新知识。信息时代的新知识掌握程度的不平衡正在影响家庭结构中的父母权威。比如，面对一个智能设备，现在的一个儿童几乎不用看说明书，稍加摸索就能熟练运用，而家长却还是按部就班的依赖说明书指导，并且未必能掌握——这是他们自身成长过程中的经验带来的限制。当此类的挫败不断出现时，家长的权威就会出现问题。学校教育也是如此。由于信息传播速率问题，学校教材往往刚出版就已经落伍。

老师们的竞争对手，也不是其他老师，而是以整个互联网为背景的海量信息和知识。

更进一步来讲，此种趋势影响到的不仅仅是学校和教育体系，还影响到传统的知识分布方式、知识体系、知识结构和意识形态架构。近代以来，包括中国在内的广大东方国家就已经面临过类似的冲击，产生于农业文明时代的本土知识体系被以工业化为基础的西方知识体系解构、颠覆和替换。到了今天，这种知识体系的结构、颠覆和替换所带来的意识形态冲击、观念冲击、伦理冲击可能更为剧烈。面对由此而来的观念混沌和意识形态挑战，可能的出路不是回到过去，重新拥抱农业文明的知识体系，而是面向未来，直面挑战，在互联网时代重建知识体系。

与此同时，互联网革命给新时代的治理带来了新的冲击。面对生产结构的变化、人类和信息流动性的剧增、社会复杂性的几何级数增长，我们无法延续传统等级化、科层制、管制式的治理模式，而是必须探索网络化条件下新的治理形态。

目前可以清楚地看到，在互联网的条件下，多元主体的平等价值诉求不断高涨，而且日渐难以靠压制和无视的方式加以应对。因此，在一定程度上，互联网时代的治理可以视为是一种网络化的治理形态，不是像过去一样依靠一个中心来进行控制，以及依靠一个政治精英团体或霸权国家来维持秩序，甚至也不是一个中心来分层地进行控制，不是所谓的联邦式治理。

在我们看到互联网革命给社会治理带来冲击的时候，也要看到，互联网自身内在的一些技术特性，也为这样的社会治理带来了新的可能。不应简单地重复单边形式的管理模式，而是要善于利用互联网的技术特性，更加重视开放、对等、公平的原则，尽最大可能实现大范围的公众参与，创造出互联网时代的新公共性。我们要创造的治理形态，是所有角色和主体都是对等、平等、开放、连接的治理形态，是可以不断激发不同人的创意、创新、创造力的治理形态。这是一种生态化的治理，是多方协同的治理。

数字经济深刻影响着社会和经济的发展

郑志彬　陈　德①

一、ICT 技术变革催生数字经济的诞生

受国际经济形势与我国经济结构性调整等因素的影响，在当前的宏观环境下，中国处于经济新常态的发展瓶颈期，经济由高速增长转为中高速增长。经济新常态通常存在四个标志：一是传统发展方式走到尽头；二是经济内在充满风险，下行压力大，需改变经济增长的大格局；三是稳增长和调结构存在内在冲突；四是中等收入陷阱正在集聚。

面对错综复杂的国内外经济形势和严峻挑战，发展必须由中低端水平转向中高端水平，同时推进结构性改革。中国政府十分关注数字经济的发展，近几年密集发布相关政策，数字经济的脉络越来越清晰，推动社会发展。“数字经济”首次被写入政府工作报告，李克强总理提出，要推动互联网深入发展，促进数字经济加快成长，让企业广泛受益，群众普遍受惠。数字经济已成为国家发展战略的重要一环。

当前，全球正在经历一场深刻的技术变革，给人们的工作和生活带来前所未有的影响。曾经看似遥不可及的新技术已成为常态，并在企业经营中发挥着更重要的作用。越来越多的企业将联接、云、大数据、物联网及人工智能融入其核心流程和管理体系，提升生产效率和竞争力。这些发展趋势反映

① 郑志彬，华为技术有限公司全球智慧城市业务部总经理，教授级高级工程师；陈德，华为技术有限公司全球智慧城市业务部产业发展与标准化项目经理。

了当今市场中最具创意和前瞻性的想法。技术进步体现在产业、社会和国家发展的各个领域，最新的前沿技术以越来越快的速度渗透到人们的日常生活中。以下数据告诉我们未来数字技术将给我们带来哪些影响：

（1）Gartner 预测，未来五年，全球将新增近 1.84 亿辆联网汽车。

（2）麦肯锡预测，到 2025 年，物联网对全球经济的贡献可达 11 万亿美元，相当于全球经济体量的 11%。

（3）华为全球产业愿景预测，到 2025 年，全球将实现 1000 亿联接，覆盖 77%的人口；85%的企业应用将部署到云上；技术进步体现在产业、社会和国家发展的各个领域，最新的前沿技术以越来越快的速度渗透到人们的日常生活中。

我们现在看到的仅仅只是一个开始，即将迎来一个全联接、超智能的世界，它将积极影响人们的工作和生活，带来经济的繁荣与发展。

（一）技术革命推动了人类发展进程的演进

英国演化经济学家卡萝塔·佩蕾丝认为，每一次大的技术革命都形成了与其相适应的技术——经济范式。这个过程会经历两个阶段：第一阶段是新兴产业的兴起和新基础设施的广泛安装与应用；第二个阶段是各行各业应用的蓬勃发展和收获（每个阶段各 20~30 年）。

随着新一轮信息技术的出现及深化应用，影响当代经济活动的生产要素和生产关系发生了变化。物联网、互联网、云计算、大数据、人工智能等成为新的生产要素，而以共享经济、众包、网络协同为代表的生产活动重构了新的生产关系，这些因素的变化催生了数字经济的诞生。美国《商业周刊》对数字经济进行如下定义：在经济全球化背景下，信息技术革命及由信息技术革命带动的、以高新科技产业为龙头的经济。数字经济是信息化带来的经济文化成果，具有低失业、低通货膨胀、低财政赤字、高增长的特点。

当前，全球正处于大数据变革的新时代，移动互联网、智能终端、新型传感器快速渗透到地球的每一个角落。埃森哲预计，到 2020 年全球数据使用量将达到约 44ZB（1ZB＝10 万亿亿字节），将涵盖经济社会发展的各个领域。由此产生的革命性影响将重塑生产力发展模式，重构生产关系组织结构，提升产业效率和管理水平，提高政府治理的精准性、高效性和预见性。毋庸置疑，以新一代信息技术为代表的新技术体系将创造下一代互联网生态、下一代贸易形态、下一代制造业形态。

图 3-1　新生产关系和新生产要素带来的数字经济

（二）数字经济成为经济活动的新动能，推动了社会快速发展

2016 年 12 月，习近平总书记在中共中央政治局第三十六次集体学习时的讲话指出：世界经济加速向以网络信息技术产业为重要内容的经济活动转变。我们要把握这一历史契机，以信息化培育新动能，用新动能推动新发展。

从传统的发展来看，ICT 部门在整个经济中所占比例并不大，但其重要作用在逐步凸显。经合组织成员国的 ICT 部门占到 GDP 的 6%左右，发展中国家这一比例还要低很多，美国的 ICT 部门占到 GDP 的 7%左右，爱尔兰占这一比例 12%左右，其针对软件应用开发构建的良好商业环境与税收优惠吸引了许多外国公司落户。肯尼亚的 ICT 部门在非洲位居前列，2013 年其 ICT 服务增加值占到 GDP 的 3.8%。但近年来，随着云计算、大数据、物联网等技术的出现，信息技术提高全要素生产率（TFP），对经济增长的间接贡献也相当可观，数字技术在经济中的快速应用意味着其效益分散四方。我们可以看到，数字经济越来越成为国家总体经济的亮点，图 3-2 中比较了中、美、日、英四国的数字经济和传统经济增长比较，可以看到，各国数字经济增速明显高于总体经济增速（传统经济增速）。如日本的数字经济增速高出了传统经济增速的 6 倍，数字经济成为经济发展的新动能，推动社会快速发展。数字经济推动传统社会发展的价值主要体现在五个方面：重构商业模式、提高劳动生产率、促进产业升级、推动大众创业、创造就业能力。

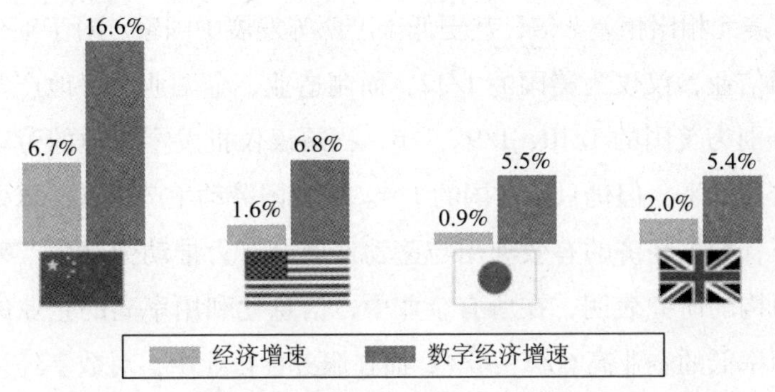

图 3-2　各国数字经济与总体经济增速比较

（三）中国应积极获取数字经济的发展红利

对于中国而言，数字经济是我国当前所处的宏观环境下的由经济大国向经济强国迈进的必然战略选择，既是推动创新、提升效率的重大举措，也是实现中国经济的优化转型和健康发展的有效方式和抓手。数字经济的建设是一个系统工程，应围绕着五大关键要素推动经济社会发展。

一是重构商业模式。传统产业因为数字经济的到来面临转型与再分工，传统的商业模式正在被重构，典型如互联网金融、电商对传统金融体系和零售体系的冲击，而互联网的免费模式也对传统产业进行了颠覆和破坏性创新（如纸媒），通过消除信息壁垒，交易的中间环节也发生了变化，规模化向定制化转变（如红领西服）使产业分工发生变化，数据越来越成为企业的核心资产。

此外，数字经济的背景之下，新型交易消费模式诸如共享汽车（UBER）、共享单车、共享空间、在线医疗等共享经济模式的产生，重新定义了传统的用户消费模式，以租代购的服务模式逐步形成。而区块链技术的出现，移动支付的盛行，这都将催生很多新型的经济发展模式。数字经济带来的成果，具有低失业、低通货膨胀、低财政赤字、高增长的特点，重构了传统的商业模式。

二是提升劳动生产率。根据2013年世行的报告，尽管中国目前制造业产值目前已是全球第一，但中国的劳动生产率总体水平为每工人GDP1.55万美元，与美国的10.72万美元相比相差7倍，甚至低于巴西等发展中国家。对于细分领域而言，在信息通信业，仅仅为美国的1/12，而制造业、金融业、房地产及商业的劳动生产率分别为美国的1/10、1/9、1/6，我国仅仅批发零售业的劳动生产率在全球处于较高水平，但仍只是美国的1/4。在我国劳动生产率在全球处于较低地位的背景下，数据经济的有效利用与蓬勃发展会有力推动劳动生产率的提升。美国咨询机构的研究表明，在所有企业中，信息化利用率高的企业的劳动生产率要比利用率低的企业高60%~90%，而在服务性行业中，对数字经济的资本利用对本行业贡献率高于传统资本利用的2~3倍，一方面可以通过信息化利用促进流程改造，另一方面大数据、物联网等的使用增加了生产自动化能力，显然数字经济的利用是提升劳动生产率的有效手段。

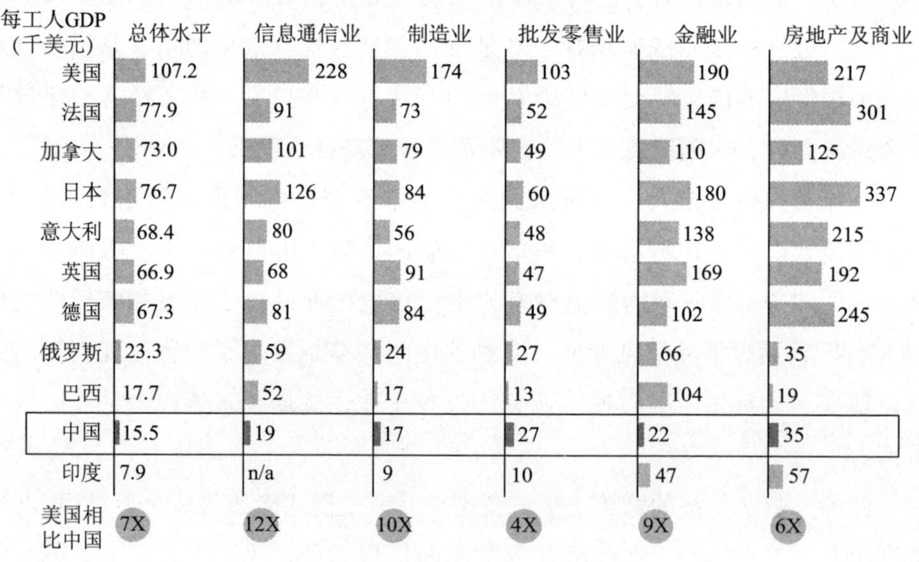

图3-3　各国劳动生产率对比

三是促进产业升级。当前我国面临在人口红利消失、制造业成本增加的大背景。按照国家统计局关于各年龄段人口的分布，中国很快就会步入老龄化社会，到了2050年，60~69岁年龄段是占据人口比例最高的年龄段，制造业的人口红利在逐步消失。同时，中国产业面临制造业成本增加的压力，美国波士顿咨询公司的报告指出，若将制造业中使用的天然气、电力等成本核算进去，中国的制造业成本与美国制造业成本基本持平，逐步丧失了成本优势。

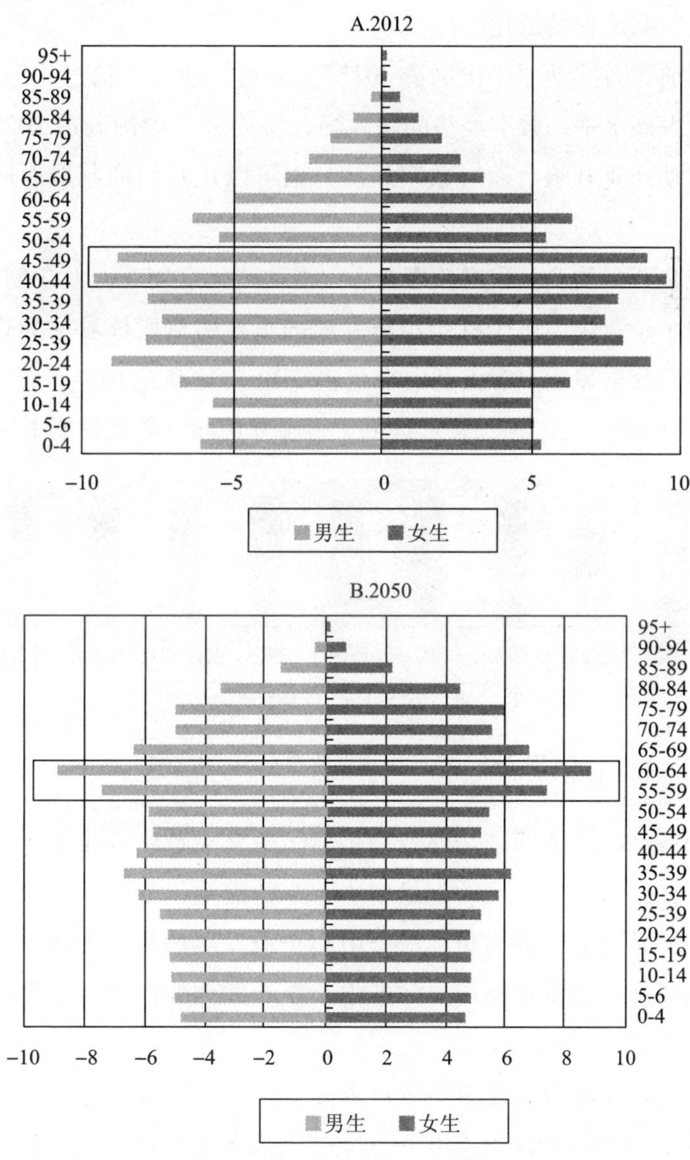

图 3-4　2012 与 2050 年中国各年龄段人口分布

随着数字经济逐步渗透到制造业的各个环节，将会促进传统行业生态链的融合变革，逐步提升中国制造业的竞争力。在营销、服务、研发、制造的环节，开放程度越高的产业链环节与信息化的融合程度越深，而距消费者越近的行业融合环节越多，最终呈现产品个性化、制造服务化、过程虚拟化、组织分散化、制造资源云化的特征。

中国当前大力推动“中国制造 2025”，通过工业化和信息化的深度融合，提升工业化发展水平，数字经济的深入融合将促进“中国制造 2025”及服务业发展，带动产业升级。通过数字经济，也可以让我们的制造业向微笑曲线的两端演进。

四是推动万众创业。我国政府在大力推动“大众创业，万众创新”。在发达国家，中小企业作为整个社会经济发展的重要引擎发挥着主导作用，如根据相关机构的数据显示，意大利中小企业 GDP 占比高达 67%，而中国中小企业对 GDP 的贡献仅仅占 37%，远远低于很多发达国家甚至发展中国家。

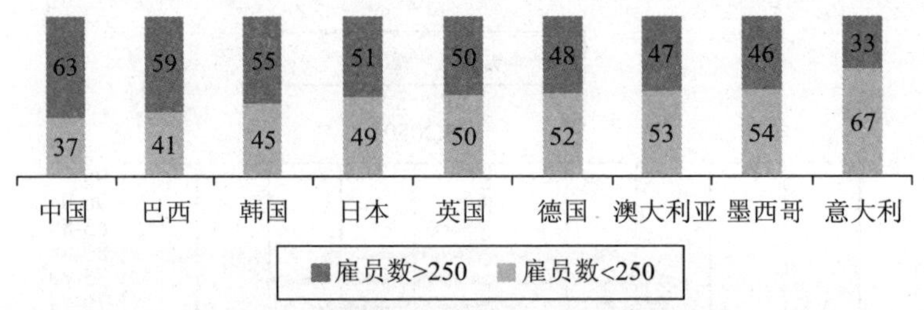

图 3-5 各国中小企业占 GDP 的比例

数字经济创新传统的社会服务和生活，适合大量中小企业创业。在数字经济环境下，长尾需求将推动大量中小企业的诞生，给中小企业带来众多的创新机会，同时数字经济构建了适合中小企业发展的创新土壤，有效推动中国的中小企业进一步发挥作用，降低中小企业的创业门槛，大大提升中小企业的劳动生产率。

五是创造就业能力。数字经济可提升对中高端人才就业的吸纳能力。世界银行展示了 1993—2010 年发展中国家劳动力就业比例变化趋势，可以看到中国恰恰与其他国家完全不一样，其低技能岗位需求在不断下降，带来众多传统岗位的消失，尤其是体力劳动者的岗位，但中等技能的岗位需求却增长很快。与此同时，所有其他国家都是中等技能岗位在不断减少，说明中国的中产阶段在快速崛起，这一点也说明中国的制造业自身在不断升级。

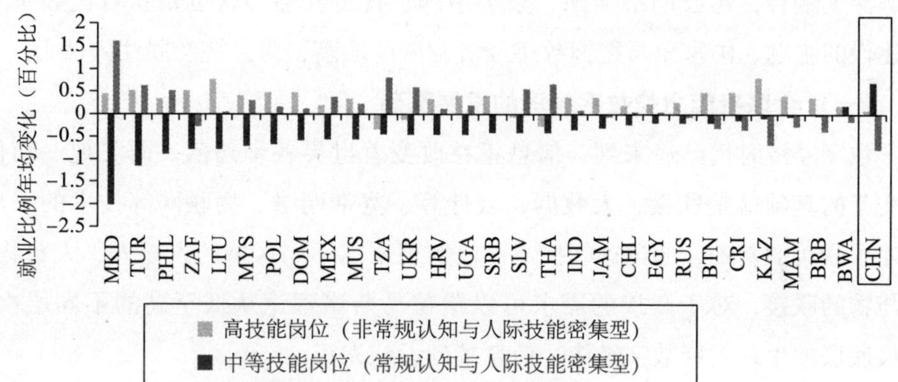

图 3-6 世界银行：部分发展中国家的就业比例变化（1993—2010 年）

此外按照统计数据，中国在 2014 年有 730 多万大学生，美国是 270 万，德国是 40 万，经过这十多年的高校大发展，中国高教学历以上的人才已经达到 1. 2 亿以上。数字经济应用越高的城市，对于中、高等技能的知识型人才就越有吸引力，越能吸纳中高端人才的就业。

数字经济将催生更多的就业岗位，满足城镇化人口转移需求。城市化是中国未来经济发展的重要方向，2030 年中国的城市化人口预计达到 70%，这意味着这 10 多年的时间还有 3 亿多人口要从农村转移到城市，如何解决这些人的就业问题是城市化的重要课题。通过信息技术创新满足城市化的各种服务，将给产业带来更加精细的分工，催生众多的新岗位，满足转移人口的就业。根据世界银行推算，在数字经济下，1 个传统行业岗位的消失，会带来 2. 4 个新增岗位。

二、拥抱数字经济，迈向智慧社会

党的十九大报告中提出，中国要推动互联网、大数据、人工智能和实体经济深度融合，建设网络强国、数字中国、智慧社会，这也是新时代数字经济建设的主题，国家急需把握数字经济发展的浪潮，为经济发展注入活力。

（一）全联接能力是数字经济的发展基础

数字经济时代已经来到，信息正在改变着世界各个角落，而实现一切信息交互的基础就是联接，大数据、云计算、宽带网络、物联网等技术的采用构建了联接的基础，通过这些技术可以实现全球不同区域的人与人、人与物、物与物的联接，对于联接的需求可以覆盖马斯诺理论从低至高的不同层次：从最底层的生理发展数字经济，信息基础设施先行。

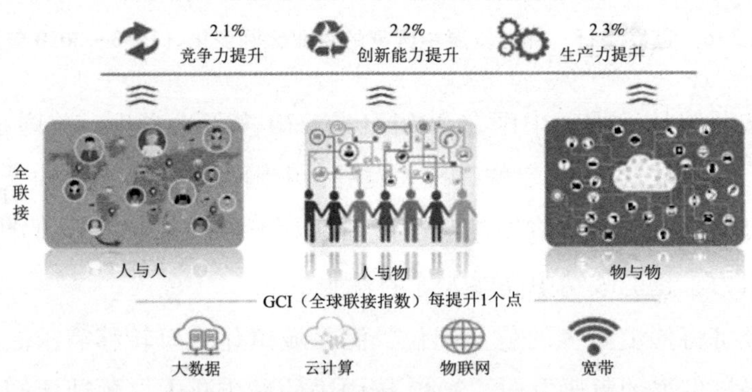

图 3-7　全联接（GCI）指数的影响

伴随着数字技术在商业逻辑的打破与重构中所扮演着越来越重要的角色，信息基础设施建设正成为驱动数字经济乃至实体经济实现有质量增长的新动能。“要想富，先修路”，ICT 基础设施铺就的信息联接之路，是数字经济发展的基础。华为《全球联接指数（GCI）<2017>》报告显示，ICT 基础设施投资所带来的经济倍增效应日益凸显。2016 年，每增加 1 美元的 ICT 基础设施投资可以拉动 3 美元的 GDP 增长。到 2025 年，每增加 1 美元的投资将拉动 5 美元的 GDP 增长。

政府需要更积极的政策来鼓励及引领信息基础设施投资，有决心有远见的政府应通过积极有效的政策引导，助力各行各业更好地实现数字化转型。

（二）政府是发展数字经济的最重要推手

政府凭借其庞大的规模和影响力，其数字经济战略的实施对于提高全社会生产力、参与度和创新力都至关重要。在数字经济发展的浪潮中，政府承担着双重角色：不仅要实现自身的数字化转型，也要通过催化其他企业和社会部门的数字化转型，来发挥深远的影响。据麦肯锡预测，在现有的 ICT 技术下，政府通过实现数字经济战略，推动自身及各行各业的数字化转型，每年可在全球产生超过 1 万亿美元的价值。

（三）引领国家数字化，提高竞争力

在大力推动发展数字经济的浪潮中，政府应利用政策引导、扶持，从资金、人才、税收等方面，营造能帮助各产业更好地应用信息技术及大数据的大环境。在未来 10 年甚至更长时间内，以大数据为核心的信息技术将成为一个国家新的核心竞争力。越来越多的国家早已制定了相应的国家战略，进化成为数字化国家，如德国工业 4.0，新加坡的智慧国，肯尼亚国家 ICT 发展规划，欧盟的 Horizon 2020 及 Digital Agenda，美国的智慧地球和日本的再兴战略等。

在人类走向智能社会的进程中，政府不仅要充分利用最新的 ICT 技术与平台建设，实现新的治理模式，通过数据共享与分析，向以公民为中心的数字化政府转型；还要通过协同运作、政策引导，催化各产业与社会部门的数字化，向智慧城市、数字化国家迈进。

三、数字经济推动智慧社会的发展

下面我们以国内外的两个城市为例，说明如何通过政府牵头，使城市的发展中融入数字经济，以及由此给这个城市的经济和社会发展带来的价值。

（一）数字经济成就石油王国的智慧蓝图

1. 延步面临的问题和挑战

沙特阿拉伯是位居世界前列的石油工业国家，石油及相关产品收入占国家

财政收入的70%以上，因此，世界油价大跌使沙特阿拉伯面临巨大挑战。2015年，沙特阿拉伯发布了《愿景2030》，启动了新的转型，明确提出发展城市、实现环境可持续性发展、完善数字化基础设施、多元的数字化服务等明确目标。寄托了沙特人转型新希望的皇家委员会延布智慧城市项目由此启航。

在1975年之前，地图上并不能找到一个叫皇家委员会延布的城市。这座"人造"的城市经过30年的苦心经营，在187平方公里的土地上拔地而起大型炼化厂、码头、仓库和数不清的轻工企业。延布是高速工业化的受益者，同时也是受害者。规整的城市布局，宽阔的道路，充足的公共空间，绿意盎然的公园，无不彰显着城市高速发展的蓬勃生机。但是，延布面临的压力也在与日俱增，大规模的城市建设需要大量的载重车辆，由这些车辆超重，超速引起的交通事故触目惊心，城市用于道路照明的开支居高不下，公共停车空间难以管理，建筑和生活垃圾暴增甚至来不及及时清运，大量的地下工业设施缺乏监测，等等。

以《愿景2030》为契机，延布决心率先发展数字经济，推动智慧城市的建设，解决自身面临的挑战，并为此制定了明确的评价指标——宽带覆盖率达到59%，垃圾清运效率提升30%，由载重车引发的年交通事故伤亡减少50%，道路维护费用下降20%，公共照明开支减少30%等。

2. 两轮建设，智慧城市初见成效

要想富，先修路。同样道理，没有强健的信息基础设施，延步的数字化转型将无从谈起。2014年，RCY即启动以城市宽带为核心的智慧城市一期建设。延布采用PPP模式，由延布提供道路、建筑等公共基础设施，由电信运营商Mobily提供基于华为网络以及数据中心解决方案的ICT基础设施。"优势互补+互惠互利"的合作模式使延布的城市宽带如插上了翅膀，遍布全市的有线、无线宽带网络很快建成，为政府、工业区企业和居民提供高速网络接入服务，极大地提升了网络访问体验。

2016年，以智慧应用为主要内容的二期项目启动。延布以增强市政管理为导向，规划并建设了8大智慧应用模块，取得明显的成效：

- 智慧路灯

将高耗能、无法远程操控的高压钠灯替换成低能耗、可自动根据环境亮度控制开、关和调节亮度的 LED 照明模块，城市照明能耗减少了 70%；同时智慧路灯以灯杆为控制单元，借助灯杆这个易于接近的基础设施，向市民提供紧急通告，政务、商业和天气等信息发布，以及应急呼救、视频监控等服务，为政府与市民之间沟通搭建了更好的交互平台。

- 道路称重

在工业区的重要出入口埋设高灵敏度的压力和长度传感器，再配合以架设在路旁的高清晰度车牌识别摄像机，任何经过车辆的注册信息、车速、每个车轴的重量等信息都会精确地记录下来，所有超重、超规、超速等违法驾驶行为无处遁形。保证公路运输的通行效率对如火如荼的国家转型至关重要。由于新的动态称重系统不需车停靠和人工导引，不会造成传统检查站那种大排长龙的“盛况”，因此，对交通流量没有带来任何影响，同时建设和运营综合成本大幅下降 80%。

- 智慧停车

延布的停车位全部免费供市民使用，客观造成热点区域停车资源很难公平分配。延布的智慧停车管理系统在保持大多数停车位仍免费使用的前提下，对使用热停车位的市民收取费用。车位占用的情况通过安装在车位上的地磁和红外双功能传感器实时上报，可用车位的数量、车位占用时长等信息都准确快速提供给市民。市民也可通过手机、停车缴费机等多种方式进行缴费。

- 智慧井盖

作为快速发展的工业城市，延布地下安装了大量管道、阀门、接头等设施。井盖是访问这些设施的必由通道。随着安全形势日益严峻，这些井盖下面的设施成为潜在的攻击对象。智慧井盖解决方案首先能够对井盖锁闭与开启进行遥控，避免了无关人员进入的可能，也确保只有在需要维护的时间井盖才会开启，提高了工业设施的安全性。配合不同的窨井类型，安装有害气体检测、透水检测等传感器，不但能够实时监控到溢漏事故，也能保证井下工作人员的安全。

- 智慧垃圾处理

沙特阿拉伯炎热的天气会使垃圾加速变质，增加传染疾病的风险。智慧垃圾处理解决方案配备由太阳能供电的容量传感器，垃圾箱内废物的填充比例得以实时上报，供管理员据此优化垃圾车的清运路线和清运周期，提高垃圾回收效率。同时，垃圾车的油耗情况也会受到监控，提醒管理员油量异常变化，避免因偷油之类的事件带来的公共资产流失。

- 智慧能效监测

沙特阿拉伯的高福利制度让市民享受了廉价的电力服务，同时也加重了资源消耗。延布决定降低办公区间的电力消耗，以身作则引导市民增强生态保护意识。通过遍布在办公楼内的能耗传感器，延布实时采集各个分区的电力消耗，再通过与历史用电量的对比、各分区电力消耗对比等管理手段，引导政府员工加强节电意识，合理用电。传感器还可远程控制电力供应，在下班时间可以统一遥控关闭空调、照明等设备，以达到节能目的。

- 人群密度分析

智能手机的出现，让 WiFi 的需求无处不在，因此，通过监控 WiFi 信号，就能够准确地了解人员分布情况。在节日庆典、关键设施保护等方面，利用 WiFi 信号的分布即可了解到人员分布和流动情况，遇突发情况时可提前关注并采取必要的措施。

3. 数字经济融入实体，发挥实效

经过两期密集的智慧城市建设，智慧城市的价值在延布得到全面体现——公共照明系统的综合成本降幅超过 30%，垃圾清运效率提高 50%，道路维护费用节约了 20%，公共停车空间的利用率提高了 30%。智慧城市极大地提升了城市的公共服务水平，自 2014 年以来，外来投资增长率达到 16%，而此前的年增长率只有 2.5%，居民满足度上升到 90%。

城市宽带和智慧应用只是 RCY 智慧城市建设的第一步。正如延布 CIO Ayman 先生所说：“各个应用系统产生的大量数据让我们看到了一个新的 RCY，也让我们在提高城市治理方面更加有针对性，也更加有效。我心中的智慧城市还只是开始，RCY 与华为的合作还要不断深化，利用新技术，让市民享受到更好的公共服务，让我们的城市更加有吸引力。”

（二）数字经济融合传统文明，敦煌实现旅游重镇升级

在人们的印象中，沙漠、石窟、壁画、月牙泉，即敦煌，其实并非全貌，此地还有座智慧城市，一座沙漠中的智慧城市，一座以数字经济为支撑、智慧旅游为主题的产业型智慧城市。

如果通过数字经济的融入，游客年均增长可达 30%以上、旅游产业 GDP 占比超过 50%、旅游旺季延长 75 天，是否也可说明数字经济给敦煌城市带来的现实价值；如果智慧旅游正在拉升城市整体发展，且能力输出覆盖陕、甘、青、新、宁、蒙 6 省份的 150 多个景区，数字经济的价值和意义是否更可见一斑。

1. 历史的馈赠与历史的压力

时间退回到 1500 年，于南北朝及唐朝初期，敦煌均为“丝绸之路”上最繁华的城市，经济地位不低于现在的上海。当然，历史并非什么也没有留下，馈赠敦煌以莫高窟、鸣沙山·月牙泉、玉门关、阳关、雅丹国家地质公园等丰富的旅游资源。

此为历史的馈赠，也是资源赋予的压力。当千年莫高窟每天还要接待 1.8 万名游客；当一座市区人口仅有 4~5 万的沙漠城市，每年要接待 600 万名海内外游客时；当北京堵车，敦煌堵骆驼时，其压力可想而知。此即为敦煌建设智慧城市的背景。

2. 量体裁衣的顶层设计

可以说，正是针对以上痛点，形成了如今智慧敦煌的顶层设计思路。2014 年初，华为与敦煌市政府合作，从顶层设计开始协助敦煌建设智慧城市，针对敦煌的痛点，设计之初就明确原则：敦煌将以智慧旅游为切入点，按照智慧城市整体构架进行顶层设计，同时在智慧城市“兴业、善政、惠民”的建设三原则中，重点突出“兴业”。

敦煌是以智慧旅游引领的产业型智慧城市。服务的主体是当年的 600 万人次游客（2016 年突破 800 万人次）。同时，围绕服务游客，又形成了敦煌相关产业，以及行政部门的应用设计，这样形成了智慧敦煌总体建设框架为

“一个中心、一个基础、四大体系、八大业态”。

（1）“一个中心”：即智慧旅游（城市）云计算中心。

（2）“一个基础”：即以移动、互联和物联为基础的传输层。

（3）“四大体系”：即以智慧旅游展示、营销、交易、服务为基础的应用层。

（4）“八大业态”：即涉及游客、景区、酒店、旅行社等为主的用户层。

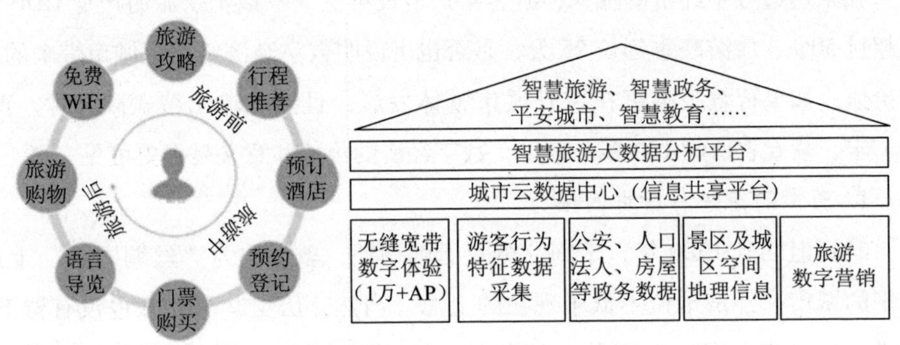

图 3-8 智慧敦煌顶层设计

3. 数字技术的全方位应用

敦煌智慧旅游的数字化建设是全方位的，既涉及数字景区建设，也涉及旅游营销，还涵盖吃、住、行、游、购、娱等旅游配套体系的线上、线下资源整合等，下面我们重点介绍盐步智慧城市几个关键模块。

（1）数字化景区。建立莫高窟预约参观网络平台，以预约模式分流游客，同时构建旅游目的地疏导平台，也可以有效引导并控制未预约去参观的游客，这样通过控制当次参观人数，使影响雕塑壁画的温度、湿度、二氧化碳等指标都能得到有效的调控。

（2）无线旅游城市。2016 年，敦煌已实现市属景区无线 WiFi 全覆盖，推出了互动游览、手机客户端服务，为游客提供景点介绍、电子地图、自主导览、语音讲解服务，实现了把“导游装进手机里”。

（3）景区物联网。通过建设在莫高窟、月牙泉、鸣沙山等建设景区物联网 IoT，分析游客行为与流量分布特征模型，服务人员减少 30%，景区游客承载能力提升40%，游客非参观时间减少20%，减缓高峰人流，提升参观服务质量。

（4）旅游大数据。以无线网、物联网、互联网社交平台为数据采集入口，整合打通运营商、城市管理等部门数据。不仅基于敦煌，还扩大信息来源范围，采集酒泉、张掖等气候资源相似地区数据。而综合以上数据，分析淡季获取游客的来源地、性别、职业等模型特征，建立游客画像，利用互联网、移动互联网实施精准营销。

（5）舒适安全的城市环境。智慧旅游必然涉及城市的交通、购物、住宿、应急指挥、公共安全等各个方面，如何保障百姓和游客的安全及通用服务是敦煌智慧城市重要内容。通过敦煌、华为与甘肃省广电网络三方合作，建设的集云存储、云计算于一体的"飞天"云计算中心，实现了城市社会管理系统、智能交通、视频监控、智慧家庭等。通过这一系列，构建了舒适、安全的城市环境。

（6）智慧旅游O2O体系。智慧敦煌还建设了线上交易体系。将线下文化旅游产品和服务整合上线，建成了驼行网、天猫、京东、去哪儿四大交易平台和开放式电商交易系统，实现了景区门票、宾馆酒店、旅游纪念品、土特产等产品的线上销售。此外，与携程、驴妈妈、美团、途牛、同程等各大在线旅游服务商合作，分销旅游产品。

4. "春风已度玉门关"

在智慧旅游上线之后，敦煌游客年均增长30%。2016年，敦煌旅游接待人数达800万人次，旅游综合收入达78.16亿元，以旅游业为主的第三产业在全市GDP占比已超过60%。

以2016年为例，月牙泉5月23日游客人数突破3000人大关，比上一年度提前28天。9月日均接待5910人，10月18日才首次降至3000人以下，旅游旺季累计延长75天。同时，通过智慧旅游平台还向游客更好地匹配了周边旅游资源，2016年1~10月，阳关、玉门关、雅丹、古城等敦煌西线景区共计接待游客107.41万人，同比增长53.38%。

正因为敦煌旅游行业数字化转型的卓越表现，在2016年全球智慧城市博览会上，敦煌智慧旅游获得"全球智慧城市提名奖"。

对用好数字经济服务我国城市发展新阶段的思考

谈　天[①]

一、数字经济的现状

“数字经济”的概念，源起1995年加拿大商业策略大师唐·泰普斯科特撰写的著作《数字经济》。2016年G20杭州峰会发布的《二十国集团数字经济发展与合作倡议》提出了目前最具代表性的数字经济定义，该倡议认为数字经济是指以使用数字化的知识和信息作为关键生产要素、以现代信息网络作为重要载体、以信息通信技术（ICT）的有效使用作为效率提升和经济结构优化的重要推动力的一系列经济活动。

数字经济是人类社会进入信息化时代的产物，随着移动互联网和物联网快速发展，人与人、人与服务、人与物、物与物的互联互通变得快捷、可触达，单向、简单的信息沟通变为多向、交互式的互动，数据量呈现爆发式增长。今天我们研究的，不再是数据从何而来，而是如何用好海量数据服务人类社会发展。

2017年，是数字经济在中国落地生根的一年，标志中国正逐渐向技术型社会转型。2017年3月，《政府工作报告》首次明确促进数字经济加快成长的要求。从2015年《政府工作报告》首次提出“互联网+”，再到2016年《政府工作报告》提到“分享经济”，今年又提到“数字经济”，我国政府不断地提高数字经济在经济发展中的重要性，不断加大对数字经济的政策支持。

① 谈　天：腾讯高级政策研究总监。

各地政府更加积极得尝试运用大数据、云计算等技术解决政务痛点、服务社会，以更开放的态度鼓励社会资本参与数字经济建设。

政府侧的重视，源自数字经济已成为我国经济重要组成部分的事实。数字经济的发展能够提高经济发展效率，有效激活发展潜能。数字经济发展较好的地区，实体经济发展程度也相应地越高。根据回归模型测算，互联网+经济指数每增长一点，GDP 大致增加 1406. 02 亿元。截至 2016 年底，全国互联网+数字经济指数增加 161. 96. 由此估算 2016 年全国数字经济总体量大约为 22. 77 万亿元，占 2016 年全国 GDP 问题的 30. 61%。数字经济的发展不仅能够带动一地 GDP 的增长，还能够促进各个相关产业的发展，从而全方位拉动就业，降低地区整体失业率。数字经济发展程度高的地区，失业率会显著低于其他地区。

2017 年 8 月，麦肯锡全球研究所（McKinsey Global Institute，MGI）发布报告《中国数字经济：全球领先力量》（China' s DigitalEconomy ：A Leading Global Force）。报告显示，中国拥有世界上最多的数字技术投资者、采用者和独角兽公司。报告指出，中国数字化经济发展迅速的原因主要有潜力巨大的中国市场、资本充足的巨头运营商以及政府提供的宽裕的发展空间。中国的数字化转型已经对自身的经济产生了深远的影响，并将越来越多的影响全球数字化进程。本文对报告内容进行简要摘编。

不久前，腾讯董事会主席兼首席执行官马化腾在出席“中国国际经济数字峰会”时，归纳了党的十九大以后对数字经济提出的新要求，主要归纳为数字经济的发展不仅要有经济价值，还需要有社会价值，推动以互联网为基础的数字平台真正从“多用户”平台向“全用户”平台转型，同时，数字经济发展要适应产业转型新阶段，一家企业科技属性的强弱，将决定企业竞争力的大小。马化腾进一步预测，数字经济将成为中国领先全球，率先打开第四次工业革命之门的钥匙。

二、城市发展的新阶段

城市是人类社会主要生活聚集的区域。城市的发展在数字经济时代被赋予了新的含义，信息社会已成为城市运行的基本形态，网络世界和城市正发生更多的交集，城市的物理空间、网络空间和人类社会之间的界限正在逐渐消失，城市发展正进入一个万物联通的新时期。在日常生活中，城市本身产生大量数据，城市管理者也在探索如何用好数据实现城市自身的发展；以往，传统手段无法破解的城市发展困境，在数字经济的今天，也有望从新的维度获得破解之道。

目前，国内各地政府普遍重视和探索运用大数据、云计算、人工智能等技术服务政务管理。总体来看，北京、上海、深圳、杭州等国内城市在综合运用互联网技术方面走在国内城市的前列，同时，经历了一轮移动互联网高速发展，上述几座数字一线城市的增速出现放缓趋势。形成对比的是数字经济发展程度处于中等水平的城市已经成为我国数字经济的重要增长极，这些城市有着巨大的人口红利和增长潜能，随着移动互联基础的广泛普及、“互联网+”不断深化落地、传统行业数字化与互联网化进程不断加速，二、三、四线城市数字经济发展进入高速增长期。凭借人口红利和后发优势，可以预计在未来几年，数字经济发展程度处于中等水平的城市将释放巨大潜能，数字经济总体增速会保持在较高水平。总体来看，在数字经济时代，中国城市发展呈现以下几个特点：

1. 数据决策成为城市管理的重要视角

2016年4月19日，习近平总书记在网络安全与信息化工作座谈会上的讲话中指出，“要以信息化推进国家治理体系和治理能力现代化，统筹发展电子政务，构建一体化在线服务平台，分级分类推进新型智慧城市建设。打通信息壁垒，构建全国信息资源共享体系，更好地用信息化手段感知社会态势、畅通沟通渠道、辅助科学决策。”

这充分说明，大数据正在成为为城市管理提供决策、为生活服务提供便利的重要依据；同时，大数据也成为推进城市转型发展的重要动力、重塑城市竞争优势的重要机遇与提升城市治理能力的重要途径。近年来，中国各级政府机构在政府在线服务的发展过程中，均体现出不同程度的创新潜力，在平台建设、媒体融合、数据开放等方面均不乏优秀案例，倒逼政府主动学习大数据、云计算、人工智能、区块链等新技术、新知识；更重要的是，数据决策是视角的转变、思维模式的转变，要求政府主动转变思维，从原有的因果式决策思维向关联式决策思维转变，从项目思维向产品思维转变。在此过程中，城市管理者将转变为平台生态构建者，由权力执行者逐渐转变为平台治理者。

2. 市民体验成为衡量城市服务的重要标志

得益于互联网发展，人们获取信息更加及时便捷，社交即信息，人人都是自媒体，社交网络成为主要新闻渠道，影响力日增。一些典型公共事件更容易吸引社会大众眼球，引起大范围的传播、参与和讨论。这既反映了大众对社会公共事务的关注度越来越高，有利于提升社会建设治理的水平，也存在引导主流、化解情绪的问题。同时，随着各地政府尝试运用新信息提供新服务，越来越多的群体接触到政府在线平台提供的服务，公众获取信息的方式愈趋丰富，促使用户对电子政务服务的个性化和功能性表现出强烈期望。城市需不断创新在线服务模式，增强服务能力，以满足用户日益攀升的网络化、多元化及个性化需求。公民体验作为近年来备受城市决策者关注的重要理念，主要涉及五大服务范畴，在服务的核心价值上，提倡以公民用户为中心；在服务内容上，呈现多样化、个性化的特征；在服务对象上，强调电子公共服务的无差别及普及性；在服务质量上，强调用户体验和易用性；在服务的提供方式上，通过多渠道打破服务的时空限制。

3. 数据融合成为评价城市数字化发展的标准

总体来看，受制于传统行政体制，各地在数据打通、融合领域虽有尝试，但方法不多，缺乏统一标准，导致各部门项目各自为政，采用的标准也不尽相同，一方面导致重复建设，另一方面导致业务系统上的冲突，影响项目效果。同时，政府部门间、机构间共享互通少，缺乏数据价值，业务需求与技术建设存在脱节，有效动力不足，现有共享平台在建设过程中更趋向物理的集中，仅实现了物理意义上的“统”，而在各部门数据交换，数据流通推进工作上进展维艰，不少政府部门因保密、安全性、权限等缘由，在数据共享中自觉或不自觉地设置障碍，给数据共享实施带来一定的困难，“数据孤岛”“烟囱效应”仍未从根本上解决。在这方面，贵州大数据产业在很多方面都走在了前列，尤其是在数据开放方面，贵州很早就开始通过开放与共享，进行应用方面的突破。

三、随着数字经济和城市发展的尝试融合，一些传统手段无法破解的城市发展问题迎来新的解决机遇。

（1）城市规划的数据归结。城市规划是城市发展的龙头，随着大数据技术的到来，由传统的二维、三维增加四维（时间维度）、五维（人群活动维度）。城市管理部门正探索与业内大型企业合作，为“城市规划”提供更全面的城市人群活动映像，为城市规划及城市管理提供了更有效、直接的决策依据。同时，构建智慧城市基础背后需要云端基础及海量的数据作支撑，为城市的治理和决策提供强有力的云计算及大数据支撑，再将数据产品化后广泛应用于城市规划、医疗、保险、城市交通疏导、旅游产品设计、流程优化等领域。城市规划中，还可以引入虚拟现实（VR）技术，结合数值计算，在仿真环境下进行预演，真实模拟可能发生的情况，为政府制定合理正确的方案和决策依据。

（2）城市文化的科技呈现。我们要深入弘扬和践行社会主义核心价值观，推动优秀传统文化传承创新，让传统文化活在当下。我们应重点围绕春节、元宵节、清明节、端午节、七夕节、中秋节与重阳节七个中华传统节日开展更多城市文化活动，借助互联网等新技术，实现线上与线下、传统与现代的文化结合，推动传统节日回归本义、守住传统仪式感。我们要注意保护地方文化，把城市历史文化通过虚拟现实（VR）、增强现实（AR）等新技术手段生活和再现，增强市民对城市的归属感和家的感觉，以“互联网+”的新形式构建“互联网家”。

（3）城市服务的数据保障。进一步完善社会保障制度，保持社会温情发展，杜绝人心冷漠。打通在线办事的“最后一公里”，打造有温度、深度和精准度的城市服务。完善利用移动互联的平台和渠道，推动医疗、人社、公安等部门实现部门横向连接、业务纵向连接和线上线下打通，尽可能地减少中间流转环节，以最快速度、最短距离把城市服务输送给市民；鼓励地方主管部门结合实际创新特色服务，借鉴北京上线的“供暖费”、深圳的“出入境续签”服务等服务模式，满足市民个性化需求；通过网络助力寻找失踪儿童，让失踪儿童的回家路更加通畅；通过网络大数据，借助网络信息安全技术，保护老人、孩子在内的所有居民不受电信和网络诈骗困扰。

（4）社会治理的数据解决。目前，中国的城市发展再次转向超大型城市为首先的路径，随着越来越多的人口迁入城市中心，城市必须变得更加灵活地响应市民需求，同时尽可能地提高公共资源的利用效率。智慧城市应运而生，交通、教育、医疗、环保、安全、政务等众多行业和领域被物联网赋予智慧，从而帮助政府更好地管理和服务城市。云计算、大数据、移动互联网及智能设备的迅速发展，使物联网在城市管理方面的应用越来越成熟，并逐渐成为城市管理部门执法与服务的重要手段。

未来，城市可以依据“分布自治、区域协同，集群合一、创新融合，安全持续、智慧共享”的原则，充分利用物联网技术，把城市主要设备连接到云端的基础上，运用大数据平台全局化的数据采集入口和节点，实现数据信息的整合、挖掘、共享和集群调度管理，从智慧交通、智慧消防、智慧安防、智慧医疗、智慧教育、智慧信息、智慧商业等板块入手，构建新型智慧城市体系，为城市居民的生活、工作、出行等方面提供指引，为运营管理提供决策依据。抓住移动互联网、云计算、大数据等信息技术的逐步成熟的契机，调动全民积极性，共同参与城市病治理。比如，政府可以鼓励市民通过手机、可穿戴设备实时参与城市的交通、环境、自然灾害预警的数据采集和分享，推动政府、企业和市民协调合作，形成城市治理的上下联动、信息共享、大众参与的新格局。同时，探索制定发布“温情城市发展指数”，对全国大中城市温情社会建设进行科学评定，并向全社会公开。在此基础上，把温情社会建设纳入政府工作考核内容，在考核社会设施建设“硬环境”的同时加强社会“软环境”考核，形成良好政绩导向。

未来已来，我们虽然很难准确预测城市发展的终极形态，但可以肯定的是科技的发展、技术的进步会帮助人类更好地认识和使用数据，数据会衍生更多的场景让技术落地，数字经济会让生活更便利、城市更温暖、环境更宜居。让城市回归自然，让城市回归人本，才是我们追求科技进步的宗旨所在。

参考文献

[1] 马化腾，孟昭莉，闫德利，等．数字经济：中国创新增长新动能 [M]. 北京：中信出版集团，2017.

[2] 马化腾，张孝荣，孙怡，蔡雄山，等．分享经济：供给侧改革的新经济方案 [M]. 北京：中信出版集团，2016.

[3] 司晓，等．互联网+制造：迈向中国制造 2025 [M]. 北京：中国工信出版集团，2017.

[4] 唐鹏，等．互联网+政务：从施政工具到治理赋能 [M]. 北京：电子工业出版社，2016.

[5] 腾讯研究院，《中国“互联网+”数字经济指数（2017）》，2017-4

[6] 腾讯研究院，《2017 互联网 科技创新白皮书》，2017-9

[7] 马化腾，2017 中国国际数字经济峰会上的演讲，2017-11

[8] 麦肯锡全球研究所（McKinsey Global Institute，MGI），《中国数字经济：全球领先力量》（China´s DigitalEconomy ：A Leading Global Force），2017-8

生命经济下的体制创新

朱岩梅①

瑞典诺贝尔博物馆的“发明的法则”尺子，以时间为刻度，从1801年开始到2000年结束，两米长，每一年为一厘米，共显示这200年的200个重大科学发现。1801年是瓦特，最后一个刻度是2000年，刻着“人类基因组计划几乎完成；无独有偶，北京的中华世纪坛上，最后一条2000年刻着“我国科学家成功破译人类3号染色体部分遗传密码”，中国作为唯一一个非发达国家参与“人类基因组计划”；奥巴马在上年启动的精准医学计划中，曾经讲美国带给人类的两大科学贡献，一个是脊髓灰质炎的疫苗，另一个就是“人类基因组计划”。

这不是巧合，而是世界共识，“人类基因组计划”成了人类历史的里程碑。2000年，不仅是上一个世纪的结束和下一个世纪的开始，更是前两个世纪工业时代鼎盛后，生命时代的开启。时代，由此划分。

一、技术革新时代下的新经济：从物质经济走向生命经济

从人类基因组计划，到2016年美国宣布启动精准医疗战略，再到“健康中国2030”规划纲要，医疗健康终于在中国成为全社会的关注重心，近期IT和金融大佬也纷纷进军医疗健康领域，新型的医疗和健康大产业进入快速发展期。随着工业经济、信息经济等物质经济的发展，人民群众生活水平逐渐提高，对物质的需求逐渐减少，进而带来的是对生命质量的需求。过去以国

---

① 朱岩梅：华大基因执行副总裁，首席人才官。

民生产总值（GDP）为导向的发展模式，也逐渐开始转向以国民健康总值（GDH）为导向的国民追求和社会发展。人们真正开始关注生存和生活的质量，关注健康与生命。

人们对创新概念的理解最早主要是从技术与经济相结合的角度，探讨技术创新在经济发展过程中的作用，主要代表人物是现代创新理论的提出者约瑟夫·熊彼特。经济增长与变革的根本动因是技术革新。英国是世界工业化的先行国家，技术革命引致工业经济的崛起，通过拓展世界技术的前沿领域，开启了工业经济持续增长的新时代。如今，基因测序技术的飞速发展，也正在革新未来的医疗和健康，变成以精准医学和精准健康为主导，带来新经济。医学上，出生缺陷、传感染、肿瘤等基因相关的疾病，都可以精准地防控；健康上，营养、运动等都可以精准地管理。随着基因测序成本的下降，精准医学计划被提出，以更好地认知疾病。“精准医学”其实是人类基因组计划的2.0版本，其核心技术是基因测序技术。基因是生命的遗传密码。自然界的万物生长、生老病死，无不受控于它。基因的遗传与变异、老化和修复，是一切生命特征、生老病死的根本内因。基因科技，不仅是精准医学的核心支撑，更是一切生命科技的基石。美国曾经做过统计，2003—2013 年人类基因组计划完成的十年间，美国当初每投入在该计划上的一美元，已经产生了 178 美元的回报，由此可预估精准医学计划未来将产生巨大影响。

过去健康无法量化，而精准医疗和健康进入了可以精准量化的阶段，带来的是生命科学与 IT 的结合。过去半个世纪，每 18 个月芯片的性能提高一倍，成本下降一半，这个 Intel 创始人提出的“摩尔定律”推动了 IT 的发展，创造了信息时代的辉煌和奇迹。而生命时代下的新经济，基因测序的“超摩尔定律”正在形成，过去 20 多年，个人基因组测序成本从 38 亿美元降至 600 美元，带动了多个领域在科研、技术和产业上的高速发展。健康中国的号角已经吹响，基因科学的春天已经来临，基因科技的快速发展必将加快生命经济的来临。

二、工业经济、信息经济、生物经济中的跟跑、并跑、领跑

18 世纪 60 年代，随着英国的新兴行业——棉纺织行业中一系列重要发明的出现，机器生产逐步取代手工劳动，生产力的提高迅速使工业经济走向繁荣。然而，闭关锁国的清朝在这场工业革命中，逐步落后于世界大潮，在全球工业经济的快速发展中开始了几十年的跟跑。不禁让人与李约瑟同思：“尽管中国古代对人类科技发展做出了很多重要贡献，但为什么科学和工业革命没有在近代的中国发生?”90 年代，中国搭上了 IT 的第一班列车，如果美国是火车头，我们则是挂在后面的第二节车厢。除了产生 BAT（Baidu 百度、Alibaba 阿里巴巴、Tencent 腾讯）这样跻身世界 10 大 IT 企业的巨头外，很多规模虽然不大，但以信息技术与模式创新为核心的企业，也开始将 IT 的全新方式渗透于各个领域，助推中国与全球并肩跑。然而，这样的追赶与同步的局面，在近 30 年全球生命科学快速发展的浪潮中已被突破，从跟踪，到超越、到引领，中国的生命科学正在领跑全球。1990 年，“人类基因组计划”启动，美国、英国、法国、德国、日本和我国科学家共同参与。人类基因组计划与曼哈顿原子弹计划和阿波罗计划并称为三大科学计划，被誉为生命科学的“登月计划”。而中国，是参与国中唯一一个非发达国家，参与并承担该计划 1%的任务。从这一刻起，中国开始与世界同步，至今发展 20 年，领跑全球。

2017 年 7 月 14 日，中国一家专门从事生命科学的科技前沿机构，同样也是全球最大的基因组学研发机构华大基因集团（以下简称华大），其子公司华大基因的成功上市引发了资本和社会对基因技术领域的热烈追捧。华大因参与人类基因组计划（HGP）于 1999 年成立，参与这个计划的目的就是把这一公益项目带回国。此后，完成了国际人类单体型图计划（10%）、第一个亚洲人基因组图谱（“炎黄一号”）、水稻基因组计划等多项具有国际先进水平的基因组研究工作，主导和参与了 130 多种（占全球主要农作物 70%）农作物的基因测序。在全球公共卫生项目中：2003 年 5 月，华大基因用十几小时就

测出了SARS病毒序列，96小时就做出了SARS检测试剂酶联免疫试剂盒，并向全国防止非典型肺炎指挥部捐赠30万人/份的SARS病毒诊断试剂盒；在德国大肠杆菌疫情战役中，华大完成基因组测序并公布序列，研制成功诊断试剂盒并无偿公开检测方法。华大突出的科研项目成果和对全球卫生的贡献，均彰显了世界领先的测序能力和生物信息分析能力，也奠定了中国在基因组学研究领域中的国际领先地位。

2016年9月，落户深圳的国家基因库正式运营，由华大承建和运营，这是中国唯一一个基因库，也是全球第四个国家级基因库。深圳国家基因库刚一成立，就与全球最大的三个基因库数据量相当。在不远的未来，国家基因库的数据量将会超过其他基因库的总和。

总结一下这三个时代：工业时代，因为有了大规模制造和分工，生产效率大大提高。福特将变革的管理方式，广泛地应用于汽车生产中，节省了时间、降低了成本、增加了产量，提高了工人的工资，也使汽车的售价能为广大公众所接受。如今，在世界上任何地方，福特的名字都代表着大生产和大众消费所带来的繁荣。信息时代，从约翰·冯·诺依曼发明了第一台计算机，到计算机的普及应用领域从最初的军事科研应用扩展到社会的各个领域，进入寻常百姓家。信息化是当今时代发展的大趋势，代表着先进生产力，在摩尔定律的影响下，让每个人随时随地连接，甚至可以颠覆产业。那么生命时代，关系到每一个人的生命，关系到每一个动物、植物、微生物，它将连成一个巨大的网，我们叫它“Genome Internet”，数据之大无可想象。回顾历史，汽车、电脑、网络改变世界的秘密在哪里？一是低成本，如果成本不降下来，无法改变世界；二是高产量，或者叫高通量，人人可及。生命科技也正如此发展着，未来必将改变世界。而任何科技都是“双刃剑”，这个世界不是为了改变而改变，不是为了创新而创新，而是真正的去造福。这是百年不遇的发展“窗口期”，今天放眼全球，中国已在生命科学拥有了科技优势。而如何以科技优势为核心，体制优势为保障，结合并放大国情优势，做好BT（Biotechnology）的火车头？如何成为比欧美动力更大的引擎，成为护航“健康中国”和“一带一路”的新动力？新经济下的体制创新尤为重要。

三、科技与体制创新需要基于远大目标

创新分为几类，第一类是渐进性的、持续性的创新，如每日的质量管理改善，日本企业是典型代表；第二类幅度大一些，叫作颠覆性创新，这类创新往往从行业的边缘开始，颠覆原有的技术，拓展行业的边界；第三类是根本性创新，比颠覆还要更彻底和深刻。第一类叫作改变，第二类叫作革新，第三类才是真正的革命。美国著名学者理查德·佛罗里达的理论，创新型经济的“3T 要素”分别指技术（Technology）、人才（Talent）和包容（Tolerance）。然而，这三个 T 对于一家机构的创新来说仍然不够，还需要一个 T，目标（Target），即是企业的引领性目标。

有远大的目标，创新才具备可持续性的强大推动力。因此，华大的发展一点也不偶然，不是体制机制造就了华大，而是华大以一个宏大的目标为导向。首先是大目标引领的，再看技术上有无可能性，再说体制上能不能支撑。华大的愿景是“基因科技造福人类”，为人类的健康做出贡献是华大的终极目标。这不是梦想，而是理性的思考，把其大目标提炼 16 个字：“生优病少、吃喝玩乐、人间仙境、两质永葆”，来概括现在和未来要做的事情。

“生优病少”，是指通过先进的基因检测技术降低出生缺陷率，让孩子远离不必要的伤害。唐氏综合征的检测过去依靠羊水穿刺，而颠覆性、替代性的无创基因产前检测，在孕妇怀孕 12 周时，通过抽取孕妇胳膊上的 5 毫升血液就能够检测出来胎儿是否异常，准确率非常高。华大已经把价格降至几百元，基本上人人都可以承担。另一个例子是耳聋。千手观音美轮美奂，但其中 90%的舞蹈演员都是因为携带耳聋基因而药物过敏、一针致聋的。这种耳聋基因的携带率是 1/20，也就是说中国一年有 1600 万新生儿，就约有 80 万新生儿携带了耳聋基因。像这样的疾病还有很多，如蚕豆病、爱德华氏综合征、侏儒症等。今天基因技术能够认知的疾病已经有上千种。病少以肿瘤为例，肿瘤的本质是基因突变导致。随着科学的认知，药物的发现，甚至老药的新用，同癌异治、异癌同治将越来越普及。肿瘤将成为可以管理的慢性病。

“吃喝玩乐”围绕健康，“吃喝”指的就是营养，“玩乐”实际上就是运动，指在基因层面上，结合其他相关科学和技术，精准地提供营养，科学地指导运动。“人间仙境”，是指在生态方面所做的工作。现在土壤的重金属污染、水体的富营养化等问题大量存在，生态改善最终一定会依靠生物技术，如绿藻可以帮助土壤和水质快速改善。未来生物技术会像 IT 技术一样，渗透到各个行业，如农业、医学、环保等。做好前面三项，我们就离健康美丽更近了，“两质（体质、颜值）永葆”，其实就是健康美丽长寿。

中国拥有庞大的人口样本群体及丰富的物种多样性，这意味着生命科学领域有大量的工作要去做，包括基因组学技术的突破、相关资源和样本的积累、研究和应用，这都会带来重大的科学发现。习近平总书记提出的“三个面向”（面向世界科技前沿，面向经济主战场，面向国家重大需求），为我国科技创新指明了方向，这也正是在新经济浪潮来袭时，企业应该努力的目标。在新的时代，企业家应该摆脱过去的路径依赖，不要再依靠政策优势或者商业模式的创新，而要从根本上去考虑这个时代所需要的根本创新，重视企业的社会责任，关注人类的终极命运。没有目标的创新都会迷失在商业中，会迷失在商业的大街小巷当中。华大以大目标为导向，从科学认知出发，以科学技术为工具平台，希望能够产出老百姓买得起、用得着的疾病预防检测方法，帮助老百姓寻找到有效的药物及治疗方法，从而解决疾病问题。“基因科技造福人类”这样的伟大使命是华大创新驱动的根本。

四、有效缝合科技经济“两张皮”的华大创新体制

2015 年 9 月 24 日，中共中央办公厅、国务院办公厅向社会公布《深化科技体制改革实施方案》，科技部表示，科技体制改革要打破科技经济“两张皮”，打通科技创新与经济社会发展通道。“两张皮”的问题，根本原因是科研没有与实践需求相结合。华大的核心战略是跨体系的三角锥，民生、科研、产业组成了三角，在仪器智造的支撑下，变成了一个立体稳定的三角锥。华大三角的核心是大数据、大样本，而且是全覆盖、高质量的数据，有了这些

数据，真智能、深度学习也会随之产生。极少有机构能够把民生、科研、产业这三者融合在一起，而华大不仅能够让它们很好地融汇在一起，而且让它们发生了深刻的化学变化，实现了真正的结合。（伦敦大学）帝国理工学院的前校长 Sir Keith O’ Nion 曾震撼说道：“You（BGI）are not only innovating, you are changing the way of innovation”。在中国科技和经济存在“两张皮”现状下，更多机构选择挣完了钱然后大把地撒钱做民生。过去，不仅在中国，甚至全球各地，民生、科研、产业都是分开由三类机构做，而华大是真正地创新了方式，改变了道路。华大“三发三带”的发展模式，以技术发明、科学发现、产业发展带动学科、人才、产业，其核心是大人群、大样本、大数据。也就是说，用民生收集的样本和数据，放大科研优势，科研再继续，科研懂得更多，技术能够更便宜，又变成了产业。产业又把价格降下来变成民生。

华大不是一个传统意义上的企业，而是一个科研、产业、民生联动的社会型企业（Social Enterprise）。它和其他组织的不同，还体现在“三观”的不同。第一是世界观。华大所有的产品都基于生命中心法则，科学地认知世界是根本。第二是价值观的差别，华大强调大目标导向，是真正要以基因科技造福大众。第三是人生观的不同。华大领袖人物的人格魅力、人生格局一直深刻地影响着这个团队。他们对物质欲望的淡泊，提携后生的高风亮节，一直在影响着这支队伍。过去华大总被叫作“四不像”，既不像研究院，也不像学院、公司、公益机构。它其实是一个组织的创新，也是根本性创新的一部分。当今社会，不仅是科技需要创新和突破，组织的方式和模式，也在面临新的变革，包括管理和人才等很多方面。

华大三角的成功具体可用三个 P 体现：Paper、People、Profit。第一，自成立以来，华大在国际重要学术期刊上共发表论文 2318 篇，SCI 收录 1896 余篇（统计截至 2017 年 11 月 7 日）。此外，华大基因大数据期刊（Giga Science），在汤森路透社发布 2016 年期刊引证报告中，SCI 影响因子评为 7.463，在综合性期刊类别中排名全球第六。第二，华大坚守大目标导向，围绕着人民。截至 2017 年 9 月底，华大与全国多地政府合作，累计开展民生项目惠及 410.29 万人次，真正实践健康中国。第三，利他才是最大的利己。商业不是目的，而是路径。一些目标是可以通过商业途径实现的，另一些是通过商业方法加快速度，还有一些商业化可能会阻碍目标。最大的生意就是公益，最大的公益就是商业。社会价值和公司价值，最终是可以结合在一起的。

五、华大新体制下的人才建设：注重人才，奠定基业

战略和人才相辅相成、不可分割。好的战略需要人才去执行，而人才也需要对战略深刻理解后，才有能力去落地。这些具备了执行力的人才，才是企业真正需要的人才。如何全面评价一个人的能力和潜能？如何培养、提升他们？这要建立一整套的体系。通过了解企业的基础、行业环境、发展的方向和需求等，然后建构一些评价、发现、培养人才方面的机制。把培养人才进行体系化，形成一套可复制、可借鉴的人才规划。此外，对人才的宽容在创新体质中同样也极为重要，这意味着对于不了解的事物、不同的观点，不去急着去否定。创新要敢于去欣赏“非共识”，对于创新而言，有勇气是第一位的，需要面对反对的声音。真正革命性的创新需要打破秩序，创新者往往也是秩序的破坏者。激发年轻人的活力，不仅让每一位员工感受到工作上的愉悦，更是让他们在对文化认同和理解后，逐渐形成更加坚定的信念，从而形成整体的合力，企业才能成为基业常青的机构。

在华大发展的过程中，解决内部人才培养及人才梯队建设的问题的方法，可以总结为几个“ow”。第一个是“Know”，识人。识人就要了解长处，因为人无完人，如何用人所长，不要用错地方。第二个是“Show”，用人。把人用在合适的位置，不要简单的弥补他的短板，而是要发挥他的长项，把他的才能显示出来。第三个是“Grow”，成长和培养。各种人才培养的体系，包括华大基因学院在技术上的培养，也包括 HR 的学习发展模块，相当于领导力和管理能力的培养等。第四个是“Flow”，流动。有一些综合性能力或潜力的人才，让人才在不同的岗位上流动轮岗，这样才能将其才能显露出来，所以很多管理者既有生物信息学科的背景，又有很好的管理能力，常常是得益于他在不同岗位上的锻炼。第五个是“Own”，拥有，实施合伙人计划。华大不太

推崇传统企业的管理方式。要打破简单的雇佣方式，真正从过去的管控到激励，再到赋能，华大希望未来成为一个合伙人共治的组织。第六个是“Borrow”，借。人才不要只追求为我所有，更要为我所用。

华大是从无人区走来的，随着基因领域越来越火热，就像从无人区走到了有人区。如何保持这种开放的，不自满的状态？第一，培养批判精神。第二，包容不同类型的人，让具有批判精神的人存活下来，让不同类型的人都能找到自己的位置。保持上述两点，是实时自省不故步自封、不自满的非常重要精神来源。从科研起家的这种组织是非常不适合用流水线上的考核方式来考核的，它更倾向于用 OKR（Objectives and Key Results，目标与关键成果法）的方式，而不仅仅是用 KPI（Key Performance Indicators，关键绩效指标）的方式。在内部的绩效方面，华大也打破了一些固有的东西，更倾向于以人为本。生命时代，大家都越来越重视人的价值、生命的价值。而在现在很多管理工具中，人不是资本，而是成本，虽然我们常说“以人为本”，但是往往把人看作“成本”，而不是“资本”。应做出一些非常有趣的、前瞻性的探索，探索如何改变这样的一个评价机制，这也将是一种价值贡献。这是一种社会组织，又是一个非常具有前瞻性和引领能力的社会组织。这样的一种组织，在知识密集型的领域如何去体现人的价值？多元化的人才结构，会帮助企业真正达成大目标。

六、华大路在何方？

我把华大的道路提炼成五个字：法，律，标，式，线。

（1）法，即生命中心法则，指生命信息通过一连串遗传信息传送，从 DNA 传递给 RNA，再传递给蛋白质，是所有细胞结构生物所遵循的法则。基因是因，从基因出发，同时结合生理生化等数据信息和影像信息，认知生命和疾病。基因、表观、转录是 ABC，疾病、衰老、死亡就是 XYZ。基因是疾病、健康最基本、最根本的原因。华大的检测产品研发，也是从最容易识别的出生缺陷开始，再逐渐再到肿瘤、感染传染，以及更多复杂性疾病。华大要保证每个产品都要对用户有用。理解了这个“法”，就有助于我们了解华大过去的经历。

生命中心法则是生命科学的第一性原理。埃隆·马斯克把“第一性原理”引入创新和企业管理领域。最初这个词来源于物理学，指拨开物质的表象，看到其本质的过程。华大所有的研发、产品都从生命科学的第一性原理——生命中心法则——出发，从简单到复杂，哪些疾病与基因最相关，哪些疾病的个体化治疗与基因关系最密切，就从哪里开始。今天的商业社会，人们往往是“比较思维”，被经验、方法等覆盖在表面的东西所蒙蔽，从而摒弃了本质；比较思维带来的是竞争，而基因科技所带来的创新，要远超过“颠覆性创新”，我把它叫作“根本性创新”，必将对人类产生空前的影响。

（2）律，即超摩尔定律。21 世纪初，一个人的基因组测序花费了 38 亿美元，而今天华大只需 600 美元。在过去十几年里，基因组测序成本下降速度已远远超过了“摩尔定律”，所谓“超摩尔定律”。其中几个重要里程碑都与华大息息相关：一是“人类基因组计划”完成，华大参与的 1%测序任务；二是 2007 年，华大南下深圳，把过去大多数科研院所 In-house 的测序工作发展成为可以外包（Outsourcing）的业务，开创了基因测序的外包服务市场，华大基因占当时全球基因测序市场的 40%以上；三是 2010 年，华大购买了 128 台测序仪，此举轰动全球，华大业务由此迅速扩张，测序数据产出能力快速跃居全球第一；四是 2014 年，华大成功收购了美国硅谷公司 Complete Genomics，并自主研发了国产化的测序仪，把基因测序的成本进一步拉低，成为目前唯一一家可以在速度、准确率上跟美国公司相媲美的临床级测序仪公司。

过去十来年，华大已在引领并主导着“超摩尔定律”的形成，从“读、写、存”三个字做起。“读”，测序世界上所有的基因，包括动物、植物、人、微生物等；“写”，基因编辑和合成，成果应用到疾病诊治、农业育种、环境改善等领域；“存”，面对现在还“读不起、读不懂”的基因，先将样本存起来，当成本下降后再读。“律”的背后体现了华大的技术逻辑，就是要实现低成本、高通量。华大的服务和产品希望造福人人，就必须围绕着这两个英文词，“Affordable”和“Accessible”，即“买得起、买得到”。

（3）标，即华大是以大目标为导向。华大多年前就确定，能否把唐氏综合征等几种出生缺发生陷率降低 50%，帮助肿瘤患者五年生存率延长 50%。这个宏伟的目标看起来很遥远，但实际只要政府、医疗部门都行动起来，并不难。如果中国每个孕妇都愿意做一次无创产前检测，唐氏综合征就可以像天花一样被“消灭”。据数据显示，中国癌症患者的五年生存率为 30.9%，仅为美国（66%）的一半。我们相信依赖精准的基因检测技术，一定能够尽早地提高至发达国家水平，帮助中国癌症患者提高 50%的五年生存率。正是这些大目标不断的带给华大人克服困难的力量，华大成功的核心便是大目标导向。

（4）式，即发展模式。华大采用民生、科研、产业三位一体、三轴联动，工具支撑的发展模式。本质上华大是用公益之心在做产业，又用产业的方式做公益。最大的公益是商业，最大的商业也是公益，这是一句很有哲理的话。华大从科研起家，产品“靠谱”后实现临床应用和产业化。而后华大没有停留在一般的商业化方式，仅仅将目标停留在利润上。而是着眼民生，真正让基因科技造福于人民。如今，全国多个县市省已在积极与华大合作，用更实惠的价格将无创产前检测、地贫、耳聋等覆盖更多孕妇和新生儿。这些大人群带来的大样本和大数据，正在推动更多的科研。科研—产业—民生—科研，形成了联动效应，其底气就是华大智造 MGI 的工具成本可控、质量可靠。

（5）线，即底线和起跑线。华大的任何产品和服务，包括无创产前基因检测、肿瘤检测、营养、运动等，都是从员工、家属、合作伙伴做起，推己及人。华大 6000 多员工的孩子没有唐氏儿，没有发生过“因药致聋”，员工和家属的肿瘤检测和个体化治疗最及时和有效，科学运动、精准营养都从我做起，产品靠谱了有用了，再去做商业。

华大路在何方？就是“法，律，标，式，线”。如果用一辆车比喻，“法”（生命中心法则）相当于方向盘；“律”（超摩尔定律）相当于油门，成本越下降我们的发展就越快，科技发展的速度、造福民生的力量都会随之加速；“标”（大目标）则是导航仪，有了它华大就避免了迷失在商业的“街巷”里；“式”（发展模式）好像四轮驱动，科研、产业、民生、智造就好像四个轮子；“线”（底线）相当于刹车，自己用了不觉得足够有用的产品绝不会推广到社会，否则会变成只想着挣钱的“恶魔”，带来恶果。数据和金融，分别相当于电力和汽油，为车提供动力。

七、新经济、新体制需要开放包容的创新政策

新技术引发新时代，新经济带来新体制，所有的革新也需要政策的包容与支持。从创新研究角度来看，为什么国外行业生态环境比较好？原因在于其标准由行业协会共同制定，而自上而下的制定方法往往大大滞后于行业发展。

政策门槛首先基于认知，认知应该是一个民众的启智，不仅是政策决策者，也依赖于大众媒体、行业智库等话语机构共同去营造。如果只是企业自说自话，政策决策者自然会认为企业有“王婆卖瓜”的嫌疑。比如，精准医疗，有了从基因层面对疾病的认知，医疗才真正成为一门数据密集型的科学。医疗过去是循证医学，如今，在基因技术的推动下，不仅每个人都应成为自己身体的COO（首席运营官），同时也要打破过去很多疾病的误区，甚至未来癌症不应再仅仅用部位来命名。这就是认知带来的变化。

细胞技术看新经济成长的烦恼

刘沐芸①

党的十九大报告全面总结了十八大以来我国经济社会发展取得的历史性成就，并对今后一个时期我国经济从高速增长向高质量增长发展迈进做出新的部署。站在新时代、新起点，持续、深入实施创新驱动发展战略，推动与人民群众生命健康需求融合的新技术、新服务、新产业的发展建设，提升人民群众对科技进步带来的获得感，尤其是生命科学、生物科技领域的重大成果尽快转化成临床治疗方案和手段，满足我国人民群众日益增长的医疗保健需求，实现我国群众用得起急需药，用得上创新药。

2017 年 8 月、10 月美国 FDA 先后批复了美国自 20 世纪 70 年代发出“向肿瘤宣战”以来的最具革命性的研究成果之一——嵌合抗原受体，通称 Car-T 疗法，一个是诺华公司的 Kymriah，另一个获批的 Car-T 产品是 Kite 公司的 Yescarta。Car-T 是一种针对肿瘤细胞表面特异性标记的个体化精准治疗方法，采集肿瘤患者的血液获得 T 细胞（免疫细胞的一种），应用基因工程的方法对患者的免疫细胞进行重编程，驯化患者的 T 细胞能识别具有相应标记的肿瘤细胞，以实现对具有该标记的肿瘤细胞进行“定点清除”的杀瘤作用。两个产品都革新了目前难治性或常规治疗失败的白血病、淋巴瘤的临床疗效，基本上都是“一针”（一次修饰后的 T 细胞回输）就可以获得突破性的疗效。对于身患恶性肿瘤而又治疗失败的患者及其家庭，这些具有革命性疗效的产品/疗法能早一天获批上市，这些患者和家庭就早一天拥有迎接新生活的机会。而晚一天获批上市，身患重症的患者就多一天的不确定，继续重症缠身

---

① 刘沐芸：中国（深圳）综合开发研究院特约研究员，个体化细胞治疗技术国家地方联合工程实验室主任。

或失能，或为了一线生的希望“铤而走险”而陷入“技术陷阱”，或在等待中失去生命。

回顾这2个Car-T产品的申报、审评审批到最后获批上市的过程，历时5年，其中，Kite公司的Car-T产品还不到5年的时间就获批上市。充分体现美国FDA对其国家意志的高效承接和执行。2016年，时任美国总统奥巴马最后一次国情咨文颁布了“肿瘤登月计划”，该计划延续20世纪70年代尼克松总统的“向癌症宣战”的国家计划。誓要用“登月”的国家意志，资金池和协调力“攻克肿瘤，培育产业”，并提出“创新药上市的时间减半，由原来10年缩减到5年”和“让美国人民率先用上全球创新药/疗法，并继续在细胞技术领域中保持美国全球领先地位”的承诺。虽然这2家公司向FDA提交Car-T申报的时间，早于奥巴马发布“肿瘤登月计划”，且2017年是新的美国总统和新的FDA长官，但其国家意志的落实推进丝毫没有受到领导班子变动的影响。

反观我国细胞治疗发展历程，可以说是起步早、成果少。近10年来，在国家973计划、863计划、国家重大专项、国家自然科学基金、中国科学院先导计划等国家级的项目里，均设置干细胞与再生医学方向，也取得一系列标志性成果。

目前，我国干细胞领域的论文数量排名国际第2，拥有一批进入国际前20的研究机构，申请并获得了一批国家专利和国际专利，专利数量已经排名国际第3，国际专利授权排名第6。对此，美国《商业周刊》曾评价：“寻找干细胞科技的前沿，不在剑桥，不在斯坦福，也不在新加坡，而在中国深圳!”并且，在国际细胞技术竞赛“赛场”建设初期，深圳企业北科生物就与美国血库协会（全世界最高水平细胞库标准认证机构）共同制定世界首个《脐带间充质干细胞库的质量标准与管理体系》。中国研究小组更是在干细胞与再生医学领域开创性地首发系列临床研究成果，如人脐带来源的间充质干细胞治疗急性心梗、抢救治疗难治性红斑狼疮，骨髓间充质干细胞治疗慢性GVHD，实体器官移植后的免疫调节等。

然而，由于缺乏明确的转化路径和管理法规的指引，中国研发团队首发的具有良好安全性和有效性的临床研究成果至今尚未有一个获批进入临床成为常规的治疗方案。

政策不明，如何实现细胞技术领域的赶超和引领？不过，与现实困境相对应的是，在“十三五”发展规划中，“健康中国”已上升为国家战略，并将细胞治疗技术的产业化作为战略新兴产业进行培育，拟再投入40亿元发力布局细胞治疗技术，着力将其培育成“新型惠民工程”和新的经济增长点，充分依靠科技创新发展低成本疾病防控技术，实现优质医疗卫生资源普惠共享。

目前，国际上新一代细胞治疗技术已经在快速发展，未来在临床应用方面的空间非常大，尤其是目前国际最前沿的研究。以前述在美国率先获批上市的Car-T技术为例，也仅仅是在CD19靶点的治疗上获得成功，在其他靶点和适应症的治疗仍属全球性难题，具有长期性和艰巨性。这无疑是国内企业的机会，尤其是我国细胞与再生医学领域经过多年发展，在细胞重编程、干细胞技术、特色性动物资源等领域拥有良好的基础上，在接近国际先进水平基础上有望实现“赶超领跑”。

然而，细胞治疗的政策和监管在我国一直处在尴尬的境地。监管权限数易其手，在国家药品监督管理局和卫生部门之间一直没有厘清部门职责，也未曾审核批准任何一家医疗机构临床应用。虽然党的十九大召开前夕，国务院下发了《关于深化审评审批制度改革鼓励药品医疗器械创新的意见》，也要缩短我国创新药和创新器械的审评审批周期，但许多执行细节与申报路径需要深化、明确并具有指导性。早在2016年12月，CFDA发布了《细胞制品研究与评价技术指导原则（征求意见稿）》，第一次明确细胞治疗产品的药物属性，有望结束多年来细胞治疗是技术还是产品的争议，但指导原则具体实施的时间表仍待进一步明确。

一、细胞技术需要明确的监管法规和申报路径

进入2017年以来，我国多省市密集出台鼓励细胞技术推广的政策，但措

辞基本都是“鼓励支持”之类的描述，缺乏鼓励支持的具体技术标准。比如，全面鼓励支持还是择优鼓励支持？如果是择优鼓励支持，那对“优”的评价标准是什么？具体鼓励支持的路径是什么？门槛性标准是什么？这些问题亟待明确。

对照同期中国台湾出台的《细胞和基因治疗产品管理法（草案）》则不难发现，该政策具有非常明确的许可路径和准入标准，对细胞和基因治疗产品的界定非常明确，使用人群也非常明确，给终末期患者提供体恤治疗，予以暂时许可，并明确规定可以获得暂时许可的门槛性标准。和美国FDA类似，《细胞和基因治疗产品管理法（草案）》提出基本的安全性、有效性验证和临床级应用的生产场地许可要求，同时，对获得暂时许可后的过程予以监控，这样不仅保障维护公众健康的基本目标，又实现促进产业发展的目标。

由于细胞技术是和人的生命健康息息相关的技术和行业，应设立基本准入性指标，如安全性评价、有效性评价等。像诺华公司的申报材料一样，应清楚明确地列出生产过程中和临床治疗中可能的安全隐患及明确的改进措施、改进效果和全面预案，生产场地和治疗场所保障安全的人、财、物基本配置等，而不应是简单的鼓励支持。

如果缺乏明确且强制性的准入指标和监管路径的鼓励支持，可能会周而复始地诱发我国新兴产业“一放就乱，一管就死”的死循环。在细胞技术领域，如果没有明确什么是“好”、什么是“优”的标准，就会催生出“非理性繁荣”，不仅对临床中真正需要治疗的患者健康无益，也无法实现促进产业发展的初衷。建议政府部门在鼓励支持的同时，对以下两方面作出明确规定。

第一，明确鼓励支持细胞技术的定义和评价指标，要明确支持具有安全性和有效性数据的细胞技术，抓住细胞制剂安全性、有效性及质量可控性，并且这些数据经得起追溯和验证，能明确区分优劣的具体指标。

第二，需要明确规定，对于保障安全性和有效性的生产条件、生产工艺、质量体系是否达到人用产品的强制性要求。对于场地、软硬件和人员资质等出台明确技术细则，同时区分实验室技术和临床应用产品/技术要求的本质差别。

鼓励支持和必须的监管并不矛盾，就如同维护公众健康和促进产业发展类似。只有在明确边界同时确定监管路径的条件下，鼓励支持的初衷才能实现。海南省早在2012年就获得关于干细胞的先行先试的特殊政策。由于缺乏确定性的评价指标和监管路径，经过5年的发展，至今并未建成当初期望的一个由前沿医疗产品或技术构成的国际医疗先行区，也正是因为缺乏明确的实施路径和评价办法。2017年9月，海南省再一次提出利用国家赋予乐城的政策，在全国率先开展干细胞临床应用，但依然未明确“在全国率先开展干细胞临床应用的申报路径和准入标准”是什么？

在美国，诺华和Kite公司的Car-T提前获得批准背后是完备系统的创新支持体系。首先，FDA“维护公众健康与促进产业发展”这一宗旨已经深入组织骨髓。2012年9月，总统科技顾问委员会确定了“新药创制作为保障美国全球创新引领优势的行业”和“加快创新药在美国上市速度和数量”的目标。其次，FDA在不到半年的时间就出台了代表国家意志的管理法案和评价细则，而不是公文式的鼓励支持政策。按照FDA公布的管理法案和评价细则，药厂和生物公司创新药包括细胞产品申报就有据可依，能按标准开展工作，对照企业情况参照申报标准，明确如何改进，而不是在黑暗中摸索。

高效的产业鼓励支持政策应该是，明确边界和有效监督。明确边界是为了让从业者正确地做事，有效监督是为了保证从业者做正确的事。

二、厘清产业链，弥补细胞技术产业关键缺失环节

我国“十三五”生物产业发展规划提出要发展免疫细胞、干细胞与再生医学等细胞治疗关键技术研究，持续加强投入与布局，发展我国在细胞治疗技术及其转化应用领域的核心竞争力，将细胞技术领域打造成全面提升我国医药工业国际竞争力的重要领域。

回顾我国细胞技术发展历史，从开始的政策缺失到2009年的列入第三类医疗技术目录，再到《干细胞临床研究基地管理办法》的颁布实施，直至“魏则西事件”后免疫细胞治疗的全面叫停，过程呈现出“一放就乱，一管就

死”的循环往复。细胞治疗技术本身作为现代医学发展的下一个支柱，得到了全世界的公认，并在美、日、韩等国率先获批上市。但在中国却频发有关医疗事故，被监管部门叫停，使细胞技术在我国的发展处于停滞甚至倒退。究其原因，并非是细胞技术本身的不足导致，而是没有建立起科学、严格的质量检定标准，没有权威、公正的检定机构能对各种应用到临床的细胞治疗产品进行安全性、有效性的质量检定与评价，最终导致临床对细胞治疗产品与技术难辨真伪。

虽然中共中办公厅、国务院办公厅联合印发的《关于深化审评审批制度改革鼓励药品医疗器械创新的意见》中指出，“要紧紧抓住满足公众用药需求这个根本目标，紧紧抓住药品安全性、有效性、质量可控性这个关键”，直至目前，国内细胞治疗技术质量检定标准和实施办法仍然缺失。

正是由于相关配套的质量检验实验室及检验标准的缺失，造成细胞治疗技术在全国范围内遍地开花，但产品质量却参差不齐，导致我国细胞技术领域各种质量安全事故频发，“魏则西事件”及“香港 DR 医美致死事件”则是其中典型的事件。这些事件表明我国细胞治疗质量检定关键环节的缺乏所导致的细胞治疗技术和产品质量不过关的现状已经严重威胁到人民群众的生命安全和细胞产业的进一步发展。

细胞技术产品的质量检验标准的确认和实施，是其成果转化进入临床研究和应用的基础。在我国，对于细胞治疗，目前只有中国食品药品检定研究院细胞所具备一定的检测能力，但其主要承担国家食品药品的审批注册检验、进口检验、监督检验等多项职能，且其检定方法和检测指标及集中抽样送检业务模式满足不了细胞治疗产品/技术的个性化、高时效、精确、靶点多样性、可靠的质量检定需求。

受限于细胞质量检定标准及实施的关键环节缺失，我国细胞治疗产业发展已经从领先世界变成追随者，我国整体细胞产业的发展进程深受“缺乏明确的质量管理规范和质量鉴定标准的行业硬约束”的负性影响，处于一个“劣币驱良币”的市场环境，我国行业整体的发展也几近停滞，从曾经领先世界正逐步退步成追随者。若想要再次提升我国细胞治疗产品的国际竞争力，迫切需要尽快弥补这一关键缺失环节，发挥良币驱劣币效应，夯实我国细胞治疗产业基础。

细胞治疗的安全性、有效性及质量可控性蕴含从采集、运输、制备到最后回输的各个环节中，每个环节都要建立完善、连续的评价指标和质量控制体系。目前深圳实施的试点值得一提，深圳市政府于2014年布局发展个体化细胞领域，发布深圳未来产业“创新链+产业链”融合专项，专项依托个体化细胞治疗技术国家地方联合工程实验室，建设区域细胞质量控制中心和检测平台。围绕细胞技术的生物学特性，质量检测涵盖从供者筛查、中间过程关键步骤和终产品的全过程，发现并确定具有标示细胞安全性和有效性特征的生物标志物非常关键，个体化细胞治疗技术国家地方联合工程实验室和中山大学已经确定了细胞技术在缺血性疾病、自身免疫性疾病及促进细胞体内向病变部位迁移的关键性标志，并构建了一套稳定高效的检测方法，有望为细胞技术快速产业化发展提供关键工具，为细胞产业下一步规范化发展插上腾飞的翅膀，为我国迅速形成以细胞技术为核心的新生物产业打造护城河，快速推动细胞技术从实验室技术升级为临床工具，为临床急需患者提供及时的创新成果。

三、细胞产业发展需要遵循工业逻辑

诺华和Kite公司Car-T的成功获批，充分体现了实验室成果转化为攻克肿瘤的临床工具这一产业形成所需的发展路径和工业逻辑。基础研究成果不等于临床工具，更无法自发形成产业。如果将基础研究成果看作“0-1”的突破，那实验室技术升级为临床工具最终形成产业的过程就是“1-100”的飞跃，是必经之路。从1到100，工艺是否稳定而具有经济性，支持量产？关键试剂耗材是否有稳定的供应来源？这些问题都亟待回答。从诺华公司的Car-T率先获批可见一斑，看起来是一个产品获批上市，但除了诺华外，至少还有四家公司从该产品获批上市受益。第一家公司是向诺华提供冷冻服务的Cryoport公司，同时Kite的Car-T冷冻服务也是来自同一家公司。该公司大大优化了个体化活细胞“现采现做”服务模式运输半径的约束；第二家公司是提供冷冻后复苏对流服务的GE医疗；第三家公司是向诺华Car-T提供T细胞重编程病毒的公司是OXford Biomedica；第四家公司是向诺华提供符合法规要求的全监管链档案文书管理服务的Vineti，该公司的信息系统帮助诺华实现了涵盖患者采血、运输、制备到最后回输给患者全过程体系文件由手动填报向自动生成，大大降低了监管审核的难度与审核工作量，在技术上保障个体化细胞治疗的“来可查，去可追”的可追溯性，数字化为监管赋能。

反观中国，细胞行业目前无论是从政策法规还是实际运行，都忽略了从实验室技术走向临床，成为解决“临床难题”重磅炸弹过程中的中间环节和不同的关键必须能力建设。国家卫计委的法规将干细胞临床转化过程中的所有环节和能力集中在医院。科技部关于干细胞领域的项目资助则大多局限在中科院系统和临床机构。真正推动细胞技术由实验室技术向临床转化的主体企业和专业小能手们，在整个链条上缺乏相应的参与和体现。

由此可见，产业链中的关键核心企业也应学习诺华和Kite，专注自己所长——产品研发，产业化中的关键必须环节与每个细分领域的专才公司合作，构建协同创新的产业转化生态，而不是大包大揽，自认为无所不能。细胞产业不仅需要科学家、临床医生及大药厂的参与，更需要遵循工业逻辑，在细分领域具有比较优势的行业小能。手在转化链上对主体企业形成互补完善。

四、新兴技术的宣传推广要以科学为前提

近年来，我国细胞技术等高新技术发展过程中频现的“一放就乱，一管就死”的情形，与不符合科学数据，夸大其词，以及新技术从业者自身专业、客观科普观念缺位也存在一定关系。

细胞技术是科学不是科幻。一些与细胞技术的相关宣传报道中，部分标题让读者产生一种置身“科幻”世界的感觉。在制作标题追求“语不惊人誓不休”的过程中，甚至出现没有边界的自由发挥。似乎忘记了细胞技术首先应该是科学，而不是科幻。

有的介绍中，关于干细胞的宣传甚至出现“有病治病，无病防身”的说辞和“纯天然、无化学成分”的字眼，让人一看就不免对该技术的科学性产生怀疑，也对我国细胞技术成果转化的产业环境而感到担忧。

当前，细胞产业依然是处于培育期，对于这些新成果、新技术的宣传报道，主要目的是普及科学知识，传播科学理论，但并不等同于各类“新、奇、特”词汇的堆砌，在涉及医疗相关内容时还需要符合相关法律法规的要求，否则看似有益于技术发展的推广、宣传最终将危害整个产业，对细胞产业发展造成不可估量的负面影响。

细胞产业推广应以科学为前提。中共中央办公厅、国务院办公厅日前印发《关于深化审评审批制度改革鼓励药品医疗器械创新的意见》，其中提出，规范药品学术推广行为，对于误导医生使用药品或隐匿药品不良反应的，应严肃查处。事实上，细胞产业作为与人民群众生命健康息息相关的新技术、新成果，其宣传推广亟待规范。

对细胞产业的推广、宣传应该做到以事实为依据，以科学为前提。首先，必须进行正确的命名。涉及干细胞、免疫细胞等细胞科学时，应遵循国际通行的基本命名组合规则，“物种+组织+细胞类型”。例如，人（物种）脐带来源（组织）间充质干细胞（细胞类型），而不是随意称为“××干细胞”。以美国 FDA 批复的诺华公司 Car-T 细胞为例，其通用名全称为 CD19 阳性（靶向）基因修饰的自体（物种）T 细胞（细胞类型）。在准确确定其通用名后为便于推广，还可以取一个商品名。

其次，相关推广、宣传必须客观科学。企业和相关媒体对于有关新技术研究成果相关信息的发布，需要严格审查。对新技术、新成果应用成功或失败的病例宣传报道时，都应当遵循严谨、科学、理性的原则去分析、总结成功的经验和失败的教训，形成规律和路径可供他人参考借鉴，而不宜“断章取义”地夸大或贬低。对于涉及细胞产业的宣传广告国家应当纳入医疗广告范畴进行监管。

最后，相关行业协会应出台规范措施，加强引导。为了更好地营造新技术、新服务发展环境，以便其尽快形成新业态、促发新动能，应当鼓励符合

"传播科学思想、普及科学知识、弘扬科学精神"的科技成果宣传。建议行业协会制定相应的规范并配套奖惩措施，以保护新技术与新成果的转化，保障患者的权益，避免患者因急切的治疗需求而误入"技术陷阱"，甚至酿成悲剧引发行业发展停滞，甚至整体倒退。

细胞技术代表了新一轮生命健康和生物产业发展变革的方向，既是我国培育发展新动能、获取国际竞争新优势的关键领域，也是实现健康中国战略目标、满足人民群众多层次医疗需求的重要技术内容。

当前，细胞技术在我国正处于由实验室走向临床，成为常规治疗方法的关键攻坚时期，新技术配套的基础设施不断完善，利好的产业政策密集出台，相关的法律法规也陆续发布。相关从业者在宣传推广研究成果时也应与科学同步，在创新传播方式，进行大众化传播的同时，更要加强科技成果宣传的客观性与科学性，只有这样，才能成为推动我国细胞产业发展壮大的中国力量。

五、如何客观科学的评价细胞技术企业

随着国家转动能、调结构的改革走向，产业政策的利好，加上国内外时不时公布的令人振奋的研究成果，国内细胞技术公司在经历了"魏则西事件"的萧条后，似乎又开始了新一轮的"蓬勃发展"态势，尤其是当美国 FDA 在不到二个月的时间先后批复上市后，中国的细胞技术公司再次如雨后春笋般"复苏对流"了，面临"优质资产荒"的资本开始了蠢蠢欲动。作为业内"历史悠久"的从业人员之一的我，经常会被投资人要求评价某一具体的细胞技术公司。但由于同行的缘故太过明显的"利益冲突"，我通常会告诉几个评价维度与方法论，形成事实判断，而避免可能的价值判断。

第一，是看这个公司的历史，有没有轨迹可循？过去的经历有没有形成叠加优势？因为细胞技术公司的核心竞争力的打造需要时间，足够长的时间才可能"诱发"量变到质变的跃升。假如一个公司过去从来没有做过细胞技术研发、转化等，即便该公司是从事其他领域的生物科技公司，转型到细胞

技术领域，仍然需要时间建立与细胞技术发展的相关能力，能力建设与硬件建设不一样，能力打造需要时间的积累和沉淀。

即便是像诺华这样世界知名的大药厂在细胞领域也属新兵，站在即将进入细胞技术时代的十字路口，面对巨大的机遇，通过资本运作直接将宾夕法尼亚大学完整的细胞技术团队纳入麾下，组建个体化细胞技术团队，用金钱换时间；所以第二，评价一个细胞技术公司是否具有核心能力，需要看其创始人及核心团队。正如前述所说，诺华过去完全没有细胞技术领域的能力积累，现在进入细胞技术领域，如果仅从诺华自身过去的从业历史来看，显然不能说是一个好的细胞技术的企业，更不能说是一个优秀的细胞技术公司。因此，为了避免评价目标公司指标维度的单一性，还需要通过具体负责细胞技术或细胞技术公司的核心团队成员的经历、团队成员间能力配伍和关键成果等几个维度进行评价。还是以诺华为例，虽然诺华自身发展经历中没有细胞技术的沉淀和积累，但其组建的细胞技术团队的成员却是可以称为国际顶尖的涵盖了从基础研究，转化医学，临床医学，生产工艺，病毒载体构建等的“梦之队”，基本上包括了基因修饰的细胞治疗研究开发所需不同关键能力的专家组合。更为难能可贵的是，这个团队成员就是那个“世界著名”的首个基因治疗开发失败后然后历经 10 年“蛰伏”的团队，这段宝贵的经历化作 Car-T 的关键技术突破的核心能力，“打不死这个团队的让他们更强大”是这个团队的典型写照。评价团队的关键维度包括，团队成员研究领域和兴趣的延续性和可追溯性，成员之间能力有没有互补性形成“科学发现——技术发明——产业发展”的完整产业链，当然还有驱动这个团队发展的核心驱动力是什么？是解决问题还追逐名利？是探索未知还是仅仅是完成工作？也就是是不是一群具有企业家精神的人组成的团队？

第三，就是看目标公司的组织架构，如果一个从事商业的细胞技术公司，其组织结构可以各类创新设计，但有一条是不会改变的，就是独立工作的质量保障部门及该公司看不见却摸得着运行的质量管理体系，以及深入骨髓的质量管理意识。这是因为：①法律法规要求，制药等涉及人民群众生命健康的领域在世界各地都是一个高监管行业，保障药品/疗法临床应安全性和有效性的质量关都是监管重点；②自身发展的要求，要想在一个治病救人的竞争性行业中脱颖而出，疗效无疑是金刚钻，安全性则是发展门槛，而要在产业化阶段持续的保障产品/疗法的安全、疗效、可控，稳定高效的质量保障体系则是基础。

当然，画一个符合行业审查预期的组织结构图很容易。更为重要并发挥作用的无形之手——全面质量管理体系。就是这家企业的质管部门在质量放行方面能不能不受任何行政力量干扰行使职能？一是该公司的质量治理制度明不明晰？二是该公司有没有质量至上的管理文化，将产品质量作为生命线的集体质量意识。只有这样才能自发地抑制住最高管理者干涉质量放行的权利冲动和欲望，也保障质管部门自然而独立的行使职责。数年前，一家有所谓“公库资质”（握有前卫生部下发的气血牌照 7 家库之一）的脐血库爆出，该“有牌照公共库”在细胞检测不合格的情况下，最高管理层仍跨过质量管理部门放行存储、向客户发放储存证并收取费用。细胞产业是一个以技术创新和质量至上为驱动力的行业，需要的是技术准入、质量门槛，而非行政许可。

那如何判定这看不见、摸不着的质量文化呢？这是一种潜移默化的言行指导原则，评价一个公司有没有质量先行的文化氛围，第一个判断途径就是，可以通过与该公司任何岗位的人进行交流或初步的合作洽谈。在企业治理中，尤其是从事与生命健康息息相关产业的企业治理，至高无上的质量理念不仅是指涉及产品，而是渗透企业治理的全部体系和逻辑中。包括业务流程的设计，绩效指标的设计，业务逻辑的呈现等全部板块中。第二个判断途径就是，如果针对目标公司真有兴趣，也可以发起意向尽调，重点关注目标企业的治理理念、治理逻辑和治理事实是否一致，相互映证，即可判断目标企业是否优质高效。

判定一个企业优质与否还有一个依据就是，看该企业提供的安全性和有效性数据，只是“单一病例”等无法量化的价值展示，还是系统方案、研究数据、完整过程记录等的事实呈现？以 Juno 公司 2016 年 5 月发生的 Car-T 临床研究过程中出现受试患者死亡事件为例，美国 FDA 派出专家组调查“临床研究事故”，3 个工作日后即给出放行评价。之所以 FDA 能在 3 个工作日内完成事故审查评价职能，并作出符合科学规律和行业发展特点的决策判断，一方面是 FDA 工作流程的完善、高效，另一方面和 JUNO 公司完善的、可供监管部门进行回溯性审查的临床研究文件档案和生产记录有莫大关系，套用中国老话就是“这家公司的临床研究工作以及生产记录做得非常扎实可靠”，为事故鉴定、快速厘清责任提供了法定书面、具有回溯性的文件依据。事后通过对其开展的 133 例患者的临床研究档案进行回顾分析，Juno 公司总结出了关键临床借鉴和通识，发现了一些能早期预测“细胞因子风暴”发生的表面标记，并给出提前预防措施建议，对业界进行的 Car-T 临床研究给出了临床研究参考。这项回顾性研究于今年 10 月发表在“Cancer Discovery”。这样能从临床事故或失败中获得新知识、新标记，形成新规律、新通识，除了 Juno 公司专家团队的钻研精神之外，重要的是得益于该公司的档案记录和质量体系的完备。也就是咱们通常说的“成功了知道是为什么，失败了也知道是为什么”。要做到这些仅靠有情怀、喊口号或者说愿景是无法实现的，而必须要靠扎实的基本功和翔实的数据记录。这样的公司无疑也是具有成为优秀企业之一的基本特质。

质量是一个严肃而又重大的系统性命题，改革开放发展到今天，中国企业也不断发展壮大，但在国际竞争领域仍然缺乏强品牌的产品呈现，在制药工业领域更是如此。当然这里有一些系统性的原因，但作为从业者自身而言，尊重行业发展规律和其中的真理是开端。自党的十八大以来，提出供给侧改革也正是要指导我国产业发展跨过过去的“有没有”发展难题，迈向未来国际竞争产品“好不好”的发展新局面。

细胞技术正走向产业化的途中，我国的基础研究能力，对外开放的国际交流，行业的从业者也正从过去的“摸着石头过河”探索发展到今天的世界即时国内外交流平台，我国制药工业发展的经验借鉴，细胞产业完全有可能从起步阶段就对标国际，高标准、高起点从供给侧发力，优化细胞产品/技术供给。

六、CFDA 改革有助于民生改善和经济转型双重目标的实现

最后谈一谈加快新药审评审批与新时期发展目标实现之间的关系。美国新任总统特朗普上任的第一周就约见了大药厂的 CEO 们碰头开会，向他们表达了新一届政府希望这些大药厂留在美国发展的意愿，并承诺进一步加快新药审评审批的有关举措，为这些大企业在美国发展创造良好的营商环境，并保障美国人民能及时用上急需药推出了“21 世纪治愈法案”和“病人权利法案”。随即就以实际行动兑现了他和大药厂 CEO 们沟通会上的承诺，任命了长期活跃在制药企业界的 Scott Gottlieb 博士为美国 FDA 新一任长官。之所以任命具有长期制药企业管理经验的人来管理 FDA，是因为希望 FDA 官员能从了解企业研发投入新药获批过程中行政桎梏和繁文缛节的疾苦出发，对新药审评审批过程中行政环节进行大刀阔斧的改革，实现以改革的方式去行政化（Deregulation by regulation），并承诺每新增 1 项法规的同时要减去 2 项现行的法规，否则不能新增法规。践行 FDA 实现维护公众健康，促进产业发展的部门宗旨。

2017 年 11 月的最后一天，美国 FDA 局长在国会听证会上就如何贯彻落实美国政府发布的“21 世纪治愈法案”进行了通报。其关键点就在于如何通过审评审批创新让美国的老百姓在有需要的时候能用得上创新药，尤其是对患有晚期恶性肿瘤的患者，如何能更快速的用上安全有效的创新药。自然而然，老百姓及时用上了创新药，自然的药厂研发回报周期也得到相应缩短，这样药厂整体效率会大幅提升。

自党的十八大以来，以习近平同志为核心的党中央提出创新驱动发展国家战略，并高度重视国家战略与人们群众生命健康需求融合的产业基础设施的布局建设。食品药品安全关系 14 亿中国人的身体健康和生命安全，技术重大的基本民生问题，也是经济社会发展的重大战略问题。2017 年 7 月，中央全面深化改革领导小组第 37 次会议强调：“要改革完善审评审批制度，激发医药产业创新活力，改革临床试验管理，加快上市审评审批，完善食品药品

监管体制，推动企业提高创新和研发能力，加快新药好药上市，满足临床用药急需”。深化我国创新药审评审批机制体制改革，不仅是促进我国制药工业创新发展，转型升级的重要路径，也有利于尽快改变我国创新药物、高端医疗器械长期依赖进口局面的关键路径。

在党的十九大召开前夕，中共中央办公厅、国务院办公厅印发了《关于深化审评审批制度改革鼓励药品医疗器械创新的意见》，有力地承接了中央全面深化改革领导小组第 37 次会议的决议。但指导我国新药研发企业，包括细胞技术研发企业申报的具体细则还需要时间细化酝酿，就在 CFDA 通过电视电话会议向全国人民通报解释该意见精神的时候，美国 FDA 再次以突破性疗法和加快审批的二条快速通道放行批复了第 2 个基因修饰的个体化细胞治疗产品上市，定价 37.3 万美元/支。

2017 年上半年葛兰素史克官方宣布，该公司预防宫颈癌疫苗终于在中国获得上市许可。虽然这则新闻给业界带来了不小的“惊喜”，但仍然需要注意的是，世界上其他国家早在 10 年前就已把它纳入国民医疗体系，成为公民健康权最基本的保证，而中国才刚刚批复最基础的型号。我们用 10 年的时间等来其他各国早在 10 年前就开始全民接种的 HPV 疫苗。在美国拿出“登月”的国家意志、资金和改革推进，兑现了用 5 年时间完成过去需要 10 年才完成的承诺之际，我们还要继续等待 10 年吗?

据国家癌症中心 2017 年发布的中国最新癌症数据，全国每天约 1 万人确诊为肿瘤，每分钟约 7 人确诊患癌，更加凸显我国审评审批改革过程抛开繁文缛节、加快出台兼顾科学和病患需求的监管细则的紧迫性，科学而高效地为总书记总结的新时期主要矛盾给出切实可行的解决方案。

分享经济不是免费经济

周　亚①

一、分享经济产生认识分歧的原因

近几年，“互联网+”无论在国际还是国内，都给分享经济商业模式下的众多创业平台带来了飞速发展，也给广大普通百姓的生活带来了便捷多样化的选择。虽然从国家到企业都大力推崇分享经济，但仍有一些学者和相关部门认为平台有偿服务不属于“分享经济”，为何有如此不同的看法？是传统思维与互联网思维的冲突或者是分享经济本身就存在不确定性？这个问题还需要从分享经济的认识和发展去分析分歧产生的原因。

1. 分享经济的概念

20世纪70年代，分享经济以“协同消费”或“合作式消费”为人所知，其经济理念在于“人们需要的是产品的使用价值，而非产品本身，即使用所有权，而不占有所有权”，这种经济模式被称为“协同消费”，当时被列为“未来影响世界的十大理念之一”。1984年，世界最具影响力的经济学家之一、美国哈佛大学知名教授马丁在所著的《分享经济》一书中，提出了他的分享经济理论，使其成为一门独立的经济学科，在西方世界引起了巨大反响。

目前，关于“分享经济”，大部分经济学家认为，它是在互联网技术发展的大背景下诞生的一种全新商业模式，即利用移动互联网、大数据等技术进行资源匹配，整合重构了闲置资源，从而降低了消费者的购买成本，并最终

① 周　亚：摩拜研究院首席专家。

打破了原有的商业规则。

2. 专家对分享经济认识的分歧

中国社会科学院信息化研究中心秘书长姜奇平认为，共享经济对应的商业模式是以租代买，理论实质是产权革命，而且是自法国大革命以来，从来没有发生过的产权革命，表现为产权的核裂变，把所有权分裂为支配权、使用权，商业效果非常明显。由此观点来看，目前大家熟知的房屋短租、网约车和共享单车，都应该是分享经济的典型代表与先锋实践者。

但也有专家学者对此持相反观点。同济大学教授陈小鸿认为，网约车和传统出租车并没有根本的不同，只不过在现在这个技术条件下，它能够提供一种更为高效的预约服务和更为及时的动态调度。无论是以前的马车，还是后来的出租汽车、网约车也好，提供的核心服务没有改变，就是个性化的出行服务，只是乘车形式、交易方式会有变化，但绝对改变不了出租服务的本质。如果以这种理论来界定是否分享，那么 Zipcar，Airbnb 等众多分享商业模式都要被推翻，因为他们实质提供的核心服务并没有发生变化，在这个观点中完全忽视了通过互联网建立起来的信任平台发挥的共享作用。

3. 国家战略推动分享经济发展

对“分享经济”理解的分歧，并不影响其蓬勃发展的良好态势。近年来，共享经济在我国蓬勃发展，逐步形成燎原之势。国家信息中心与中国互联网协会分享经济工作委员会联合发布的《中国分享经济发展报告 2016》显示，2015 年中国共享经济市场规模约为 19560 亿元，未来 5 年共享经济年均增长速度将达到 40%左右，到 2020 年市场规模占 GDP 比重将达 10%以上。

2016 年 3 月，发改委联合中宣部、科技部、财政部等共十部委引发《关于促进绿色消费的指导意见》，明确指出“支持发展共享经济，鼓励个人闲置资源有效利用，有序发展租赁，创新监管方式，完善信用体系”，这是国家首次发布对共享经济领域的指导及鼓励措施，并有意加强监管层面对创新模式的支持与配合，并通过完善的信用体系助力创新模式的健康发展，共享经济模式迎来空前政策利好。

2016 年 6 月，《国家信息化发展战略纲要》发布，强调要“发展分享经济，建立网络化协同创新体系”。

2017 年 2 月 6 日，国务院印发的《“十三五”促进就业规划》中指出，“十三五”期间我国将开发更多的新型就业模式，编制出台共享经济发展指南，通过放宽市场准入、创新监管手段、引导多方治理等优化环境，完善消费者权益保护等相关政策，促进共享经济健康发展。

继上年首登政府工作报告之后，2017 年 3 月的两会工作报告中，再次提及“共享经济”，而且新增“引导”二字，意义深远。对于传统经济活动，共享经济活动具有“三低三高”的明显优势，即低成本、低门槛、低污染，高效率、高体验、高可信。在经济增速放缓时期，共享经济给中国带来了难得重大机遇，对于贯彻落实新的发展理念、培育经济增长新动能、推进供给侧结构性改革、助力“大众创业，万众创新”、构建信息时代国家新优势等都具有重要意义。

2017 年 6 月，国务院会议部署促进分享经济健康发展，合理界定不同行业领域分享经济业态属性，清理和调整不适应分享经济发展的行政许可、商事登记等事项及相关制度按照“鼓励创新、包容审慎”原则，审慎出台新的准入和监管政策。落实各方责任，促进分享经济规范有序、健康发展，公平竞争。

2017 年 7 月，发展改革委等印发《关于促进分享经济发展的指导性意见》，认为大力发展分享经济，有利于提高资源利用效率和经济发展质量，有利于激发创新企业活力和拓展扩大就业空间，对于推进供给侧结构性改革，深入实施创新驱动发展战略，促进大众创业万众创新，培育经济发展新动能和改造提升传统动能，具有重要意义。

“十三五”期间，互联网与各行业融合发展将成为常态，“分享、协作”的理念大大普及，为分享经济的发展提供了极好的契机。

综合论证，我们认为，互联网语境下飞速发展的分享经济，是用互联网思维改造升级传统行业的一种新经济、新商业形态，它把资源利用高效，换取经济收益，使有限的资源得到更广泛使用。

二、分享经济不是免费经济

分享经济发展与参与者有适当收入不矛盾。无论是日租房、顺风车、共享单车，都是分享经济，成本低，所以在很低的价格上也能盈利。只有每一个分享经济的参与者得到合理的经济回报，才能促进分享经济健康可持续发展。相反地，如果鼓励每一个人都是雷锋，那结果就是没有雷锋。因此，应当鼓励分享经济参与者有收入。

1. 分享经济新业态的发展历程

2000 年 1 月，罗宾·蔡斯（Robin Chase）和她的搭档创办了租车服务公司 Zipcar，其理念是“汽车共享”。Zipcar 通过将自有汽车放置在居民区附近，并简化传统线下租车流程，用户只要通过网络预订和支付就能享受服务。Zipcar 开启了在线租车的模式，被称为分享经济的先行者。

而“分享经济”被广泛传播和接受是在 2008 年金融危机之后。当人们经济拮据的时候才开始意识到可以好好利用一下手里已经购买的物品，同时利用零散时间工作还可以帮助缓解经济衰退带来的压力。随着社交网络的日益成熟，当前共享内容已不再局限于虚拟资源，而是扩展到房子、车子等消费实体，欧盟关于“分享经济”的报告指出，全世界 10 亿辆汽车中有 7.4 亿辆被单独人拥有和支配，一个房间里甚至有 3000 美元的东西是闲置无用的。随着移动互联网技术的发展和普及，分享经济发挥协同效应的能力越发显著，Airbnb 为代表的分享经济型企业正是在这样的背景下于 2008 年创立并飞速发展。

全球现在已经有超过数万的各类分享经济公司，他们在各个行业影响着人们的生活和消费方式。住宿领域的 Airbnb、共享出行领域的共享单车和 Lyft、技能分享的 Taskrabbit、分享资金价值的 Lendingclub、分享办公场所的 WeWork、共享医疗公司 Medicast、共享物品公司 Etsy。根据哈佛商业周刊的数据估计，在未来几年共享经济市场规模将达 1100 亿美元以上，而中国社科院专家姜奇平则更大胆的分析指出，分享经济将给中国带来 26.4 万亿元左右的直接收益。现在的一个互联网平台上市，就可能达到一个国家的 GDP 的水平，中国这方面深具潜力。

2. 有偿分享促进平台发展

可以看到，“人人”力量的汇集是需要平台的，我们可以称为“社群”，也就是说，无论是“分享”还是“共享”，无论是知识交换，还是财产共同使用，都是需要一个规则清晰，自组织力量强大的社群作为前提。“分享经济”的成功必须基于人们可以在互联网上低成本便捷的交换商品和服务，同时获取收入，是市场经济的一种形式。

分享经济带来的商业价值观的改变，如同美国作家蕾切尔和罗杰斯在其《共享经济时代——互联网思维下的协同消费商业模式》一书中提到的协同效应，除商品之外，时间、空间、技能等都可以用来协同交换。这为协同消费领域奠定了“商品”的基础，在这些“商品”流动过程中，需要四大核心的协同条件：集群效应、社会认同、闲置产能、信任机制。集合了这四大条件协同消费将迸发出巨大的消费能量，但是促成这样个性化和随机性很强的交易却需要花费不菲的代价，这也是众多共享经济型企业收取服务费用的重要理由。

3. 平台发展需要大量成本维持

共享经济平台企业代表 Airbnb 在平台运营上投入了不菲的资源。当 Airbnb 刚出来的时候，市场的领先者是 Craigslist，也就是美国版的 58 同城。但 Craigslist 界面简单粗糙，且没有太多客服服务。Airbnb 为了吸引更多的消费者便提供更好的房间图片，他们专门聘请了专业摄影师去每个租户的家里，把房间照片拍摄到极致。另外，据统计 Airbnb 美国 2000 名员工中技术人员只有 200 名，其他大部分都是客服人员，他们的主要职责是解决住户和房东之间的各种问题。因为和打车不一样，房东和住户之间会有各种各样具体复杂的问题，这些问题最后都必须通过客服来解决。而这些也是需要花费巨大的成本来维持。

总部位于法国巴黎的 BlaBlaCar 的长途拼车平台，让用户通过其平台相互联系，分摊开车长途出行的费用。有跨城旅行需求的用户可通过平台提前预定有空座资源的私家车，乘客支付的交通费比乘坐公共交通工具要便宜，同时私家车主可以赚到一笔小钱，BlaBlaCar 则从每一笔交易抽取大约 10%～15% 的手续费。

美国华盛顿地区的自助式顺风车网站 Slugging，是基于 HOV 路线结合华盛顿地区热门地点，在网站上公布他们的一些线路，然后注册的乘客可以去固定的地点去乘这些愿意搭载他们的私家车辆。主要线路分上午和下午高峰时期。运营费用完全依赖司机、乘客和社会人士的自愿捐献。但也正是因为 Slugging 平台不向乘客和司机收取任何的服务费用而造成其用户体验感不够好，服务内容少，不能向更多人提供更全面更优质的拼车服务。

三、分享经济的核心是建立信任

《经济学人》评论认为，分享经济的发展过程有点像 15 年前的网络购物，起初，人们对网络购物的安全性存在质疑，但当人们成功在 Amazon 上买到称心如意的东西后，他们就觉得网络购物的安全性是可以信赖的。马云也曾说："我高兴的不是收入了多少亿人民币，而是几亿笔交易背后意味着的信任。"

1. 分享平台通过建立社会信任体系来促成交易

近年来，商业欺诈永查不灭，"毒奶粉"防不胜防等现象寒了众多群众的心。社会上的种种现象表明，我国社会信用体系建设刻不容缓。我国政府也积极地意识到社会信用体系建设的必要性，先后在 2011 年底和 2014 年初，由温家宝同志和李克强同志分别主持召开国务院常务会议，部署制订社会信用体系建设规划。

2016 年 12 月 30 日，国务院办公厅发布关于加强个人诚信体系建设的指导意见。要求政府加强个人诚信教育，加快推进个人诚信记录建设，完善个人信息安全、隐私保护与信用修复机制规范推进个人诚信信息共享使用，完善个人守信激励和失信惩戒机制。

而从另一个角度来看，分享平台的发展对于社会某一细分领域建立信用体系具有积极影响。分享平台通过整合各类闲置资源，加之建立一系列的准入、退出、服务标准，再通过互联网大数据技术，满足不论是服务或物品提供者还是使用者的各方面需求。分享平台在自身发展的同时，也是借助于在社会中某一细分领域搭建信任体系来促成交易，其核心竞争力就是建立信任。

在商品交易领域，淘宝天猫通过 5 年多的时间，为买家和卖家量身打造了基于商品交易信用体系的交易平台，获得了众多买家和卖家的信任。人们所看到的都是淘宝天猫的辉煌，而一开始其面临的质疑也是铺天盖地的，一步一步走到今天，辛苦难以言表。

在交通出行领域，以网约车代表的分享出行平台，也同样有着一颗中国企业社会责任担当的心，勤勤恳恳 4 年多来，整合各类城市交通资源，消除信息不对称，建立起了一套出行行业基于信任机制的服务撮合机制，让每一位司机都愿意在平台上分享服务，使每一位乘客都愿意信赖平台提供的服务。

在共享单车行业，以摩拜为代表的共享单车企业，在不到两年的时间里，已在全球十几个国家，200 多个城市运营近 800 万辆单车，日订单量超过三千万。通过人工智能平台建立大量的骑行用户信用数据。

2. 政企合作打造民众满意的分享平台

分享平台实现的实质上是共性产品的高效利用，通过一整套有效的管理机制包括服务、支付、沟通、评价等环节，通过互联网及大数据技术手段，详细记录每次服务或交易的详细环节，保证服务或交易的可管理、可追溯。但如何建立信任或提供足够信任度的服务？陌生人如何才能相信一个分享平台提供的物品或者服务？势必需要平台具有一定的权威性及可信任性。例如，房屋短租平台接入的房间，如何保证此房间和拥有者或提供者的可靠性、安全性等一系列问题，必然要开展相关人员和房屋合法性背景审查，需要与建设主管部门、公安部门进行房屋、人员的信息校验。但此类数据包含个人隐私、犯罪记录等一系列敏感数据，只有政府相关管理部门充分与时俱进，用开放、包容的心态与分享平台达成共识，在不泄露国家数据、个人隐私的前提下，探索出一条既不违反国家法律、又利于分享经济平台发展的道路，才能真正推动分享经济在我国“十三五”期的发展，才能做到政企深度合作，打造民众满意的分享平台。

3. 可持续发展的分享平台才能更好为用户服务

分享平台只有具备了足够的自身造血能力，才能够可持续发展，才能够不断优化体验、提升服务质量，才能更好地为用户服务。并且，分享经济的发展与参与者获得适当收益并不矛盾。分享经济的核心是将共性物品、知识技能和时间有偿高效利用，让需求者不需要付出大量金钱购买其拥有权的前提下，低价享受其短期使用权。比如，二手交易市场、Airbnb、共享单车，都是典型的分享经济。只有每一个分享经济的参与者得到合理的经济回报，才会有更多的参与者愿意分享自己的闲置物品、知识技能等有价财产。供方市场的不断扩大，才能使需方成本不断降低，用户才能得到真正的实惠。相反地，如果鼓励参与的分享者完全不以营利为目的，那分享者获取共性物品、知识技能等所付出的金钱、时间没有人买单，势必导致分享者的热情下降，久而久之，用户也就不能物美价廉地使用物品或享受服务了。

共享经济的押金收取、使用及监管创新

——以共享单车为例

曹钟雄①

在全球金融危机的经济复苏过程中，共享经济在全球范围内兴起，促进了新的产业模式的蓬勃发展，也成为我国新经济发展的亮点。共享经济所展现出的商业活力和创新能力，标志着中国经济进入更高层次的发展阶段。“共享经济”的基本思路是通过打破私有产权的局限性来提高闲置资源的利用率，进而提高整个社会的运行效率，但随着“互联网+”的深入发展和商业模式创新，“互联网+租赁”逐步衍生出各种共享经济的新业态。共享经济逐步演化成通过互联网和商业模式创新，弱化“拥有权”，强调“使用权”。让渡使用权改变了拥有者因为私有化而没有得到充分利用的那部分价值，通过高周转的使用率而得以实现，甚至是再次提升了产品的价值。在共享经济领域中，共享出行成为共享经济最大的亮点，同时，带来的问题和挑战同样值得关注。在积极鼓励共享经济发展的同时，针对实践中出现的突出问题，尤其是直接影响群众切身利益的问题，量身定做监管制度成为大势所趋。

城市化进程的加快与汽车工业的发展给我国居民出行结构带来了巨大的改变，网约车的出现虽丰富了用户的出行选择，但仍未解决用户“最后一公里”的出行痛点。共享单车利用卫星定位和移动互联网技术，切入和改变了我国交通出行的格局，推动我国共享经济进入一个新的热点领域。在不到两年时间里，共享单车如雨后春笋般崛起，以摩拜和 OfO 为代表的共享单车商业模式的快速兴起与发展，以及到 2017 年初诸多共享单车公司涌入市场，成

① 曹钟雄：中国（深圳）综合开发研究院新经济研究所执行所长。

为人们关注的焦点话题。共享单车引领了出行模式的新趋势，提升了用户出行体验，促进了低碳出行与绿色出行的理念推行。以摩拜和OfO为代表的两大巨头纷纷获得数十亿美元融资，且公司估值上百亿元。但自2017年初悟空单车停运开始，随后陆续有多家单车相继告别市场，11月“最好骑的共享单车”的小蓝车宣布解散。但由于共享单车用户需要押金以及预付金，其单车投放量的快速增长同时用户更是以乘数级增长，也意味着资金的大量聚集。面对押金以及预付金的退费难及其他问题，引发舆论对于共享经济押金收取、使用及监管的思考。共享经济押金的安全性成为社会公众关注与质疑的焦点。其实，不仅是共享单车，在共享经济下，汽车、电动自行车、到家服务、充电宝、雨伞等各类共享产品均可能涉及押金或预存款面对多家共享单车企业相继倒闭，用户押金难退等情况。共享经济的押金收取、使用及监管等问题成为共享经济发展的当前面临的主要问题之一。本文以共享单车为案例，探讨共享经济的押金收取、使用及监管创新。

一、共享单车与押金发展现状

1. 共享单车万民渗透率高达14.1%，与网约车相比还有较大的增长空间

共享单车使用方便，取还车灵活，使用性价比高，摩拜单车、ofo共享单车等共享单车平台以无桩自行车切入市场空白点，解决用户痛点。共享单车高周转、存取便利极大地提升了市民出行的效率，也对改善城市交通接驳提供了新的解决方案。共享单车效率的提升不仅源于资源利用率的提高，还源于人们行为模式的改变。目前，共享单车用户覆盖率增长，并迅速向世界的商业模式创新输出。国家信息中心的数据显示，2016年全年，共享经济市场交易额约34520亿元，比上年增长103%；融资规模约1710亿元，同比增长130%。中国互联网络信息中心（CNNIC）第40次《中国互联网络发展状况统计报告》显示，截至2017年6月，共享单车用户规模已达1.06亿，占网民总体的14.1%，其业务覆盖范围已经由一二线城市向三四线城市渗透，融资能力较强的共享单车品牌则开始涉足海外市场。市场洗牌重组和引入技术

创新将成为共享单车行业未来发展的主要方向。同期，我国网约出租车用户规模达到2.78亿，占网民总体的38.0%，共享单车渗透率还有很大的增长空间。据国家交通运输部不完全统计，共享单车截至2017年底，已有77家企业先后进入市场，累计投放单车2300万辆，注册用户达到4亿人次，累计服务170亿人次，日最高使用量达到7000万次，共享单车为绿色出行和解决“最后一公里”发挥了积极作用。

2. 野蛮生长后的调整使共享资金的潜在风险逐步显现

从全国布局的共享单车品牌主要有4个品牌中，摩拜押金为每人299元，ofo单车的押金为99元，小鸣单车押金为199元，优拜单车押金为298元。以摩拜为例，2016年12月活跃用户量已达313.5万人，每月活跃用户押金总额超过9亿元。2017年8月，中国互联网络信息中心发布《中国互联网络发展状况统计报告》，其中相关数据显示，保守估计，到目前为止，仅共享单车领域的存量押金规模近100亿元。根据第三方数据机构易观《2017年6月中国共享单车市场研究报告》显示，ofo月度活跃用户增至4073.5万；摩拜月度活跃用户增至3548.6万排名第二位。而如此庞大的用户群体，带来的押金数额也是极度可观的。以摩拜单车为例，假设每个活跃用户都交纳299元的押金的话，摩拜单车稳定的现金流保守估计有数106亿元的规模，ofo现金流也高达43亿元。

表3-1　各品牌单车押金情况

共享单车	押金（元）	免押金条件（芝麻信用分）
摩拜	299	暂无
OfO	99	650分及以上免押金
悟空单车	99	暂无
一步单车	99	650分及以上免押金
小鸣单车	199，0.1~1使用，车费随邀请好友个数逐渐减少	650分及以上免押金
小蓝单车	99	700分及以上免押金
优拜单车	298	750分以上，免押金单； 650~749分，押金98元； 650分以下，押金298元

续表

共享单车	押金（元）	免押金条件（芝麻信用分）
永安行	公共自行车 200，共享单车 99	600 分及以上免押金（北、上、成都、昆明、长沙、南昌） 650 分及以上免押金（杭州）
骑呗单车	200	750 分及以上免押金
小白单车	299	700 分及以上免押金
骑呗单车	200	750 分及以上免押金
由你单车	19，单车赔偿是 150	暂无
CCbike	押金未定，整车成本控制在 700	600 分及以上免押金
快兔出行	299，后降至 99	暂无
海淀智享	200	暂无
funbike	150	750 分及以上免押金
hellobike	199	暂无
ddbike	199	暂无
北京公共自行车	200	600 分及以上免押金

根据招商银行、摩拜单车联合宣布双方达成战略合作，摩拜在招商银行开设了押金专户，对用户押金进行集中统一管理，未来双方将在押金监管、支付结算、金融、服务和市场营销等方面展开全方位合作，招商银行将对监管账户内所有资金进行严格的审核、监管，确保押金的管理符合国家法律法规及摩拜与用户之间的《用户指南》《车费与押金》的规定。ofo 与中信银行达成战略合作，ofo 将与中信银行共同探索“共享单车+金融服务”的创新模式，为双方用户提供更广泛领域的服务，包括但不限于押金托管、支付结算、跨境金融、资金托管、授信支持、市场营销等。

具体来看，押金的存放方式主要分两类：第一类是在银行设置“专门账户”储存用户押金；第二类是将用户押金集中存放在总公司内部。目前来看，没有政府明确的监管规定，企业只是将押金钱放在银行，主动让银行监管它，具体的监管方式是双方自己协商确定。从表面来看，共享单车平台对押金的管理还算慎重，但由于行业及企业内部都没有标准管理规范，用户押金的安全问题仍然难以得到根本性保障。银行的托管账户中每天新交和提取押金数量较多，由于两方数据不对称，银行并不掌握押金退还的真实情况，很难保障资金不被挪用。就算是开了一个所谓的用来放押金的账户，具体钱是否只能用来退押金，需要看他们的监管协议是怎么写的，不过这一般是商业机密，双方也不会公开。在实际押金上，个别企业客观存在使用押金用于企业发展。多数单车企业都没有采用第三方存管方式，且存在为保持现金流而挪用押金的现象。而且大多数资料及手续均按照一般存款账户开立标准办理，银行无须履行第三方监管义务。例如，酷骑单车在民生银行设置了“专门账户”，但原酷骑公司 CEO 高唯伟接受媒体采访时曾表示，对于押金第三方监管的问题，当时和民生银行签署押金存管协议，但是并没有实际的对接，且部分由公司保管的押金（约 3 亿元人民币）直接用于公司运营以及购买车辆。小鸣单车委托第三方华夏银行监管。但华夏银行方面表示，小鸣单车在华夏银行开立的结算账户为一般存款账户，该行无须履行第三方监管义务。

3. 激烈的竞争迫使部分单车退出，押金问题进一步成为各方关注焦点

自 2016 年共享单车兴起至 2017 年 11 月，行业从萌芽到成长成熟，产业周期短，短短一年多时间，公开已知共享单车企业倒闭就有 6 家。共享单车企业前期运营基本属于亏损状态，不仅面临极速扩张的要求，而且行业也还没有成熟的盈利模式。一旦资金周转速度跟不上扩张速度，就会出现资金困难，导致挪用押金等情况出现。此外，还有一些企业，即使资金链不紧张，也有可能挪用押金用于其他投资。目前共享单车已从“明星”行业，开始向用户“雷区”演变。其中，涉及押金的监管难题最为突出。共享单车企业早期的押金问题主要是押金无法及时退还或退押金周期长，而现在问题已经升级为企业因经营不善导致资金链断裂，挪用用户押金。据芝麻信用提供的数据，粗略统计因企业关闭而造成的用户押金损失已经超过 10 多亿元。伴随着资金快速积累过程中，押金退款慢、退款难或者个别共享经济企业的金融欺诈等问题逐渐显现。特别是由于共享经济的参与者多为创业企业，其存活率相对较低，进一步引起社会公众对于共享经济创业企业信用、存续时间以及资金安全的质疑。深圳市消费者委员会的统计数据显示，从 2017 年 1 月至

今，已受理超过1万宗关于共享单车的投诉，99%为押金难退的问题。

二、共享单车与押金收取、使用及监管的探讨

1. 共享经济下“1+N”的押金模式面临政策考验

首先需要客观认识到，押金模式本身是对该产品的一种信用。在传统的以地方政府为主导的公共自行车多数也是需要交纳押金或者诚信保证金。此外，在各种行业内都长期存在以押金以及预付金为代表的资金管理模式，如房屋租赁、汽车租赁、商品零售等行业，同样也存在相关资金管理与运作不透明、不规范甚至“卷钱跑路”等问题。针对押金以及预付金资金管理模式的监管政策与制度，由于其金额规模相对较小，也一定程度倾向于维护产业，因此相关监管政策及立法工作并没有进行相关具体界定与规范，使押金及预付金问题成为社会的热议话题。以地方政府为主导的公共自行车的押金，社会公众并没有对其资金安全性提出相关质疑，说明与共享经济相比，社会公众对政府信用的信任程度较高。为此，需要客观认识，押金对租赁行业来说本身是一种信用建设，是普遍性现象。

2. “1+N”的押金模式下行业平均押金额超过平均购置成本

但与传统的一对一的押金模式不一样的是，共享经济下，特别是共享单车，这种一车多押（“1+N”的押金模式）具备了较强的放大和乘数效应。以深圳交委披露的数据为例，截至2017年11月，全市互联网租赁自行车企业共有8家，车辆规模约89万辆，注册用户量达2200万人（含重复注册用户），日均使用量约543万人次。全市投入每一辆单车，能够关联24.7个用户/辆，其中活跃用户达到6.1人次/辆（包括重复骑行）。如果按照初步估算，每一辆单车关联24.7个用户计算，以最低的99元和最高299元的平均数为押金标准，一辆车能够沉淀押金金额约为4919元。

据公开资料显示，摩拜单车的生产成本约在3000元，而ofo共享单车的生产成本为300元左右。再根据第三方数据机构易观《2017年6月中国共享单车市场研究报告》显示数据，ofo月度活跃用户增至4073.5万和摩拜月度

活跃用户增至 3548.6 万。两者投放相当，也就相当于每辆单车的平均购置成本在 1500 元左右。深圳作为一线城市，从一定程度上来说，也基本是共享单车最优的经济模型城市。总体而言，一辆车能够沉淀押金金额约为 4919 元，超过每辆单车的购置成本，是购置成本的 3.3 倍。

3. 客观方面，共享经济和互联网发展确实孕育着资金风险

押金资金沉淀超过共享单车企业平台资产。共享单车的资金管理问题受到社会公众的关注。但目前无论是媒体、学者还是政府均聚焦于押金的本身。诚然。共享经济依托互联网技术，可以在短期内实现发展规模的快速爆发式增长，同时也积累了大量资金，对共享经济企业的资金管理能力提出更大的挑战，也客观激励了共享经济企业进行资金挪用及进行类资金池业务，存在客户资金的安全潜在风险。但根据中国自行车协会的预测，2017 年的共享单车的投放量将达到 2000 万辆，估算共享单车的总投资额约为 300 亿元（按平均购置成本 1500 元计算）。在最理想状态，全国共享单车用户规模已达 1.06 亿，预计能够沉淀到近 200 亿元押金资金池。总体而言，押金资金总额还是低于共享单车企业投放的单车资产总额。

4. 监管规范和制度建设滞后是制约行业发展的关键因素

当前，共享单车作为新兴事物，存在行业的快速发展与相关规范与监管制度建设相对滞后的矛盾。基于新技术的共享经济的兴起以及相关监管成本问题，现有行业规范与监管措施通常是在问题出现之后才进行相关政策制定，表现为相对被动式及适应性的监管模式，也使在相关问题不断出现之前，并不能很好地予以防范，尤其是对于共享资金的监管问题。由于共享经济的创新发展模式，其押金及预付金与传统行业相比法律性质更加模糊，对相关法律适用性提出了挑战。而且资金问题还要涉及金融监管部门，不同监管部门的监管协调也进一步制约相关监管措施的制定与实施。在监管政策层面上，针对共享资金有关监管政策还处于相对空白时期，其既给共享经济发展带来相对宽松的发展环境，同时也给企业的共享资金管理提供了更多的操作空间。

三、共享单车押金收取、使用及监管的争论

当前，针对共享单车的押金问题存在以下几方面的争论：第一，是否收取押金，其中最具代表的观点是作为共享单车，具备较强的一物多押的情况，应该取消押金。第二，要不要押金进行监管。第三，押金能不是现实即退即还。第四，押金可以利息收益归属，以及押金能够作为经营资金。

1. 合理收取押金确保运营方的资产权益

关于押金要不要收取。针对这个问题争论最为激烈。押金，在社会经济生活中为人民大众所广泛运用。通常，押金确实能有效地保障债权的实现，从而保障交易安全。押金是一种物的担保，当债务人不履行债务时，债权人可自由决定在押金中抵扣，这是一种最直接、最有效的保护方法。根据物权法定原则，当事人设定的物权只能是法律上有规定的，法律上未作规定的，当事人不得自行约定；否则，法律将否认其效力。一般来说，原债权利益大，作为担保的押金数额也相应增大，反之，原债权利益小，押金的数额也相应减少。二者是一种正比例关系。但是在实际操作中，债权人往往利用自己的优势地位，迫使债务人接受不利于自己的过大的押金数额，从而加重了债务人的负担。因此，限制押金数额是公平原则的要求。至于限制的幅度多少为宜，即应占所担保债权的多大比例。为此，对于共享单车领域，在很大程度上也是一种租赁关系，合理的收取押金是对债权人的一种利益的保障。

押金返还请求权何时发生。当合同关系终止，且无合同债务不履行情形的，出押人得请求退还押金。在租赁关系存续期间，出押人不得请求返还押金。另外，对于超过法定限额的押金余额，无论何时，出押人有返还请求权，或者通知受押人予以抵充。对于债务人不履行合同义务，债权人对押金优先受偿后的余额，出押人仍有返还请求权。

此外，押金利息的归属。押金交与债权人，其所有权就从债务人或第三人处移转于债权人。因此，债权人对于自己所有物所生之孳息，当然也就取得所有权，故押金对于出押人而言是无所谓收取利息的。但对于受押人即债

权人来说，其收取的押金的数额越大，所获得的利息也就越多。为利益所驱动，受押人有本能地扩大收取押金数额的倾向。

综上所述，对于共享单车，为确保运营企业的资产安全，收取押金相对合理，可以接受，同时，对于押金所产生的利息收益，理应归属运营企业。但对于消费者在不使用共享单车的情形下，应该退还押金。考虑到共享单车的公共性和涉及人员众多，特别是在一押多的模式，具备放大效益，存在一定程度的资金风险，为此，需要采取一定措施进行押金监管。押金所有权属于用户，退还押金后才能破产清算。而消费者未消费的充值余额，名义上仍属于消费者，同样不是破产财产，消费者享有优先取回的权利，不能用作债务清偿。

2. 加强收取押金监管势在必行

共享经济的发展初期更多关注于市场扩张与用户量的增加，相对忽视了消费者权益保护及必要沟通。共享经济的创业企业的成败更多取决于短期内的市场占有率水平，因此，共享经济的发展初期也反映出快速发展与问题频发共存的发展特征。尽管有诸多法律法规的限制，用户的权益却并没有得到有效的保证。现在我国第三方监管体系建立还不完善，不返还押金最多算是违反了对用户的承诺，承担违约的相应责任，而该项资金是否被监管，就目前而言，尚未有相关强制性规定。

共享单车的押金，显然不同于一般意义上的押金。我们通常碰到的押金，基本上是一物一押；而共享单车的押金却是一车多押。你只要开通一个账号并且用车，就要交一份押金。这就意味着，一辆共享单车，同时对应着多份押金。一车多押的押金模式，使企业可以短期内汇集大量资金。共享经济的发展特点易引发以押金为代表的传统抵押租赁机制的风险积聚。对一车多押的押金模式的共享单车企业需要加强资金监管。

3. 资金监管需要多方合作

共享经济与新经济的发展，给经济发展带来了新模式、新活力，资金管理更多是其发展模式所演化出来的次生问题，但涉及社会公众资金的安全性及相关权益保障。共享单车满足了公众短距离出行需求，在解决出行“最后一公里”问题、缓解城市交通拥堵等方面发挥了积极作用。对这一创新事物，一方面要持包容态度，另一方面也要加强监管，保护公众利益。为促进共享单车市场的健康发展，应该由政府、企业和用户三方联手，政府管理部门出台管理细则，加强监管；押金问题关系到共享单车行业的长远发展和未来，政府有关部门要形成合力，认真研究押金监管的方式方法，拿出具体措施，如执行负面清单制度等，共同对押金进行监管。

4. 共享资金监管原则

对于新经济，总体还需要体现为包容性监管或者审慎监管。第一，对于共享资金的监管政策制定过程应更多体现为包容性监管或者柔性监管。对于共享经济发展初期所表现出的资金管理问题，应该基于共享经济的发展模式特征，合理地评估相关共享资金潜在风险，较为有针对性制定监管政策，同时也应该适时考虑共享经济的产业发展趋势，引导产业的规范发展，避免监管因素成为制约其发展的主要原因。

第二，建立监管部门与被监管企业的交流沟通机制。从网约车行业的发展与监管政策的制定过程中，可以看到共享经济的监管过程主要经历了在监管缺失条件下无序快速发展，到问题逐渐暴露引发监管部门注意并进行相对严格监管，再到双方进行相互沟通后的纳入监管政策下的规范发展阶段。对共享资金的监管政策也将经历一个多轮博弈以及磋商过程，最后达成共享资金的监管共识。加强双方交流沟通，能够有效地降低信息不对称程度，尽快规范共享资金管理与运行。

第三，平衡好共享经济发展与消费者权益保护关系。共享经济发展过程中，企业往往过于重视数量而忽视质量，因此在消费者保护水平较低的情况下，盲目依靠新技术来发展共享经济，最终的实施效果以及对社会福利的总体影响也不是最优的，会有悖于共享经济的发展初衷。缺少必要监管的产业发展模式必然将出现损害消费者权益问题，而过于严苛的监管政策也将限制共享经济的发展活力，需要监管部门在二者之间寻求平衡。因消费者处于相对弱势地位，相关监管政策制定需向消费者倾斜。

四、共享单车押金收取、使用及监管的几点建议

共享单车的押金问题，应依照双方合同约定来主张权利，押金是一种新型担保物权，押金因交付而转移了货币的所有权，受领押金的人享有支配的权力。新经济、新业态不能“野蛮生长”，企业自治、行业自律和政府监管要协同推进。任何共享经济的新模式在给消费者提供新型产品及服务的同时，也将带来相应的风险问题。相对于每辆共享单车几百元的成本，消费者每次骑行时一元或几元的支出相当低。这就需要类似于租赁市场上的押金制度来平衡双方利益，消费者支付了押金，就会多些对共享单车的爱护，少些乱停、乱放。这相当于交易双方诚实守信，严格履行约定的保证金，有存在的必要性及合理性。但共享单车企业汇集巨额押金，且不在明确其法律性质与用途的前提下规范存管，具有一定的法律风险。为了更好地维护消费者资金安全，支持共享经济的持续健康发展，有必要完善共享资金的具体监管政策与措施。为此，我们认为共享经济的押金问题上，规范比免费更重要。

1. 加强用户资金安全审慎监管力度

由于共享经济通过新技术可以提升经济增长，提高社会福利，满足居民的消费需求，因此对于共享资金的监管，制定相关监管措施并不是目的，而主要是规范共享经济发展，促进共享经济企业回归主业，避免基于大量共享资金开展金融相关业务，违背共享经济发展初衷，过度承担相关金融风险，损害用户资金安全及相关权益等问题的出现。用户资金安全，企业收取押金与预存资金的，应开立用户押金、预付资金专用账户，实施专款专用。同时，加强对违规或者失信企业的处罚。

2. 建立信用制度与押金关联机制

企业在保障用户权益的前提下，建立信用积分系统、设置信用制度来激励用户规范骑行等。鼓励单车企业作为第一责任人理应依法退赔消费者的押金和预收款，“押金的法律属性应该是质押，使用时做担保，用后应该立刻原数返还，也就是实现‘即租即押、即还即退’”。企业的经营风险不能转嫁到

消费者的身上，共享经济的尝试、创新、残酷的竞争不能由消费者来埋单。

3. 清晰界定押金使用范围

首先，需要明确产权归属以及产权归属期；其次，资金托管单位应归银行而非企业。用户押金既可以作为单车押金，也可以作为向共享单车这种金融产品的投资，在享受共享单车便利的同时，还获取一定的收益。同时，应该允许企业用部分押金汇聚资金做相关运营，但需要清晰界定资金运营的领域和方式。

4. 建立和完善第三方监管以及信息披露机制

传统的租赁本是一对一的租赁模式，在互联网的推动下，共享经济的实物变成了一对多用户，也衍生出多倍押金，从而产生了金融属性，需要实行由第三方监管。借鉴第三方支付，实现银行监管，交纳一定比例的备付金。建立第三方资金存管以及信息披露机制。第三方资金存管目前主要是依托商业银行进行资金保管、资金清算、账务核对以及信息披露等。针对共享经济中的共享资金管理应该实现全覆盖的第三方资金存管，涉及共享资金管理的企业应当选择符合条件的商业银行作为资金存管机构。鼓励实现第三方资金存管的共享经济企业，其应该向社会公众进行具体第三方资金存管情况的信息披露，加强共享经济企业与社会公众交流，达成双方之间的共识与信任。同时基于共享经济发展特征以及提高沉淀资金利用效率，可以允许将一定比例的共享资金投资于流动性较高的金融资产，但需建立共享资金运用情况信息披露，使客户可以及时了解到共享资金的管理情况及安全性。建立完善用户押金退还制度，加快实现“即租即押、即还即退”。

5. 建立大数据监管平台

通过互联网建立共享单车大数据监管平台，将平台与租赁单车企业数据对接，平台和企业可以在订单信息、车辆基本信息、车辆动态信息、企业基本信息及承租人信息等方面进行数据交换，科学合理地进行单车投放，并通过数据分析更好地规划公共交通体系，为节能减排提供依据。

6. 完善相关政策和多方共治机制

监管机构应尽快制定对押金及预付金的第三方监管、托管法律制度。设立共享经济的专业委员会，依托行业协会进行共享资金的行业自律管理。基于行业协会层面，组织行业内共享经济企业进行共享资金管理模式的交流讨论，同时与监管部门进行协调磋商，逐渐形成行业共享资金管理规范，建立共享资金管理统一标准及市场准入门槛。应注重建立完善有效的社会信用体系与制度，推动社会信用体系建设，逐渐取代现有以资金担保为主要形式的信用风险防范措施，节省社会资金成本。

加快推进能源革命，助力新旧动能转换

林 霆①

纵观人类发展历程，能源作为人类赖以生存和发展的重要物质基础，一方面，支撑着人类文明的不断进步与发展，几乎每一次文明的重大变革都伴随着能源的革命性改进和更替，历次能源革命为人类文明的进步提供了重要助力；另一方面，也为一个国家的稳定、持续发展提供了重要保障，历史上英、美等发达国家在各时代的政治、经济、军事霸主地位，在很大程度上源于对相应能源革命历史机遇的把握。

而从国内发展的现实来看，当前我国经济发展进入新常态，GDP 增速进入中高速增长期，经济增长动力、资源要素条件等各方面都在发生深刻变化，面临的经济下行压力较大。加快推进新旧动能转换，切实实现由要素驱动转向创新驱动，成为保持我国经济平稳发展的当务之急。而改革开放四十多年来，对化石能源大规模利用带来的生态环境污染严重、国际应对气候变化压力不断增大等一系列问题和挑战，是在新常态下瓦解旧动能，制约新动能的重要因素之一。未来我国推进新旧动能转换，还应从能源入手，大力推进能源革命，重视能源发展的新产业、新业态、新技术、新体制和新兴国际合作，助力经济发展新动能的衍生。

一、纵观人类发展历程，历次能源革命为人类文明的进步提供了重要动力

从整个人类文明的发展历程来看，大致经历了四次重大的能源变革，即

① 林 霆：青域资本董事总经理。

最初对火的利用催生的薪柴时代；对煤炭利用催生的蒸汽时代；对石油的利用催生的内燃机时代；以及目前正在演变的对风能、太阳能等可再生能源利用催生的可持续能源利用时代。人类在历史长河中的数次能源变革，均是在初期能够极大提升生产力，促进经济社会快速发展；但在变革末期，随着生产力的不断提高，落后的能源体系与先进生产力之间产生的矛盾不断扩大，逐步向阻碍经济社会的发展演变，进而催生新的能源变革，周而复始为人类文明的发展提供前进动力。

1. 火与薪柴的利用开启了人类文明，并推动人类从原始文明走向农业文明

发现火并利用火开启了人类文明的征程，摩擦取火代替对自然火的利用是人类文明史上的第一次能源革命。恩格斯曾高度评价说“就世界性的解放作用而言，摩擦生火的重要性超过了蒸汽机，因为摩擦生火第一次使人支配了一种自然力，从而最终把人同动物分开。”摩擦取火的发明大大提升了原始生产力，在此基础上构建的薪柴能源体系促使原始社会的劳动者、劳动工具和原材料迅速发展，首先，对火的利用改变了人类的饮食习惯，扩大了食物的来源和种类；其次，对火的利用提升了如木矛、弓箭、木臼、独木舟，乃至陶瓷工具、金属工具等一系列工具的加工能力；最后，对火的利用驱赶寒冷带来温暖，从而极大的扩大了人类生产活动的空间。其后，刀耕火种的初级农业生产方式，促使人类不断适应恶劣的生活环境，并随着铁器的产生使人类的生产生活发生了质的飞跃，原始文明向农业文明不断转变。

火与薪柴的利用在人类文明的原始阶段为促进文明的进步做出了巨大贡献，并推动着人类社会从原始文明向农业文明不断发展。但由于薪柴等植物类能源的密度较低、运输不便，其主要作用仍局限于人类的取暖、照明和炊事等相关活动，生产过程中的动力仍主要源于人力和畜力，薪柴能源对生产效率的改进作用十分有限，导致农业文明时期经济的发展长期处于极其缓慢的增长态势。

2. 对煤炭的利用及蒸汽机的发明，为第一次工业革命提供了发展动力

随着经济社会的不断发展，生产力逐步提高，人口逐渐增多，低能量密度的薪柴能源已难以满足人类对生产效率提升的要求，整个社会对木材的需

求出现了供不应求的局面。早在16世纪的欧洲，由于农业、手工业、航海业的发展，导致对木材的需求不断增多，引发了大规模的森林滥砍滥伐。到了16世纪后期，整个欧洲作为热能主要来源的木材奇缺，出现了供不应求，价格暴涨的“木材危机”，1500—1630年，英国的木材价格迅猛增长了7倍。

在此情形下，价格低廉的煤炭能源市场开始逐渐活跃，特别是进入18世纪后，以煤炭的大规模使用和蒸汽机的发展为主要标志的第二次能源变革开始兴起于英国。在煤炭开采的初期，人们在矿井中遇到沼气与渗水等难题，1712年，纽可曼制造出了第一台蒸汽机，解决了英国矿井的抽水难题，从而促进了煤炭生产的快速提高。1700年，英国煤炭产量为270万吨左右，到了1815年，煤炭产量已达到2300万吨，这相当于英国当时林地每年可生产能源的20倍。19世纪初期，法国的加莱海峡地区和德国鲁尔地区煤矿的发现与开发，使1850年到1869年，法国的煤炭产量由440万吨上升到1330万吨，德国煤炭产量由420万吨迅速上升到2370万吨。全球煤炭消费量在整个能源消费中所占比例，由1830年的不到30%，迅速增长到19世纪末期的50%左右，随后快速超过薪柴的消费量，成为实质上的主要能源品种。

煤炭的大规模应用也使蒸汽机从实验室成功走向现实，特别是瓦特改良的蒸汽机问世后，蒸汽机的应用领域开始从矿井抽水向磨粉、造纸、冶炼、运输、纺织等各行业拓展。人类开始摆脱以人力、蓄力和手工工具为主的生产、生活方式，极大地提升了社会劳动生产率，蒸汽轮船、火车等运输机械的发明为运输业带来了翻天覆地的巨大变革；以蒸汽机驱动的走绽细纱机的生产效率，是普通人工纺纱的200~300倍。人类社会开始正式进入了利用机械力的工业文明时代，这一时代也因此被称为“蒸汽时代”。

第一次工业革命的成功，迅速的改变了全球经济，全球的权力平衡也因此重新布局。18世纪初期，印度、中国与欧洲的GDP三分天下，合计占到全球GDP的70%左右，但到了1900年，欧洲的工业制成品产量已占到了全球的60%左右，美国占到20%左右，而中国和印度仅分别占到7%和2%左右，全球霸权中心开始向欧洲转移。

第二次能源革命的中心——英国，也依靠丰富的煤炭能源优势，建立了

"日不落"帝国。在大规模利用煤炭能源后，英国成为世界上最高效的钢铁生产国，1700 年至 1850 年，英国的钢铁产量增长了 20 倍，其钢铁产量占到了全球的一半左右。对煤炭和钢铁生产的重视，使英国在 1780—1880 年建立了全球最先进的技术体系，最具活力和繁荣的经济体系、以及最强大的军事力量。强大的英国海军开始在全球扩展殖民版图，并且建立了遍布全球的"煤站"网络，覆盖所有军舰需要加煤的地方，为其进行稳定的煤炭供应，可以说，大英帝国在一定程度上是建立在煤炭的基础之上，以煤炭利用为标志的第二次能源革命，在一定程度上成就了其时大英帝国的全球霸主地位。

3. 石油与电力的大规模利用，为全球第二次工业革命提供了发展动力

进入 19 世纪后半段，全球能源开始了以石油的发现和电力的发明，及其大规模利用为标志的第三次能源变革。

石油的利用、电力、内燃机的发明引发了新一轮的工业革命。1859 年，德再克用小型蒸汽机为动力的钻探机在 21.6 米深的地下发现了石油，拉开了美国对石油利用的序幕。其后，在此基础上发明的内燃机给运输行业再次带来了一场巨大的技术革命。19 世纪 80 年代，德国人卡尔·本茨发明了第一辆汽油内燃机汽车。1896 年，美国的亨利·福特制造了第一辆四轮汽车，汽车工业开始在全球范围内兴起。随后，以内燃机为动力的机车、远洋船舶、航空器也不断出现，1903 年，莱特兄弟在美国成功试飞其自己制造的飞机。此外，石油的利用也促进了石化工业的快速发展，塑料、人造纤维等石油化工材料不断被发明利用。电力的发明更是以其清洁、便利、安全、传输迅速等优势，迅速成为人类的重要能源品种。依托于石油、内燃机和电力的应用，全球由"蒸汽时代"开始迈入"电气时代"。

在此期间，石油、电力的应用推动了全球第二次工业革命的发展，为全球重工业的发展提供了新的动力，进一步大幅提升生产效率，发达资本主义国家的工业产业开始由纺织业向机械制造、化工、电力等重工业转变，全球经济迅速增长。石油也开始替代煤炭成为发达国家的经济血液与命脉，世界各国之间围绕石油资源展开了大规模的竞争。进入 20 世纪以来的数次战争，如中东战争、两伊战争、两次海湾战争等，均与石油有关。石油、电力应用

带来的生产力迅速提升，再次改变了全球经济结构和世界形势，也正是由于石油资源在全球各国的战略性地位，美国构建了“石油美元”的全球霸权。

4. 风能、太阳能等可再生能源的利用，正在推动全球走向可持续发展的生态文明时代

煤炭、石油、天然气等化石能源的大规模利用，为全球的经济发展提供了上百年的持续发展动力，推动全球经济飞速增长，但同时也带来了化石能源资源贫乏、生态环境破坏严重、全球气候变化等一系列问题和挑战。特别是自 20 世纪三四十年代以来，全球生态环境问题日益突出，一些专家和学者开始对全球生态环境的破坏进行反思，1962 年美国海洋生物学家莱切尔卡逊的著作《寂静的春天》提出了可持续发展的理念，1972 年 3 月由罗马俱乐部出版的《增长的极限》一书描述了人口与资源的快速增长将给全球带来的灾难性后果。人类在对工业文明过程中生态环境破坏进行反思后，将象征着破坏、末日的黑色赋予工业文明，将其称为黑色文明。不仅如此，进入 21 世纪后，随着全球应对气候变化的兴起，对低碳能源的发展也日益引起人们的重视，世界各国开始迫切的寻求能够推进可持续发展的非化石能源，来对化石能源进行替代。

在此情形下，为了应对化石能源资源贫乏、生态环境恶化、以及全球气候变化等问题，风能、太阳能、生物质能等可再生能源的利用日益得到人们的重视。与此同时，能源利用效率问题也日益受到关注，世界各国纷纷提高能源利用技术，通过提高能源利用效率，节约能源利用，来大幅减少对能源的需求。一场蔓延全球的能源革命开始持续推进，世界主要发达国家在应对全球气候变化的压力下，纷纷根据国情制定了一系列的能源转型、应对气候变化目标，欧盟提出到 2050 年可再生能源占终端能源消费比重达 75%，温室气体排放相比 1990 年水平减少 80%~95%；德国提出到 2050 年一次能源消费比 1990 年下降 50%，可再生能源利用比重提高到 60%；2015 年 6 月举行的发达国家七国集团领导人峰会中也提出，到 2050 年全球碳排放量比 2010 年降低 40%~70%，到 2100 年全球实现彻底脱碳。

风能、太阳能等可再生能源的利用，源于人类对自身生存环境、全球经

济可持续发展的反思，可以说是未来推动全球走向可持续发展的生态文明的重要动力。

二、从国内发展现实来看，改革开放以来大规模化石能源利用导致的生态环境破坏严重制约了经济发展新动能的衍生

改革开放近四十年来，我国经济高速增长的动力主要来源于巨额的能源资源的消耗、大规模的投资刺激政策和劳动密集型的产品出口等要素驱动和投资驱动。然而，随着我国经济发展进入新常态，面临的资源、环境约束日益趋紧，过去的粗放式发展所带来的经济增长与生态环境失衡、供需结构性失衡和经济内部与外部失衡等一系列结构性失衡问题日益突出①，使传统动能加速机制不断瓦解，新的发展动能缺失。加快推进新旧动能转换，成为保持我国经济平稳发展的当务之急。

上述三大结构性失衡问题中，造成经济增长与生态环境失衡的重要源头，即改革开放以来对以煤为主的化石能源的大规模利用。1980—2016 年，我国 GDP 由 4551.6 亿元迅速增长到 74.4 万亿元，带动着一次能源消费总量由 6 亿吨标煤迅速增长到 43.6 亿吨标煤，目前已是全球第一大能源消费国，且能源消费结构以煤为主，长期以来煤炭在一次能源消费中所占比例在 70%左右，即使近年来这一比例有所下降，2016 年仍占到 62%。巨额的化石能源消费，带来了生态环境不断恶化，应对气候变化压力日趋增大，能源运输压力不断加大等一系列问题和挑战，严重制约了经济发展新动能的衍生。

1. 生态环境污染不断恶化

我国长期以煤为主的能源消费结构和巨额的能源消费总量，使能源利用与环境保护之间的矛盾日趋严重，导致区域环境已不堪重负。特别是近年来蔓延整个中东部地区的雾霾问题，严重危害着人们的身心健康。根据环保部的统计数据显示，2016 年全国 338 个地级及以上城市中，有 254 个城市的环境空气质量超标，占到所有城市的 75.1%；全年 338 个城市发生重度污

---

① 陈东琪．通向新增长之路——供给侧结构性改革论纲［M］．北京：人民出版社，2017.

染 2464 天次、严重污染 784 天次；全国 PM2.5 平均浓度 47μg/m^3，超标天数比例 14.7%；其中京津冀区域 PM2.5 平均浓度 71μg/m^3。2016 年入冬后，全国多个地区发生了多次大面积、长时间的重度污染天气，特别是 12 月出现了 5 次大范围的重空气污染过程。不仅是大气，我国淡水、土壤、海洋等常规污染均日趋严重，可以说整个生态环境均面临灾难性的破坏，环境恶化已无容量。

2. 应对全球气候变化的压力不断增大

此外，我国温室气体排放量也在日益增高，根据 BP 的统计数据显示，2016 年全国二氧化碳排放量达到 91.2 亿吨，已是全球第一大二氧化碳排放国，占到全球二氧化碳排放总量 27.3%，并且人均碳排放量也已超过全球的平均水平。2015 年 12 月，联合国气候变化框架公约及 200 个缔约方在气候变化巴黎大会上达成的《巴黎协定》中，已进一步明确了全球共同减排的理念，并提出要确保全球平均气温较工业化前水平升高控制在 2 摄氏度之内，并为把升温控制在 1.5 摄氏度之内“付出努力”，这大大减少了全球温室气体排放的空间。未来我国继续增加温室气体排放，在国际上的气候谈判压力也势必将越来越大。

3. 能源运输压力不断加大

我国能源的生产与消费存在严重的地域差异，能源消费的重心位于东部沿海和南部地区，而煤炭资源主要分布在北部、油气资源主要分布在东、中、西部、水能资源主要分布在西南地区。因此形成了“北煤南运、西煤东运、北油南运、西电东送、西气东输”的格局，这也导致了大量能源的长距离运输，给中国公路、铁路运输带来了巨大的压力。例如，在煤炭运输过程中，2016 年全国煤炭运量已占到铁路货物运输量的一半左右。

三、未来我国必须加快推进能源革命，破除旧动能带来的生态环境难题，助力打造可持续的经济发展新动能

当前以煤为主的能源供应、消费体系，已成为在新常态下瓦解经济发展旧动能，制约经济发展新动能的重要因素。未来我国要推动新旧动能转换，

必须加快推进能源革命。2015 年，在中央财经领导小组召开的第六次会议上，习近平总书记明确提出了能源消费、能源供给、能源技术、能源体制的“四个革命”和全方位加强国际合作的“一个合作”的能源革命发展方向。未来推进能源革命，一是在推进能源生产革命方面，要大力发展新能源；二是在推进能源消费革命方面，要提升能源利用效率；三是在推进能源技术革命方面，要努力发展智慧能源；四是在推进能源体制革命方面，要打通能源发展快车道；五是在加强能源国际合作方面，要依托“一带一路”发展战略，保障开放条件下的能源安全。

1. 推进能源生产革命，大力发展新能源等新产业

能源生产革命是推进能源革命的基础，人类文明史上的历次能源革命，均以煤炭、石油等具有重大变革的能源品种的大规模利用作为标志。当前覆盖全球的新一轮能源革命，则是以风能、太阳能、生物质能等新能源的利用作为标志。风能、太阳能、生物质能、核能、水能等新能源和可再生的清洁能源的利用，能够对常规化石能源进行直接性替代，从而减少化石能源大规模利用带来的严重生态环境破坏。

当前，世界各主要发达国家均制定了宏伟的可再生能源发展目标。我国也开始大力发展可再生能源，并取得了辉煌的成就，截至 2016 年，全国水电装机容量已达 3.3 亿千瓦；风电并网装机容量 1.49 亿千瓦；太阳能并网发电装机容量 7742 万千瓦，水电、风电、太阳能发电累计装机容量均居全球第一位。不仅如此，我国还制定了宏伟的可再生能源发展目标，到 2020 年，全国水电装机容量将达到 3.8 亿千瓦；并网风电装机容量将达到 2.1 亿千瓦；太阳能并网装机容量将达到 1.1 亿千瓦。

未来我国应继续加快推进可再生能源的发展，大力推进新能源等能源利用的新产业，构建绿色、低碳、安全、可靠的多元化可持续能源供应体系，从根本上解决能源资源难以为继和生态环境不堪重负的问题，为经济的发展提供清洁的能源发展动力。

2. 推进能源消费革命，不断提升能效、发展节能服务等新业态

在能源的消费端，同样需要推进能源的消费革命。当前，虽然我国不断

推进新能源的利用，但相较于巨额的能源消费总量，所占比例还很低，2016年非化石能源所占比例仅为13.3%，到2020年在完成既定非化石能源发展目标的情况下，所占比例也仅为15%左右，未来很长时间内，化石能源仍将占据能源供应的主体地位。在此情况下，通过大力提升能源利用效率，节约能源消费，减少不必要的化石能源消费，从根本上减少对化石能源的需求就显得尤为重要。

长期以来，我国十分重视节能工作的开展，特别是“十一五”以来，党中央将节能目标作为约束性指标写入了历次的五年规划之中，“十一五”“十二五”期间单位GDP能耗强度分别下降了19.1%和18.2%，“十三五”期间也制定了单位GDP能耗强度下降16%的节能目标。虽然经过多年节能工作的开展，大型企业和重点领域的能源利用效率不断提升，节能空间有所收窄，但从广大的中小企业来看，仍未开展节能工作的领域还很多，有着较大的节能潜力。未来我国仍需进一步强化推进节能工作的开展，特别是应采取市场化的手段，大力推进节能服务产业等新业态的发展，不断深挖节能潜力，从而大规模的减少对化石能源的需求，以应对化石能源的减量化，减少其对生态环境的破坏，为经济提供可持续的发展动力。

3. 推进能源技术革命，努力发展智慧能源等新业态、新技术

科技是第一生产力，推进能源革命，必须要注重能源技术的变革，一方面，要以绿色、低碳、智能的发展理念，推动煤炭的安全绿色开采技术、清洁利用和转化技术，非常规油气规模化开采利用技术，深海油气勘探开发技术，新一代核电和核聚变技术，低速风机制造技术，高效太阳能发电技术，生物燃料技术，智能电网技术，储能和节能技术，碳捕集、封存和利用技术等相关能源技术的研究和推广，推动能源产业的持续升级。另一方面，还需要提早布局，将能源技术与互联网、物联网技术相结合，推进智慧能源等新业态、新技术的长足发展，满足生产、生活中日益增长的对能源的个性化需求，从而为经济的发展提供更加便捷、智能、绿色的可持续能源动力。

4. 推进能源体制革命，构建能源行业新体制

能源体系的体制机制，既能成为能源革命的动力，也能阻碍能源革命的

前进。新的能源生产和利用方式形成，亟需与之相适应的体制机制进行保障。2017 年 7 月，国家能源局为贯彻落实习近平总书记在中央财经领导小组第六次会议中提出的推动能源体制革命的战略部署，出台了《能源体制革命行动计划》。新出台的《能源体制革命行动计划》布局了四大类共 14 项主要任务，从构建有效竞争的能源市场结构和市场体系、形成主要由市场决定能源价格的机制、创新能源科学管理模式、建立健全能源法治体系等方面对能源体制革命的推进进行了全面的部署。未来我国应全面推进相关体制革命行动，构建能源行业的新体制，打通能源发展快车道。

5. 加强能源国际合作，拓展能源行业的新兴合作领域

随着我国能源消费的快速增长，目前我国已成为各类化石能源均需进口的国家，特别是石油资源需要大量进口，对外依存度已突破 60%，2016 年已达到 64. 4%；天然气自 2007 年以来净进口量也在不断增加，目前对外依存度已突破 30%，2016 年已达到 34. 2%。全方位加强能源国际合作，已成为保障我国国家能源供需安全的战略性举措。

近年来，我国在能源国际合作中不断取得重大进展，中俄能源合作取得了重大突破；中亚能源合作深入推进；中巴、中缅能源合作取得了积极进展；核电“走出去”取得实质性进展。不仅如此，国家能源局还紧紧把握“一带一路”的战略契机，编制发布了《“一带一路”能源合作规划》，借助国家“一带一路”战略的持续推进，加强国际能源合作。2016 年 5 月，我国已在中阿合作论坛第七届部长级会议上，签署了“中阿宣言”和“2016—2018 年行动执行计划”等重要文件，明确区域战略布局与合作重点，共享能源发展红利，打造区域利益共同体。未来我国仍需深入推进“一带一路”能源合作，拓展国际油气合作，大力推动核电“走出去”，积极参与国际能源治理，保障开放条件下的能源安全。

总之，能源作为支撑人类生存和发展的重要物质基础，是推动经济社会发展必不可少的动力源泉，也是一个国家稳定、可持续发展的重要保障。当前以发展可再生能源和提升能源利用效率为标志的全球新一轮的能源革命也在不断深化，未来我国要抓住全球能源革命的历史机遇，不断加快推进国内

能源革命，助力经济发展的新旧动能转换，为未来经济社会的持续发展注入可持续的发展新动力。

参考文献：

［1］陈东琪．通向新增长之路——供给侧结构性改革论纲［M］．北京：人民出版社，2017.

［2］中国环境保护部．2016年中国环境状况公报［D］．2017.

［3］戴彦德，白泉．中国“十一五”节能进展报告［M］．北京：中国经济出版社，2012.

［4］国家统计局．中国统计年鉴（2016）［M］．北京：中国统计出版社，2016.

［5］［M］杰里米·里夫金．第三次工业革命［M］．北京：中信出版社，2012.

［6］BP. Statistical Review of World Energy 2017. 2017.

［7］戴彦德，吕斌，冯超．“十三五”中国能源消费总量控制与节能［J］．北京理工大学学报（社会科学版），2015（1）：1-7.

［8］史丹，王蕾．能源革命及其对经济发展的作用［J］．工业经济研究，2015（1）：1-8.

［9］张海龙. 中国新能源发展研究. 吉林大学，2014.

［10］刘龙海，钟史明．能源革命——领悟“四个革命”和“一个合作”［J］．燃气轮机技术，2016（1）：1-8.

观 点 综 述

新经济与旧体制审慎监管下的制度创新

阮 萌

中国（深圳）综合开发研究院公共经济研究所所长

我们的研究包括三方面内容：

第一，新经济的内涵与特征。我们认为，新经济是以科技创新为核心，以全面创新为引领和支撑，以体制机制改革和制度创新为根本保障，以新技术、新产品、新模式、新业态、新产业等为主要内容，是一种代表先进生产力的经济结构与经济形态。新经济具有三方面特征：一是代表先进的方向，变革速度前所未有；二是涉及面广而深，跨界融合广泛深入；三是动态迭代升级时空差异不断扩大。应该看到，我们高度重视新经济的发展，加快对新产业、新产品、新模式、新业态和新技术的培育和发展。随着我国创新沿着模仿—跟随—引领的路径向前发展，我们的新经济正在蓬勃兴起，通过大力发展新经济，我们完全有能力、有机遇实现弯道超车。

第二，我们应该认识到，新经济的发展受到了旧体制机制的制约，在新经济的导入期，新旧经济形态冲突加剧，面对新经济，传统机制显得落后僵化、不宽容，存在既得利益集团利用原有的体制来进行利益博弈的问题。并且，制度缺失、监管手段滞后以及部门管理碎片化、有限资源分散化等问题，既不利于各种要素的自由流动和高效配置，也不利于新经济的发展与成长。我们从生命健康、分享经济、互联网金融、跨境电商、新能源等新兴领域进行分析和观察，研究出一个初步的结论，结论是这些领域与传统的体制机制之间存在着冲突与挑战。

第三，未来要在审慎监管方面加强制度创新。首先，我们在理念上要把消费者利益最大化，将其作为处理新旧经济利益冲突的政策落脚点。其次，我们在监管上，实际也需要从有利于新经济加快发展的角度出发，完善新经济监管体系，在新经济产业发展方面建立先行示范区，在一定区域内对新经济发展和监管制度进行试验，取得成绩以后再推广。再次，在部门协调管理方面，主要是针对部门管理碎片化的问题，构建多部门的协调管理机制。最后，聚焦“集中力量办大事”，建立推进新经济发展的部门协同机制。

滴滴的现状及新经济环境下的思考与建议

张 贝

滴滴出行副总裁

在新的经济模式下，“滴滴”面临的首先是供给侧改革的压迫，同时又满足了人民群众出行的需求，并且对经济发展有非常明显的促进作用。

今天的主题是新经济与旧体制，实际上网约车监管某种程度上不再是旧体制了，虽然网约车已经出台了一个非常好的政策，但是在执行过程中往往还有一些旧体制的影子，相比国家层面2015年的征求意见稿，在2016年7月出台时做了十多处非常好的修改，原来讲政府指导价或市场价，现在原则上就是市场定价，有非常多好的修改。我们也按照政策的要求，陆续在13个城市获得了许可，并且在给驾驶员、车辆办证。

讲一些问题：第一个是各地在制定网约车实施细则时往往对车辆的轴距、排量、价格、车龄等方面有非常多限制。我列举的四个方面是跟运营安全和环保完全没有关系的，并不是轴距越长或排量越大的车就越安全。我们建议回到监管的初心，就是你究竟要管的是什么，安全环保服务，除此之外可能不需要更多的门槛。

第二个是实际办证过程中，在办平台许可时，到地方都要求我们成立一个分公司，甚至是子公司。实际上在征求意见稿时，在正式出台相关准则中间，都是改过的，原来是分支机构，正式出台后叫服务机构，这是适应互联网发展的表现。但是在地方执行过程中，县级以上的机关都可以要求我们成立一个分支机构，我们在成立分公司的过程中，需要总公司的工商原件以及法人的身份证，导致我们的法人坐飞机都没有身份证可用，因为他的身份证原件正在20几个城市之间来回寄，我们公司现在还无法在区县成立。中央已经把权力还给市场，但地方在执行时又把它接住了。我理解，这就是增设行政许可条件，因此，我们希望未来是只需在比如省会、计划单列市成立一个分公司，其他的城市设立办事处就可以了。

我们希望未来政府方面能够营造公平便利的市场环境，降低制度性交易成本，特别是深化放管，这是总理特别关心的事情，我们把简政放权落到实处。我们自己当然也会用更多的投入，并且用积极开放的心态与出租车行业融合发展，不断探索新经济的发展模式，为人们美好出行贡献力量。

维护公众安全与促进产业发展

刘沐芸

中国（深圳）综合开发研究院特约研究员

个体化细胞治疗技术国家地方联合工程实验室主任

细胞治疗本身没有错，但是用在错误的地方或者错误的管理，可能就会出错。

一是要厘清产业链。我们现代现行的法规里面只规定了细胞库和区域细胞置备中心，包括临床机构的规范，但是我们缺乏了第三方的质检平台。我们用到人的身上，关键的环节是不可以缺失的，任何用到人身上细胞治疗和药物一定要经过第三方的质量认证，之前发生的两个死亡事件是因为过去的监管缺乏正确科学的管理，没有认清产业链环节。

二是要厘清新技术特点，找准关键控制点。现行法律法规的体系，是针对化学药的，化学药的特点是稳定的化学结构，单把点、单通道，可以预见的药代动力学。但是细胞治疗为什么有效，因为它是活的细胞，它是活细胞特性，是会跟你的微环境发生相互作用，细胞治疗的作用机制和化学药完全不同，是多靶点、多通路。我们在实验室看到，细胞输进去以后，患者的体内环境有500多项靶点测序，500多个上调表达，几百个蛋白下调，按照过去的传统，我们没办法把机理机制讲得很清楚，所以我们这个时候就需要，我们看得到临床一定是用到人身上，它的安全性和有效性进行评价。

三是关于新技术的推广基本的技术门槛，这个涉及到人民群众的生命健康，要用到人的身上，中国的医疗行业是一管就死，一放就乱，监管部门很多政策是要保障自己的安全，不是为了这个产业，我们还是要设置基本的准入门槛。

我们过去的评价路径，细胞一定是科学研究与临床实践的结合。细胞治疗在基本的安全性和有效性数据上其实可以进行同行评议，可以组织小规模的临床研究，这样的数据可以确认它的安全性与有效性，进一步放大评价，然后上市。因为我们是临床医学，新经济、新技术不在实际中实际运行永远没有办法发现有哪些缺陷和致命的问题。我们建议启用新技术城市社会实验室，因为实践是检验真理的唯一标准。

有科学的前提，安全性和有效性，法律保障，厘清责任，建立补偿机制，在临床试验中发现副反应，临床机制是什么，要厘清医生和病人的责任，医生要有医德，病人也要尊重科学。再就是伦理审核，就是保障程序合法、动机正义，要区分病人自主选择和病急乱投医的区别，为新技术大规模推广应用提供数据、监管路径、伦理评估和法律法规。我们希望形成一个新经济与旧制度良性互动的监管生态，治病救人与遵纪守法是和谐统一的，维护公众健康与促进产业发展也是统一体，要由新技术自然驱动相关法规的逐步完善，而不是行政的准入和监管。

技术进步是以人的健康为核心的，法律法规的设置要为它的目标实现提供保障而不是阻碍。

新经济时代下政府创新治理的思考

郑志彬

华为技术有限公司全球智慧城市业务部总经理

我们认为新经济实际上有两个核心要素，一个是生产关系的重构，包括今天的共享经济，包括众包合作，还有网络协同。另外一方面，我们也可以看到，新经济的核心驱动因素还是最近几年信息技术的革命，大量出现的新技术给整个社会带来什么样的变化，这也是我们讲已经出现新经济的核心原因。

我们可以看到，在去年年底，习总书记在 36 次集体会议中讲："世界经济加速向以网络技术为重要内容的经济活动转变，我们应该以信息化来培育新动能，用新动能来培育新发展。"我们可以看到，数字经济、新经济的出现，使得这几年尤其是金融危机之后，传统经济、尤其是制造业有很大变化。

现在新经济的出现有很多挑战，我想讲三个小故事，一个是共享专车、共享单车，尤其是今年共享单车的出现，给城市的治理带来很多问题。实际上还有一个东西叫共享电动车，共享电动车可能我们没有看到，但是今天已经出现了，就是因为监管的问题，它马上被叫停。二是，大理市长跟我谈过一个问题：洱海周边有很多民宿，有很多小旅馆，一般通过互联网工具，如携程、同城等去定住，但是政府无法向这些小旅馆征税，而每年政府治理洱海周边的环境要投入几十个亿，所以政府认为很委屈。

P2P 模式出来之后产生了很多问题，这些都是新经济发展、新技术发展带来的新问题，这些问题怎么样解决，我们在管理政策上怎么考虑，这些需要我们认真思考。

最后我提出几个问题，大数据环境下，我们如何解决大数据使用面对的法律问题，如何解决隐私问题，这些都是需要政府去考虑的。我们利用新技术，政府如何连接民众，真正发挥群体的智慧来共享共治？新经济环境下，我们有很多新的商业模式出现，如何在政策上适应新商业模式的发展？这些还需要我们深入探讨。

优化采购机制，用新经济方式实现政府阳光采购

董佳韵

深圳前海产业互联网股份有限公司首席执行官

目前我们看到在政府采购领域存在一些问题。其实在政府主导的采购，或者说公共采购领域，是一种重过程轻结果的管理思路。所以我们看到一些工程出问题，过程非常公平公正公开，但是结果看来并不是很好，这里面会有一些管理上的、制度上的缺陷。

解决这些问题，首先要建一个数据源，包括政府采购过程中会有几个数据源，一是招标的公告，各地政府，包括省级、县级、区级、街道办，这种数据是非常有价值的。中标的公告、投标的文件、成交的合同书，甚至包括行政处罚书，就是指对招投标代理公司处以行政处罚的文件，这几大数据，当然还包括一些其他的工商数据，这些数据是对整个政府采购招投标行业起重要作用的。

第二是实现阳光采购，要有一个基本模式。国外有一个平台叫 Arba，是基于循原技术，就是从一开始看一件事情，从采购方案的选择阶段就开始帮你介入，通过大数据分析，数据的循原能力会提供解决方案，当政府确定采购时，采购的方案首先通过历史数据建立起来。第二个是根据政府采购的需求，会给你提供一个所谓的智能推荐，在选择代理机构时不靠抽签的方式，可以根据综合评价体系，看他在这个领域是否足够专业，而不是用抽签、免责的方式，实际上就是评估这个代理机构可不可以把这个事干好。

包括项目公告，这是政府完全可以做的事情。今天可以做电子竞价的平

台，在互联网上用电子竞价，我们叫返乡竞卖的平台实现招投标的过程，完全是公开透明的，每次报价都是全网可追溯的。这时候再抽取评标的专家时，对一个专家我们也有一个评价体系。这是一个完全的线下过程，包括线上的结合，完全可以实现在公共领域部分的政府采购领域，我们可以实现用数据循原的方式，用互联网的方式，用大数据平台，实现阳光采购。

我们有四个建议：一是关于法律滞后的问题，可以用电商的方式解决，可以相应配套。二是建议政府把订单源信息开放，促进政府采购的完全市场化。三是要统一数据，开放数据库和数据源头标准，包括中标公告、中标合同，这对于形成智能推荐有重要作用，企业做这件事情是很辛苦的。四是统一的接口，对接发布行业的资质证书，方便用户查询投标行业的标准。这是针对政府采购领域我们的一些思考和建议。

发展新经济需要创新治理方式，实际也包括我们的治理思维

吕　薇

国务院发展研究中心创新发展研究部部长

关于新经济的特点，各行各业都有它的特点，有一些基本规则是可以遵循的：一是处理好政府和市场的关系。根据新经济的特点，尊重规律，实现治理思维和方式的转变；二是要鼓励创新，根据包容审慎的原则，先准入后规范，不能用传统的管理办法去制约新技术、新模式和新业态的发展；三是要有效发挥市场和社会组织的作用，由市场选择、行业自律。中国现在的创新能力已经从过去的全面跟踪转向了追赶部分同行、少数进入世界前沿，在创新能力发生转变的情况下，政府和市场的作用也发生了变化。因为在技术追赶时期，我们可以通过规划和计划来引进技术消化吸收，因为市场和技术是确定的，是已知的、成熟的；但是在前沿技术和新兴产业方面，市场和技

术都是不成熟的，技术变化很快，要更多地发挥市场选择的作用。政府重点支持前期研发、早期用户和示范，在国际上实际有很多政府在这个阶段去选择技术的失败案例。

因此，在这种情况下，政府主要发挥的作用应该是在市场适应的领域发挥作用。

一是在基础研究、共性技术，国家重要战略领域要加大投入。

二是在公共服务平台方面要加大服务，因为公共服务平台的溢出效应是很高的，可以为大家提供服务，这都是些基本的原则。同时政府要加强服务平台和基础设施平台的建设。

三是营造公平竞争的市场环境和法制环境，使不同规模、不同所有制、不同技术路线的企业能够公平竞争，公平地获得创新要素。在这种情况下，市场的监管模式正在发生变化，政府已经提出来要简政放权，减少政府的行政干预，目的就是要提高我们的效率，降低制度性的成本。

一是要放开市场准入，更多发挥标准的作用。二是适应技术经济社会发展的需要，适时科学制定和动态调整标准，制定标准主体要多元化，最近标准化的相关法规的修改已经提出来，我们要实行政府强制性标准、政府推荐性标准、联盟标准、企业标准，所以在标准方面我们要进行改进。三是对商业模式创新和新业态要开放包容，允许先行先试，加强事中事后监管，动态调整监管的措施，不能过早利用现行制度管卡关。四是发挥平台的监督作用，要增强平台的治理责任。最近有一些法律增加了平台的责任，但是还很不够，比如消费者保护法，即将出台的电子商务法，还有已经出台的网络安全法等，这里面都加强了网络平台对个人信息的保护，对诚信，甚至对信息安全等方面的责任。五是发挥社会组织的监督作用，包括行业自律，第三方评估，要发挥大数据、新技术的作用，怎么样听取群众的意见。

旧体制与新经济：共赢而不是双输

薛兆丰

北京大学国家发展研究院教授

今天我们讲旧体制、新经济，我想讲的主题是共赢，而不是双输。我们讲滴滴、讲网约车，出租车是需要管制的，出租车出现以来就一直在管制之下。要管制什么？一个是挑客。出租车司机挑肥拣瘦，这一点不行，因为很多乘出租车的是外地人，他不知道这个城市的情况，因此出租车司机不能挑客，这个政府要加以管制。二是路线。绕路，外地人不知道路线，对路线要加强管制。资费涨跌要有一个统一的标准，醒目的列在出租车上，世界各地的出租车都有很多标准，收费标准是很清楚的。

第二点是各种矛盾在新的技术出现以后就有得有失，这当中有冲击，这都可以理解，原来的监管部门站在出租车司机的一方，替他们着想，怕他们利益受损，这完全可以理解，但是滴滴已经兴起来了，没有谁没坐过滴滴，没有谁没坐过网约车，没有谁没尝过当中的好处，这时候看利益冲突的秤，秤砣的另外一方要重视，原来的出租车司机是既得利益者，现在乘过网约车的人都变成既得利益者了。

最后要说，管理基础、矛盾、目标现在都发生了变化，这是我理解的新技术或者新经济和旧体制，现体制之间的冲突是应该可以解决的，这是我建议的一些目标。在监管当中要分级，按各方的知识、能力和积极性来分级监管，不能把责任落到根本负不起责任的一方，不负责就不应该有相关权利。应该分级监管，谁监管的能力更强，谁监管的知识更强，谁监管的积极性更强，就要让他承担更大的责任。所以在安全问题上、在资费问题上、在路线问题上，我认为平台所拥有的知识、能力和他们的积极性要比其他各方好很多，所以应该适当承担更多的责任和权利，就是说更大的自由度。

发展新经济与政府监管创新

张占斌

国家行政学院经济学部主任

要推进新经济发展、创新政府监管方式大概有这么几条：

一是贯彻实施“大道至简、弹性监管”的原则。政府的监管要有一定的温度，看不明白的，看不懂的，可以让子弹飞一会儿，也不要一下子把人家拍死，带着一些积极的、宽容的态度来看待一些新的东西、新的技术，把广阔的空间留给各类市场主体去探索。当然，我们说这种有温度的监管也相当于是一个弹性监管，但是我们这个弹性监管也要求有一个底线监管，在政府和我们人类现有的认识水平基础上，要制定一个最低的底线，这样有利于给各种市场提供更大的空间。对有些看得准的、出了问题的，比较容易出问题的，政府监管也要果断出手，不能让这种风险有大的蔓延。

二是要实现从管理到治理的转变，推动监管方式的转型。这里面涉及到平台化的治理，在互联网经济中，平台作为一个重要的结点，他既是交易的平台，也是数据的平台，也是信用的平台，同时也是消费者保护的平台。现在呈现出一个多中心的生态的景观，所以能够有一个平台化的治理，可能对于我们提高政府监管水平很重要。现在有些网络平台已经形成了一些参与者共同认可的重要标准，影响力和带动力非常强，所以这对政府提高监管水平，分享新经济中的一些好的做法，将一些带有普适性的规则上升到法律层面是非常重要的。另外，要发挥好行业协会的作用，同时也可以适当地开展第三方评估。

三是创新监管技术手段，打破各类信息孤岛。要构建起一套用数据说话、用数据决策、用数据管理、用数据创新的新机制。一是要尽快争取全面实行政务活动的网络化、虚拟化、信息化，特别是涉及到企业和群众日常办理的事务，应尽可能全部网上进行，让信息多跑路，让群众少跑腿。二是要逐步实现对计算机，对数据的自动化流程管理，做到精准的数据管理。三是要建设整个国家大的信息平台，要为全社会提供服务，真正打破信息孤岛。

最后，在放管服基础上深化监管体制改革，一是要继续积极推动综合监管，二是要实施公正监管，三是促进各类市场主体公平竞争。

中国制造 2025 要补齐我们国家产业共性基础研究院建设的短板

吴金希

清华大学社科学院战略新兴产业研究中心主任

大家知道，当前中国制造大而不强已经是一个普遍的认识，有些权威的专家认为，在工业基础、自主创新、绿色发展方面，我们和发达国家有很大差距，在核心的零部件、基础的原材料、控制系统等方面还仍然依赖进口，甚至有人提出来，我们国家的中国制造遭遇锁喉痛，发达国家把我们的喉咙锁住了。我们认为，共性基础研究机制的缺乏是造成这种现象的关键制约因素，讲到共性技术研究院，我首先讲什么叫技术研究院。19 世纪中后期，德国和美国的大企业纷纷建立了一种机制创新，叫做工业实验室。这是发达国家极其重要的制度创新，被称为发明的工业化，这极大地提升了德国、美国等国工业竞争力，成为了发达国家的创新引擎。

我们自改革开放以来，各个地方，包括很多部委建立了科技园、开发区、生产力中心，我们自己觉得，这些机构大多本身没有太强的研发能力，更多是一种平台或者虚体的形式出现，散小弱，加上管制不善，起不到科技成果转化的作用。在具体的操作或者管理过程中，往往出现一个单位两块牌子，很多单位重牌子，拿到一笔资金以后，其可持续性非常成问题。十年以前国家发改委、科技部曾经在全国成立了几百个国家工程技术研究中心，但是这些中心一笔资金启动以后，可持续性也是一个很大的问题。

近几年，很多经济学家在讨论市场和政府的作用时，大家争论很多，但是在我们看来，很多同志认为非此即彼，非黑即白，一个国家的产业共性技术供给问题上，市场会失灵，因此政府同样也会失灵，需要政府和市场结合起来，组成混合的组织，产业技术研究院就是这样一个必不可少的支撑，需要大家合作。我们强烈建议，围绕中国制造 2025 十大重点工程建立多个国家级的高水平的产业技术研究院，同时加强体制机制建设，这样一些研究院有八个方面的战略使命：一是提升国家技术能力的关键环节。二是将科技的供给和科技需求结合起来的最佳桥梁。三是国家高技术产业发展的摇篮和智库。四是国家新兴产业标准的研究和制定者。五是是应对国际竞争和解决国际之间知识产权纠纷的有效武器。六是复杂集成和根本性创新的国家突击队。七是解决共性公益性技术供求矛盾的有力工具。八是高技术产业高端人才的黄埔军校。

新经济与旧体制：审慎监管下的制度创新

郑宇劼

中国（深圳）综合开发研究院智库研究与信息部部长

新技术、新产业如何推动经济增长？这几点是我们的思考。新技术、新产业不是今天才有的，是历史上一直都有的，它如何来推动经济增长？很关键的是看两个大的指标：第一，这些新技术、新产业有没有带来大规模的固定资产投资？第二，有没有带来大规模的消费升级？为什么我们说新四大发明，我们可以看到这新四大发明都带来大规模的固定资产投资和消费升级。第一，对中国的就业和城市化有非常多的带头作用，它创造了一个什么？非常有弹性的劳动力市场。我们可以看到，现在中国的快递业 300 亿件业务量，4000 亿的收入，带动的就业是数百万。我们的网购是 23 万亿的电子商务交易额，带动的就业可能是数千万。这对中国就业市场的带动力是非常大的，而且更重要的是什么呢？我们很多学者都在批评《劳动法》，且不说这个对还是错，但是从某种意义上来说，这使我们的劳动力市场比较简单化，是毫无疑问的。但是我们可以看到新经济带来的大量非正式经济、更灵活的经济，创造了一个非常弹性的劳动力市场。

第二点其实不是很多人能观察到的，新经济对地租的转移效应。我们经常在街上看到很多实体商店都贴出来“马云所害，要转租”。确实，网购和电子商务对实体商业有不小的冲击，这个不可否认。但是大家有没有发现，其实你商店好的时候，你的利润并没有给你自己赚取，你的利润往往是被业主赚取了。他一看你生意好，他马上就提租，你创造的效益都到业主口袋里去了，店租一下就上去。但是网购不需要租店面，全部在后台操作，这部分利润、这部分价值到谁那儿去？应该说到我们的人民手上去，这就避免了这个价值被地租所吞噬。

我们的研究对新经济与旧体制的冲突，我们做了一些行业上的观察。从监管上来说，“三个并存”：第一，监管碎片化，各个部门之间协调问题很大；第二，监管滞后；第三，监管缺失。三者并存。几乎所有的新经济业态都存在这样的四个问题：既得利益集团的利益博弈；制度缺失、监管手段“新人穿旧衣”；部门管理碎片化；有限资源分散化。这是我们从各个领域观察到的监管上的一些问题。

当然我们也很可喜的看到中央层面，包括李克强总理在国务院常务会上专门讲，不要用老办法管治新业态，要用包容的心态。这几个月来也出了经济，包括分享经济的指导意见，包括鼓励双创，我们看到理念还是比较新的，但是落实还是成问题。

这是我们提出来四点看法：

第一，梳理“审慎包容”的监管理念。什么叫审慎包容？就是你的监管上，安全和秩序、技术和效率还是要做平衡，这一点不是李克强有这个观念转变就够了，上上下下各级政府都要做出转变。

第二，针对刚才说的监管碎片化、监管滞后、监管缺失并存，尽快梳理政策法规，地方政府和部委的实施细则是关键。不然，光在中南海里讲没有用，还是要看实施细则，还是要看地方政府的具体操作。

第三，在条件较好的地区，比如像深圳，还是要设立新经济先行先试示范区、技术特区、新技术城市社会实验室。要把所有的新经济业态在这里试，比如说深圳的国际生物，我是参与政策研究的，我们提了多少政策创新，到现在一条没落实。

第四，我们作为智库，我们作为业界、学界，还是要为政府怎么样呢？我们要立足新技术，为政府提供监管技术、监管手段和监管工具。你老说他监管理念落后，你不给他工具他是没法监管的，我们一定要想办法给他提供监管工具。为什么魏泽西事件以后中国的细胞治疗一帮子打法了，没办法，美国发生过一模一样的事件，FBI 三天以后就开放。为什么？还是监管技术。

新技术、新产业从历史上来看从来都是在利益冲突、法规制约，甚至公众质疑当中成长的，我们看到非常多的案例，这些都是业界举过无数遍的案例。所以我们还是相信我们新经济会有一个光明的未来、光明的明天。

敲响疾病的丧钟

朱岩梅

华大基因执行副总裁、首席人才官

创新的三个要素，就是科技、人才、宽容。我主要讲的是创新和包容。

英国 NHS 首席医疗官 Dame Sally Davies 提出，要“Make DNA Tests Routine”，意思是呼吁基因测序成为 HNS 常规的血液检查。而且，她呼吁基因测序检查需要政府医疗系统去付费，而不是把我们基因研究的相关单位当成一个企业，一个药袋。这是全球的认知。在这样的前提下，华大基因一直在进行模式创新。从体制上看，华大基因不仅是科研单位，又是上市公司，同时也做很多政府民生方面的工作。这样的模式为未来基因科学参与医疗产业做出了铺垫。但是对于这样一个新机制，国家应该如何监管？用什么样的税收体制去支持？在这些问题之前的华大基因并不是在做别人已经解决了 0 到 1 的问题才去做应用，而是在进行今天大数据驱动的基础研究。这才是如今的大科学时代、信息革命为华大基因带来的发展模式。

新经济，是面向未来的话题。提到新经济，社会上讨论的很多是信息经济的有关问题。那么，当解决了信息经济的问题之后，接下来就应该看到健康如何量化、生命如何量化，接之而来的就是生命经济时代的来临。生命经济时代来临的前提下，我们如何依托中国巨大的资源？中国的 14 亿人口，每一个人就是最大的资源。真正以人为本的社会当中，每一个企业都有责任和义务保障人的健康。企业给社会贡献健康的人，健康的家庭，这样的新模式是中国的继续发展带来的。在这样的环境下，科学研究会有更大的产出，产业会有新的 BAT 产生出来，而且民生会带动一个新的格局，不仅从 GDP 这一指标获得世界认可，更能在其他方面带来新局面。例如能不能在过去以 GDP 为导向的“百强县”标杆基础上提出一个“百康县”，用这样的方式来为健康事业提供动力，来引导整个社会的制度、科学、产业等等提升对生命健康的关注度。相信用这样的方式突破旧体制，提倡观念的改变会更加为人们所理解。

2004 年诺贝尔奖的得主 Linda Buck 指出：“生物科技，最应该将公益基础研究与临床应用、产业发展紧密结合起来。”就是强调了生物科技产业的组织创新，而不仅仅是商业模式的创新。我们是要敲响疾病的丧钟。未来，跟基因相关的疾病将完全可以控制住，甚至像天花、小儿麻痹症一样被消灭。而这些构想将推动所有关于新经济的、制度的问题更加完善的解决。就像“一战”“二战”“冷战”，推动了工业革命、信息革命一样。我们相信这个时刻即将到来。以深圳为源头，华大基因和其他生物科技企业将带动全国，震惊世界。

以投资输出国思维实施新一轮外资政策创新

王志乐
联合国全球契约组织第十项原则专家组成员
商务部研究院研究员

我今天想讲的题目，应该进一步开放。而开放现在面临的问题，就是我们原有的思路跟不上现在新的发展。现在中国的外资并不多，而且这两年的外资结构在恶化。如果我们想把我们的经济真正转变为新经济，产业提升，我们现在面临一个挑战，外资工作不是商务部一个部门面临的问题，而是涉及各个部门、方方面面。外资工作不是单纯的政策问题，而是涉及理论、观念等多方面的综合性问题。

在这个情况下，我认为有这么三个问题需要解决：

第一，转变思维观念是创新外资政策的前提。我认为第一个要转变的观念，就是从投资输入国思维转变到投资输出国思维。实际我认为中国对外投资的数量是超过我们的统计数量的，而引进外资是低于我们的统计数据的。我们现在的思维仍停留在投资输入国。别人来我这儿投资，要防范他对我的冲击，我要保护我的民族工业，我要防止他赚了钱就跑。而我们现在已经变成投资输出国了，我们现在的外资政策体系，我的研究认为停留在投资输入国时期的，没有适应我们现在的新经济，我们的旧体制没有改变。

第二，要想转变观念。这么开放对不对？是不是要走资本主义道路？我认为这里面必须要有一个理论创新。跨国公司是什么，它是不是原来讲的帝国主义国家、发达国家对外扩张掠夺资源的工具？这种理论不但解释不了现在我们欢迎外资的这样一个实际做法，更解决不了中国“走出去”。我认为这里面一个重要的转变，就是我们要从跨国公司理论方面进行创新。我自己觉得我们这几年做了一个努力，就是把现代的跨国公司到底是什么东西做了一个研究，我写了一本书叫《全球公司》。全球公司跟原来的跨国公司不同，它的一半以上资产在海外，一半以上收入来自海外，超过一半以上的雇员有可能在海外就业。这种全球型的公司打造了全球价值链，他的利益将越来越多的和别的国家有的利益交汇，形成了利益共同体。你不能用传统的跨国公司理论来解答现在的全球公司，更不能用这种传统的理论来解答“走出去”的中国企业。你只有这样一种新的理论支撑，你的观念转变才是实实在在的，才是理直气壮的。而我们现在的理论是把几十年之前的东西搬出来，用那套理论去解决现在的问题。

最后，在这套政策下我们的创新才是有效的。所以光是从外资市场主体这样一个侧面来看，新制度或者新经济和旧制度的关系就值得我们探讨。我用我的一句话讲，我们一定要用投资输出国的这样一种新的思维来重新梳理我们过去的政策、过去的经济存在什么问题，我们怎么样用更开放的、更符合世界潮流的趋势去推动我们的经济发展。

为新型科研机构立法解放科技生产力

樊建平

中国科学院深圳先进技术研究院院长

新中国成立以来到 20 世纪末，科学技术发生了深刻的变化。基础性研究，应用基础开发跟产业化的周期非常快。而对于科研项目的管理，无论是管钱的方法、管人的方法，全部是老的，实际上科学家们是背负着一个非常沉重的枷锁在创新。因此我们需要借鉴的是“巴斯德模式”。在一些前沿学科，以应用激发的基础研究既能产生突破性性科学成果，又可以随即进入产业化过程，使科学知识和商业价值合二为一，这被称为“巴斯德模式”，这种科研机构的改良模式就是由需求来牵引的，是一个科学与技术并重的模式。

同时，对研究机构的领导方式也在变化。传统事业单位的管理模式是非常有效的，但是也面临着传统科研机构研究与市场分离、体制机制不够灵活、“大锅饭”现象严重、科技人员的积极性与创造性不高的问题。在逐渐转变成为事业单位企业化管理后，研究机构的管理逐步实施了股权治理，树立了治理意识，逐步完善了运行机制，但是尚未构建起现代化的科研院所治理机构。我们提出的现代院所治理模式，其治理体系明晰了政府、科研机构和下属单位的权利和职责，科研机构具有比较高的自主性。

深圳是一座创新引领的城市，既然深圳在三十几年前可以搞企业，“有限责任公司”慢慢实现“股份有限公司”、上市公司，那么是不是有可能再次进行先行先试，出台一部《科学法和新型科研机构法》。从人类的活动来说，一类是传统事业单位，它们是有权利的；还有一部分私人企业，是以完全盈利为目的的。今天的脑科学，还有很多新材料、新的方法，政府需要起到引领作用，以非盈利机构的方式来驱动新型科研机构的发展，而不能依靠华大基因、依靠华为等等企业来完成。所以我呼吁要为新型科研机构甚至大学立法，给它们来解放生产力。

在创新沃土中茁壮成长

耿稳强

研祥集团总经理

研祥是做工业计算机和军用计算机的，产品是自动化、智能化、信息化、数字化的核心部件。作为持续创新发展的主体，体会主要有这么几点：

（1）起步就要高标准。1992 年以后在深圳非常多的企业在做科技，在做创新的事情。我们的行业它有一个特点，工业计算机它的标准要求很高、难度很大，而且开始的时候，在 90 年代我们国家搞“四化”，那个时候各行各业都需要计算机，那时候计算机全是海外知名品牌，一开始的时候我们的竞争对手就是全球的知名品牌，对手很强硬。当然它的周期也很长，这些是和其他行业不一样的地方。那么这个就要求，开始时的定位要高，仅靠模仿和山寨是走不下去的。

（2）注重核心团队建设。这里面涉及很多方面，我只强调两点：一是既然你要和全球高手去 PK，那你要有自己的独门兵器，这个独门兵器就是一定要有自主创新、自主品牌。研祥在成立不久，就用当时获得的第一桶金投入研发，先后砸了几千万。另外，在1995年就推出了自主品牌，那时候比较注重自主技术研发和品牌销售。二是不靠“大拿”，靠团队。做企业做技术有一个通俗的比喻，一个尖子带着几个小兄弟，要做一个项目，很快就出成果，有点像中餐里面的大厨，但这个事情不能长久。这个不展开说了。我们一开始也是这样做的，后来很快意识到一定要靠团队协作，这样会有技术的集成性和技术的可持续发展性。

（3）掌握核心技术是硬道理。刚才说了，行业的特点之一，不打价格战，这个又是跟很多企业不一样的，这就让你没有办法靠现在简单的降低成本、竞价，或者做关系，就推出新的产品。我们最早是1998年在泰国参加一次展览的时候，人家卖900多美金，我们卖600多美金，我们自认为有优势，结果几天过去了没有人到这儿来看。后来问一个同行，人家说你这东西就有点不靠谱，人家不敢相信你。所以这里面最重要的不是价格，是你的品质、可靠性、服务性等等这些，这都是我们需要考虑的。那么我们就把难做的事情做好，就有钱赚。核心技术引导需求，开始的时候肯定是市场牵引，后来是技术牵引，一步步走到现在。

（4）企业文化。企业文化是软实力，但是是非常有用的。

（5）依靠持续创新才能走在前面，把握话语权。

（6）要从单打冠军发展成为王牌集团军。我们这些年感觉到单打独斗靠自己已经不行了，现在的竞争从产品的竞争、企业的竞争发展成为产业链的竞争，所以这又是我们必须承担的责任和义务，就是带动我们的上下游企业，带动我们的合作伙伴一起往前发展。

新经济范式：三位一体+三层生态

梁春晓

阿里研究院高级顾问、信息社会50人论坛理事

总的来说，中国互联网经过这二十年的发展，也经过了几个阶段，现在

其实我们已经看到在资源、流程、模式，乃至于体制创新方面，我们已经开始从工业时代进入了信息时代。在这个基础上我们看到一些新的东西的出现。

首先是一个新的商业主体的出现。这些商业主体我们可能不仅仅在二十年前，甚至有的在十年前都没有进入我们的视野，新的主体在崛起，包括网商，也包括我们现在看到的各种各样的平台。

第二个方面就是平台的崛起。平台经济，目前正在成为这个时代最具有竞争力的商业形态。大家注意到这两天在中国有一件非常重要的事情，就是昨天和今天，阿里巴巴和腾讯市值相继超过 4000 亿美金，成为亚洲市值最高的公司。这个我想在几年前都是不可想象的事情，而且我的感觉，恐怕明年就会超过 5000 亿，就这么一个结果。实际上现在全球市值排在前十的几乎全是平台经济。

这样我们可以看到整个新经济范式的第一个重要特征，我们以前是分别从三个方面来理解新经济：

首先第一个是它出现了大量的微经济的主体，个人成为经济主体，小企业成为经济的主体，微型企业成为经济的主体。

第二个是共享。我们看到很多很多共享经济的模式，当然很多人会说共享经济如何如何浪费资源，二十年前谈互联网时，负面言论比今天谈共享经济还要多，后来互联网经济的发展有目共睹了。那很多人说可能 90% 的共享经济模式都会垮掉，我说可能有 99% 的都会垮掉，一个东西在创新的时候它是一个试错的过程，你不能指望他在尝试过程当中都会发展起来，不可能的，但即使 99% 垮掉都是对新经济崛起做出的重要贡献。

第三个就是平台经济。刚才跟大家介绍了。

我们看到新经济一个非常重要的特征，它是三位一体的。如果没有平台，我们就不可能支撑微经济，而微经济非常重要的商业形态和商业模式就是共享。我们找到一个没有平台的微经济，也找不到一个没有平台共享，今天我们谈滴滴、共享单车、医院、民宿也好，它都是平台的，是三位一体，分割不开的。这是我们理解新经济的三个侧面。

它第二个特点是什么呢？三层生态。整个经济体系主要的框架在发生重大的变化，我们已经太习惯用一、二、三产业来划分，今天我们看到这在很多领域已经开始失效了，我们原来强调的是第一产业、第二产业。今天我们看到了一种更容易让我们理解这个经济体系的，实际上不是横向分工，而是纵向共享。今天我们要问的是，你是做基础设施的，还是做平台的，或者你是自由连接体？所以在这个框架上我们很容易把中国移动就放在下面去，我们很容易把腾讯和阿里放在平台上，我们也很容易把那么多的创业者、小企业作为自由连接体。我们以前在看一个企业的时候，我们是看它在分工链条上的什么位置。从土地里刨出来的东西，粮食也好、矿产也好，那是第一产业，种麦子叫第一产业，把麦子磨成面粉叫第二产业，再把它做成包子卖出叫第三产业，按流程来。但今天我们要问的是，你在多大程度上提供了共享的价值，由此来确定你这个企业在整个经济上的位置，以及这个区域的位置。

创新型发展：基于数字经济和产业融合的视角

樊明太

中国社会科学院数量经济与技术经济研究所研究员

1. 创新型发展要以培育数字经济新业态为基础

数字经济新业态，包括大数据、云计算、区块链、人工智能等相关业态。20 世纪末的信息技术和通信技术革命，产生了以计算机和互联网为主要标志的新经济工具，新经济工具的广泛应用催生了大数据。大数据意味着信息数字在时间上的高频化、空间和特征等方面的多维化，意味着数据库由传统的层次型向区块型（网状型、关系型）转变。大数据来源于信息数字化、精准化的要求，但大数据隐含价值不仅在于其信息量规模，信息种类多样化，信息产生、加工和相互之间关系变化高速化，而且在于其内容完整一致并内在精准，具有处方性诊断和预测生命力。

大数据隐含价值的实现，需要依赖大数据相应的收集、存储、分类和排序、计算等技术系统。与大数据相伴随的云计算、区块链、人工智能等数字经济新业态也应运而生。由于大数据、云计算、区块链、人工智能等数字经济新业态的发展，大数据资本化并成为生产要素、大数据广泛应用并创造价值，从而使数字经济成为创新、竞争和生产率的新前沿。基于 ICT 技术、计算机和互联网等新经济工具的数字经济新业态的发展，是创新型发展的一个标志性组成部分；同时，也是创新型发展的一个基础，因为这些新经济工具和数字经济新业态的突破和应用拓宽了经济学中的“交易可能性边界”，为制造业和金融服务的融合、贸易价值链和国际投资的融合创造了条件。

以大数据、云计算、区块链、人工智能为主要内容的数字经济新业态的发展，蕴含着巨大的经济和社会价值；同时，也意味着挑战和机遇，这要求我们加强相应基础设施和人力资本投资，应对数字鸿沟。数字经济与新经济工具的结合，可以帮助分类和筛选数据、检验信息，但这种“去粗取精、去伪存真”过程需要对数据信息本源存在洞察力并能够抓主要矛盾。数字经济与新经济工具的结合，可以帮助计算相关关系和分析模型，但对相关关系和分析模型的选择需要对隐含长期机制和短期冲击存在均衡框架和理性分析能力。数字经济与新经济工具的结合，可以帮助进行实验情景模拟和现实远景预测，但政策处方和执行需要决断执行和博弈反馈能力。

2. 基于数字经济新业态，着力制造业与金融服务的深度融合

数字经济新业态的发展，为制造业与金融服务业的深度融合创造了条件。创新型发展要基于数字经济新业态，着力于制造业与金融服务的深度融合。

目前，金融服务与数字经济新业态已经开始融合。工、农、中、建四大国有银行分别与京东集团、百度、腾讯、阿里巴巴四大互联网巨头的合作，不仅意味着中国传统金融业的转型和创新，也意味着制造业将不得不顺应这种转型，逐步加强基于数字经济新业态与金融服务的融合。在推进制造业转型升级和工业 4.0 的进程中，创新型发展必须把握和利用金融服务与数字经济新业态的融合，通过绿色金融、普惠金融、科技金融、互联网+、+互联网等途径，着力制造业与现代金融服务的深度融合。由于金融服务与数字经济新业态开始融合，居民不仅只是消费者和储蓄者，也开始成为投资者，进行资

产配置和风险管理。比如，通过大数据揭示关键变量并预警风险；通过预测性模型预测风险；通过人工智能模型跟踪风险；通过处方性模型模拟和应对风险。同时，共享经济工具及相应低廉的租用和交易成本必然使居民也开始由消费者向生产者转型，大众创业会推动制造业与金融服务的深度融合。

3. 基于数字经济新业态，着力贸易价值链与国际投资深度融合

金融服务与数字经济新业态的开始融合，为国际贸易自由化和国际投资便利化创造了条件。创新型发展要基于数字经济新业态，着力贸易价值链与国际投资的深度融合。金融服务与数字经济新业态开始融合，也导致新经济工具共享及相应低廉的租用和交易成本，从而会提升贸易价值链和电子贸易发展；同时，也会改善国际投资相应的金融服务、物流。虽然特朗普上台停止了 TPP 这样所谓的深度融合协议，但不一定意味着国际贸易和投资的全球性深度融合的终止，创新型发展必须基于数字经济新业态，着力探索对外开放新融合模式和制度安排。

4. 推进创新型发展要求组织创新和制度包容

创新不仅包括产品、技术、市场、资源配置方面的创新，还包括组织方面的创新，而组织创新反映机构治理结构调整，特别需要制度包容。创新与风险总是相伴随的，防范金融和数字经济新业态隐含风险应该平衡创新与监管，完善包容性制度以实现创新激励。我国数字经济新业态的快速发展举世瞩目，其原因，我认为是由于我国对数字经济新业态的包容性制度。形成对照的是，美国于 2014 年 5 月就公布了《大数据与隐私：技术视角》，这有利于保护隐私和消费者主权，但可能限制了其数字经济新业态的发展，导致其居民使用手机支付等业态发展缓慢。相应的一个结论在于，我国最近实施的加强宏观审慎监管必须注意创新激励和风险防范的合理平衡。创新型发展既要强调社会责任，也必须允许制度包容。

创新型发展——深圳市产业政策推动产业创新发展的实践与经验

王艳梅
深圳市南山科技事务所所长

新时期面临新问题，围绕着现在国际科技创新中心、产业中心的建设，原来有我们的自贸区，这是国家的一个试验区，深圳国字头的国家级资质有非常多，其实到今天并没有发挥应有的作用。但是现在国务院提出来粤港澳大湾区，我们也在其中的核心位置。另外，大家看到我们现在又有一个广深科技创新走廊，在这个创新走廊里面，一路走下来到我们深圳这一块来发展。面临这样一些产业布局，我们到底该做一些什么事情，能着力把政策的力量传导下去，推动我们的创新。

（1）借力“双创”，实现政策突破。我们要善于抓住相关政策机遇来加速发展。

（2）傲立产业发展潮头，加快政策布局。就是无人经济，天虹在深圳建了无人超市，我们的无人机、无人驾驶，现在上海、北京在向深圳聚集，但是我们也面临挑战。刚才前面都在讲制度和监管，我们并没有一个给无人车来测试的路的环境，我们无人机又受到了更多的限制。那么这些大的产业发展中，我们怎么样能够把产业创新和行业监管，以及政策出台的滞后联动起来。

（3）包括细胞治疗，虽然诺华的CAR-T得到了认可，但是并不证明中国大的突破正在到来。同时刚才大家讲了包容经济的发展，探索共享模式下新的路，我们现在出了很多的规范，也面临了很多的困惑，但怎么样能把刚才讲的微经济也好、平台经济也好，共享经济也好，把这些发展下去。

深深感受到需要大家群策群力，新经济、新业态、新模式，它不断催生新的制度。在这种过程中，跨界融合在加快发展。作为智库机构，我们要采用多种形式的组合政策工具，加快速度布局，给我们的产业一个更好的政策发展空间。

后 记

为使更多关注新经济与旧体制的政府管理者、研究机构、专家学者、以及企业界人士能够分享研讨的成果，在深圳市综研软科学发展基金会和中国（深圳）综合开发研究院各位同事的共同努力下，历时半年，本书终于付梓。

在此，我们向拨冗出席“2017 综研基金·中国智库论坛”的各位演讲嘉宾和主持嘉宾（按姓氏笔画排序）：王志乐、王艳梅、吕薇、朱岩梅、刘沐芸、许永发、阮萌、吴金希、张贝、张占斌、郑宇劼、郑志彬、耿稳强、郭万达、曹远征、梁春晓、董佳韵、谭刚、樊纲、樊明太、樊建平、薛兆丰，向会后提供研究成果的贾康、王艳梅、王海峰、兰赛、吕薇、朱岩梅、刘沐芸、刘磊、阮萌、吴金希、张占斌、张晓晶、张燕生、陈德、林霆、金碚、周亚、郑志彬、谈天、曹钟雄、梁春晓、裴长洪、樊建平，向所有参与论坛讨论的专家学者，向策划、组织系列学术活动的综合开发研究院同仁郭万达、武良成、冯月秋、郑宇劼、张丽、吴斐然、程旭玲，以及为本书出版付出努力的中国经济出版社一并致谢！

编者

二零一七年十一月